# 日本外交の劣化

生への道

山上信吾
Shingo Yamagami

文藝春秋

# 日本外交の劣化

## 再生への道

# はじめに

二〇二〇年末、私は豪州のキャンベラに日本大使として赴任した。それまでの「外務官僚」から「外交官」へとギアを完全に切り替えた。年々日本にとっての重要性が増しているオーストラリア。そこでの日本大使は実にやり甲斐に満ちていた。南半球で「一隅を照らす」との気持ちで、二年四か月間、一二〇パーセントの力で駆け抜けた。人脈構築、情報収集、対外発信の三面にわたり、一球入魂の気持ちで毎日全力投球した。その模様は、昨年七月に出版した『南半球便り　駐豪大使の外交最前線体験記』（文藝春秋企画出版部）や、今年二月に出版した『中国「戦狼外交」と闘う』（文春新書）に詳しく記したとおりである。

着任後二年近く経ったある日、かつて駐日大使を務めた豪州人から、こう言われた。

「シンゴ、素晴らしいパフォーマンスだ。歴代で最高の日本大使だ。オーストラリアは貴使を大使に迎えることができ、本当に幸せだ」

これ以上はない過分な賛辞だった。もちろん、社交辞令でもある。

二十年以上遡れば、駐豪大使経験者には大河原良雄（後の駐米大使）、柳谷謙介（後の外務次官）、佐藤行雄（後の国連大使）など、錚々たる大先輩が綺羅星の如く並んでいる。豪州全土を飛び回り身を粉にしていた姿を見ていてくれた人がいたのだと思うと、率直に嬉しかった。

そして、二〇二三年四月。キャンベラの日本大使公邸で行った離任前の夕食会に駆け付けてくれたのは、トニー・アボット元首相（在任期間は二〇一三年九月〜一五年九月）だった。豪州をはじめとする主要国にあっては、現職の閣僚もそうだが、ましてや元首相クラスが日本大使公邸に出向くのは滅多にあることではなく、光栄の極みだった。その上、予想もしなかったことに、ジョン・ハワード（在任期間は一九九六年三月〜二〇〇七年十二月）、アボット、スコット・モリソン（在任期間は二〇一八年八月〜二二年五月）の三人の首相経験者から私への合同の餞《はなむけ》として、腕時計をプレゼントされたのだ。

任期中に親交を紡いできたトニーいわく、「時計には特別なメッセージを彫り込んでおいた」とのこと。スティールのバンドに彫り込まれた小さな文字を読んで、度肝を抜かれた。

「三人の首相から日本の最も偉大な大使への贈り物。貴使の勇気と知的リーダーシップに感謝しつつ」

これ以上の名誉はないと感じた。

何よりも、豪州の地にあって、志を分かち合い、同じ方向を向いて一緒に汗をかいてくれた日本大使館の日本人、豪州人職員一丸となった努力が報われた瞬間でもあった。「チーム・ジャパン」への勲章そのものだった。

今振り返って、キャンベラに赴任した当時の本音を言えば、在外公館勤務に出ることが左遷であるかの如き外務省内の風潮、特に本省幹部の受け止め方に警鐘を鳴らしたいとの反発心が私を駆り立てていた。実際、本省幹部よりも主要国大使の方が自分で決められることは遥かに多く、その意味合いも大きい。日本国の代表としての責任も重い。何よりも、自分の努力、創意工夫次第で打ち出せる「違い」が大きいのだ。そうした「違い」を、在外勤務を敬遠する本省関係者に伝え、思い知らせたいという意地がなかったと言えば嘘になる。

だが、帰国した私を待っていたのは、「本当に良くやった」、「傑出した仕事ぶりだった」、「他の大使も同じように頑張れば日本の外交力は強化されるのに」という国会議員、外務省ＯＢ、民間企業幹部、メディア関係者らからの過分な賛辞と心温まる慰労の声だけではなかった。

二〇二三年八月一日。次官室に呼び込まれた私は、離任間際の外務事務次官・森健良《たけお》と一時間近く議論することになった。

「君の豪州での対外的パフォーマンスは素晴らしい。自分であれば、あそこまではとてもできなかっただろう」と一応は褒めながらも、険しい表情で口調を強めてこう続けた。

「でも、次の大使ポストはオファーできない。来年五月までの待命期間中に次の人生を考え準備してほしい」

豪州の元首相たち、元駐日大使たちから寄せられてきた評価と、外務省幹部による評価とのあまりの落差は一体どこから来るのだろうか？

湧き起こる疑問を飲み込んで森と議論を重ねるにつれ、今の外務省を巡る深刻な問題、特に、職員の士気が著しく低下し、練度が落ちているとの現状認識について互いの間に殆ど相違がないことはわかった。大きな相違は、そうした事態への対処法にあった。

組織が劣化しているからこそ、上司が率先して仕事に励み、若手や後輩に対して身をもって仕事のやり甲斐や使命感を示していく、その過程で、時には厳しく部下を指導することも必要と考える私に対し、離職者、病欠者を引き留めるための「融和」を何よりも重んじ、頑張ったとて、指導したところで仕方がない、事務の合理化、省力化こそが優先事項だと考える森。その溝は深く越えがたいものだった。

そして、こう言われた。

「君はやりすぎるから、部下がついてこられない」

「仕事をしすぎる」「飛ばしすぎる」と言いたかったようである。

森との国家観、外交観、歴史観の違いを吟味するにつれ、どうやら「中国に厳しすぎる」「対外発信に熱心すぎる」という意味も籠もっていたように聞こえた。

冷徹に国益を追求する匠《たくみ》のプロ集団であることを外務省はいつから止めたのだろうか？　耳を疑い、暗澹《あんたん》たる思いに包まれた。そして、組織の事務方トップが真顔でこのように教え諭《さと》そうとしていたこと自体、論ずるに値しないと思った。

さらに、私の質問に答えて自身の去就を説明した次官本人が次のように述べたことには、少なからず驚いた。

「在外勤務をオファーされたが、家庭の事情で断った。私は退官する」

事務方の最高責任者として、多くの先輩、同僚、後輩を本人の意向にかかわらず様々な任地に派遣してきた人物が、自身は「家庭の事情」で在外勤務を忌避すると言うのだ。

「家庭の事情」を言い出すのであれば、誰しもが親の介護、配偶者のキャリア、子供の教育などの難題に直面しつつも公務を優先し、多大な負担と犠牲を強いられながら海外勤務を重ねてきている実態がある。アフリカや中近東の途上国や戦禍が絶えない任地での勤務であれば、尚更だ。であるのに、そのような人事を組み立て、次から次へと部下に辞令を申し渡してきた当の本人が、外交官人生の集大成であるはずの大使ポストを一度でさえ担おうという姿勢すら見せることなく、あっけらかんと「もう辞める」と言って憚《はばか》らないのだ。

返す言葉など私には見つからなかった。

実は、このやりとりの直前に同人は、病弱な夫人を抱えていたために医療事情の悪い在外任地の変更を願い出た後輩大使に対して、自身の右腕であった官房長を通じ、「任官拒否だ」との痛罵を浴びせていた。であれば、自分の振る舞いこそが「任官拒否」ということになる。そして、前任地で任国の首相経験者三名から「日本の最も偉大な大使」と言われるまでに働いた後輩大使に対しては、真摯なねぎらいの言葉をかけることすらなく、ひたすらに退官を迫っていた。

その上で唐突に森は、にやけながら「俺も特命全権大使をやりたかったよ」などと、つぶやいた。冗談とも皮肉とも判然としなかった。

この時の同人の顔を見て、私は敢えてこの本を書くことを決意した。

というのも、このようなやりとりこそ、今の外務省が直面する深刻な劣化を象徴していると痛感したからだ。

この森との対談までの六年間。私は、本省で国際情報統括官（旧称は国際情報局長）、経済局長という二つの局長ポストを務め、豪州という日本外交にとって重要度が増しつつある国で大使として仕事をする過程で、外務省が組織として、そして一人一人の省員が外交官として驚くほど劣化している実態を目の当たりにしてきた。

「自分が青雲の志を抱いて門を叩いた組織は、こんなはずではなかった」との思いにとらわれたことが何度もあった。日本外交を担う一員として貢献しようと思って入った組織だけに、失望感と無力感に苛《さいな》まれてきた。そうした積み重ねがあっただけに、次官とのやりとりで絶望が極まった。

一方で、あきらめることだけはしたくなかった。これまで「外務省なんて、所詮そんなもの。冷たい組織だよ。何を言おうが変わらないし、変わるわけもない」と何人もの先輩が諦念に達する姿に接してきていた。そして、「組織に恥をかかせたくない」「後輩に迷惑をかけたくない」と称し、ダンマリを決め込んで去っていった。時折、組織に公然と弓を引く者も現れたが、大抵は私憤に基づくものとして切り捨てられ、重きを置かれてこなかった。

しかしながら、外務省は社会の公器だ。この激動の時代に日本の国益に直結する外交の担い手である。そして、言うまでもなく、納税者の税金で支えられている。次官以下、急速に進んでいる士気の低下、組織としての機能不全、それらがもたらす外交の劣化を黙って見過ごして良いのだろうか。

外務省という組織の中にこれ以上居場所が与えられないのであれば、野にあって問題を提起し、少しでも劣化を食い止める、さらには、この潮流を逆転させるべく、できることがあるのではないだろうか。それこそが、組織の劣化をいやと言うほど見てきた者が果たすべき務めではないだろうか。

こうした気持ちを抱きながら、入省後四十年の節目に役人人生に終止符を打つこととした。この本は、そのような問題意識に立って、劣化の現状に光を当てるとともに、改善に向けて日本外交の現在、そして将来の担い手に対する思いの丈を伝えるものである。霞が関が「ブラック」な職場であるとの昨今の風評に対する、私なりの答えであり、問題提起でもある。

本書の内容は、長年にわたる外交第一線での実体験や見聞に基づいているが、特に、二つの局長ポスト時代、そして駐豪大使時代のものが主要なベースになっている。これらのポスト在任中には、部下や後輩へ私なりにアドバイスや厳しい訓示をしたことも、たびたびあった。染みついた組織文化に抗して、変えなければならないこと、改善したかったことが多々あったからだ。とりわけ、日本にとって外交の役割が年々重要になってきているにもかかわらず、「政治主導」の掛け声の下で顕著になってきた官僚の士気の低下、永田町・霞が関における外交当局の地盤沈下と実際の外交現場での惨状に対する強い危機感がある。そうしたメッセージのすべてを、この本に込めたつもりである。

一九八四年の入省以来、四十年もの長きにわたり奉職し、人生の大きな一部であった組織に対する愛着はもちろんあるし、懐かしさもある。同時に、辞めた今だから率直に言えるが、この間常に「何かが違う」との違和感と居心地の悪さを覚えてきたことも事実である。自分の属する組織でありながらも、全く無機質で取り付く島がない組織でもあった。

　実は、外務省の主流を歩む人間は、まず他省庁などに出向しない。したとしても、外務省と一体化しつつある国家安全保障会議（ＮＳＣ）の事務局や内閣官房にとどまる。幸いなことに私は、比較的恵まれたコースを歩んだ外務省の人間としては珍しく、内閣官房のみならず、警察庁（勤務は茨城県警）、国内最大のシンクタンクである日本国際問題研究所といった機関に出向を命じられてきた。そのたびに、外務省とは異なる確固とした組織文化、仕事の流儀を持ち、赫々《かくかく》たる成果を上げている組織や個人に学んできた。そして、自分が如何に小さな井戸の中で小賢《こざか》しげに泳いできたかを痛感させられた。「入る役所、就く職業を間違えたのではないか」と感じたことも、一度ならずあった。

　そうした経験も踏まえ、日本の外交当局や外交官のどこが優れ、どこが劣っているのか、何ができていて何が足りないのかも、まとめてみることとした。

　また、本書で記した幾つものことは、外務省という狭い枠を越えて、他の省庁や民間企業にもかなりの程度当てはまる話ではないかと感じている。そうした他の組織にあって、国を思い、志を共にする侍や大和撫子が少なからず活躍していることも目の当たりにしてきた。そうした方々にも興味を持って読んでいただけるとしたら、望外の喜びである。

目次

# 第二部 なぜここまで劣化したのか？

装丁　番洋樹
カバー写真　杉山拓也
DTP　ローヤル企画

# 第一部

# 日本外交劣化の現実

# 序章　動乱の二〇二四年

## 波乱の幕開け

二〇二四年の幕が開けて、既に数か月が経った。

元日早々に能登半島を見舞った大地震の衝撃も覚めやらない翌二日には、日本の表玄関たる羽田空港でフラッグキャリアの日本航空機が海上保安庁の航空機と激突炎上するという前代未聞の惨事が発生し、国際社会の注目を集めた。

まさに「イヤー・オブ・ザ・ドラゴン」――。竜が暴れ回るかのような波乱に満ちた年の幕開けだった。

目を国際情勢に転じれば、「二〇二四年は選挙の年」などという、評論家が発する平板な表現では語り尽くせない大きなうねりが視野に入ってくる。

皮切りは、一月の台湾総統選挙だった。

日本の一部メディアの間では、かつて台湾独立を唱えていた民進党の頼清徳が総統選に勝利し、五月に新総統に就任することをもって、「対中強硬派の総統の下で中台関係がさらに悪化する」との皮相な観測が飛び交ってきた。

二期続いた蔡英文政権に続いて民進党政権が三期も続くことを中国共産党が喜んでいないのはそのとおりだ。しかし、「戦わずして勝つ（統一を実現する）」というのが共産党政府にとっての上策であったことを踏まえれば、大陸側の攻勢と圧力にさらされた台湾側が、対中宥和派の下で熟柿が落ちるように大陸側の軍門に下ることこそ、日本が本来警戒しなければならなかった事態のはずだ。

そうなれば、東シナ海の制海権、制空権は中国共産党政権に帰するところとなる。台湾を拠点として尖閣諸島に押し寄せる中国海警の船舶の量と頻度は従前とは比較にならない規模に増大するだろう。自衛隊はもちろん、沖縄の在日米軍も、抜本的な再編成を余儀なくされるだろう。

こうしたもくろみが当面成就しないと見た中国が、頼新総統の台湾を陰に陽に揺さぶってくることは間違いない。「サラミ戦術」で「統一」実現に向けて、一歩一歩既成事実を積み上げてくることは必至なのだ。

米国については、来る十一月の大統領選挙において高まるドナルド・トランプ再選の可能性が危機感をもって語られ始めてきた。かつてのトランプ政権下での台湾問題へのアプローチや鉄・アルミ製品の関税上乗せ（第三章で詳述）などを踏まえれば、もっともな懸念ではある。

そして、北東アジアで進みつつある全体主義国家の協調と連携。

習近平は「中国の夢」を語る中で、「台湾統一」の「ステークス」（もともとの意味は「賭け金」、ひいては、「問題の重要性」をこれ以上ないほどに高めてしまった。任期中に何か行動を起こさずには引けない立場に自らを追い込んだとも評されよう。その意味では、台湾有事は「起きるかどうか」ではなく、「いつ起きるか」の段階に移行したのである。

対日関係において、国際法上到底受け入れられない破天荒な主張を振りかざして尖閣諸島の領有権を主張してきた中国は、尖閣諸島周辺の日本領海への不法な侵入を強めこそすれ、引く気配は全くない。

一昨年、ペロシ米国下院議長（当時）の台湾訪問に抗議して、中国が台湾のみならず日本の排他的経済水域にまで史上初めて弾道ミサイルを撃ち込んできたことは記憶に新しい。日本海に向けてミサイルを撃ちまくる北朝鮮の行動と軌を一にするかの如くだ。

その北朝鮮は「拉致問題は解決済み」と頬かむりするだけでなく、度重なるミサイル発射実験を行い、弾道ミサイル開発、さらには核開発に余念がない。

韓国との統一という目標を放棄した先に何をもくろんでいるのか？　ウクライナ戦争でのミサイル、弾薬の供給に象徴されるロシアとの接近は何を意味するのか？

細心の注意を要する展開だ。

日本が覚悟しておくべきは、中国が台湾海峡で行動を起こす時に、北朝鮮とロシアが連動して何らかの行動を起こす可能性だ。これこそ、日本が大東亜戦争（筆者注・「太平洋戦争」とは呼称しない。当時の日本政府が採用した名称であるとともに、戦争の本質が中国を巡るものであったことを考えると、大東亜戦争の方が適切と考えるからである）の敗戦から学んでおくべき戦略論の基本だろう。

ロシアは、北方領土交渉の中止を日本側の責めに帰すだけでなく、もはや領土問題は存在しないと喧伝して、これ見よがしに要人の北方領土訪問を繰り返している。また、中国と共同で行われる日本周辺での海上・航空演習は常態化しつつある。

このように見てくると、北東アジアでの戦略環境の悪化は、誰の目にも明らかだろう。

こうした動きがあるからこそ、安倍長期政権が強力に注力したのが日米同盟の強化であり、クアッド（ＱＵＡＤ＝日米豪印戦略対話）の連携だった。

## 「もしトラ」への準備

アメリカでは世論の関心は大統領選挙に注がれ、ウクライナ支援疲れが云々され始めた上に、ガザ紛争におけるイスラエルの対応への評価を巡って国際社会の大勢との懸隔が露わになっている。かつてなく厳しい戦略環境に直面している日本外交にとって、待ったなしの事態が続出していると言えよう。

そして、仮にトランプ再登板が政治的現実となった場合に、果たして日本外交には十分な準備ができているのだろうか？

選挙戦中の言動からして、トランプ政権が誕生した場合に、真っ先に見直しの対象となるのがウクライナ支援であることは巷間指摘されているとおりだろう。ＮＡＴＯ諸国の防衛努力不足を批判するあまり、「ロシアに侵略されてしまったら良い」とまで暴言を吐いたトランプだ。ロシアの侵略と暴虐に抗するウクライナの主権と領土保全の重要性への理解は全くもって不十分だ。

そうした時に、「今日のウクライナ」を、「明日の東アジア」にしてはならないと国際場裡で公言してきた岸田政権は、トランプにどう向き合って、説得するのだろうか？

心配なのは、トランプ再登板の可能性が高まるにつれ、ウクライナ支援は先細りで戦争の行方も混沌としてきたとして、一部の日本外務省出身者が公の場で即時停戦を主張する声が力を得てきていることだ。戦後平和主義に呪縛され、落としどころを見るに敏な日本の外交官らしい、背骨の無いナイーブな議論だ。何のことはない、ロシアのプロパガンダに乗せられている「使い勝手のいいお馬鹿ども」（ウクライナ政府高官の言）そのものでもある。もっとも、お馬鹿だけではなく「確信犯」も抱えているのがロシアの手ごわいところでもある。

こんな状況でプーチンの力に目を輝かせ、「弱い」欧州に対する軽侮を隠さないトランプに対して、ウクライナ情勢と東アジア情勢の連結性を納得させられるのだろうか？　日本外交の試練が待っていると言えよう。

## 「台湾有事は日本有事」

より身近で深刻なのは台湾海峡だ。

安倍晋三元首相が二〇二一年に述べた「台湾有事は日本有事で、日米同盟の有事でもある」とは、誠に至言だ。

こうした有事の発生を回避するためには、中台双方に対して、現状を維持するよう繰り返し働きかけなくてはならない。台湾が「台湾独立」を唱えることが扇動的で現状維持に資さないというのであれば、中国に対しても台湾統一に向けた戦闘的な言辞と行動を控えるよう諭さなければならないはずだ。

そして、トランプのような大統領が中国による軍事力行使に対して批判と対応を躊躇するのであれば、日本こそがその背中を押さなければならない。さもなくば、抑止力は機能せず、現状維持は到底不可能になるからである。

プーチンのロシアが二〇二二年初頭に大方の見立てを裏切ってウクライナ侵略に踏み切った背景には、二〇二一年八月に米国が長年にわたって多大な人員と資金、物資を投じてきたアフガニスタンから不名誉な撤退をしたことがある。屈辱に見舞われた米国の内向き志向を見逃さなかったのである。同じことはいつどこでも起き得るという発想で現下の事態に臨む必要がある。

今年の年頭、トランプ政権で重要閣僚を務めた人物が訪日した際、夕食を共にして懇談する機会があった。私からトランプ再登板の場合に、台湾を米中関係のチェスのコマのように扱いかねない危惧を伝えたところ、「心配はいらない。アメリカの組織（institutions）の力は強いから」との反応を得たことがある。

トランプが暴走しかねないとしても、軍や情報機関がブレーキをかけるとの趣旨と理解した。実際にもそうなることを願いたいところだが、彼が言う「組織」の影響力を強めるためにも、日本からの総理、関係閣僚、事務レベルでの重層的な働きかけは不可欠である。そのためにも、トランプ政権入りが予想される人間への手当ては今から始めておくことが肝要だ。

日本を取り巻く四囲の状況を物知り顔で解説する外交評論家は事欠かないが、忘れてならないのは、日本は単なる観客ではなく重要なアクターの一員であるとの事実だ。国際社会にあって日本の言動が注目されるゆえんであり、日本からの働きかけが重要なゆえんでもある。

その意味では、台湾の総統選挙後、各国から祝辞が相次いだところ、フィリピンがマルコス大統領レベルであったのに対し、台湾がこよなく慕う日本からは上川陽子外務大臣レベルにとどまったのは残念だった。中国を刺激してはならないとの腰の引けた対応だった。

プーチンと並んで、トランプ政権の誕生をほくそ笑んで迎えるのが北朝鮮だろう。二〇一九年、大阪でのG20首脳会合の直後に板門店に飛んで米朝首脳会談に応じ、金正恩をアメリカ大統領と互角に話せるような存在におだて上げてしまったのがトランプだ。まともに相手をしてくれる首脳に恵まれない金だが、そうなればまたもや力を盛り返すことだろう。

その際に、岸田政権は足元を見透かされて不利なディールを押し付けられないか？

既に、政権のレガシーにしたいかの如く、日朝首脳会談実現に向けて前のめりになり、北朝鮮に秋波を送り続けてきた岸田政権だ。金の妹の金与正から「拉致問題を障害物にしない」などとビーンボールを投げられて黙り込んでしまうようであれば、第二期トランプ政権での北朝鮮外交など、到底覚束ない。

## 「政治とカネ」の嵐の中での日本外交

このように見てくると、日本外交に休みがあってはならないはずだ。

ところが今の日本外交は、ラウンドの開始を告げるゴングが鳴っても立ち上がれないボクサーのように、機能停止とも言うべき日々が続いている。

例年一月に行われるスイス・ダボス会議。今年は国会の会期と重ならなかったにもかかわらず、日本の総理大臣が習近平と並んで出席して所見を開陳し、地域で強まる緊張に警鐘を鳴らす姿はなかった。国際社会、なかんずく欧米有識者に向けた対外発信の貴重な機会を逃してしまったのだ。

年始に企画されていた南米への総理訪問も、実現することなく終わった。

昨年務めたG７議長国としての経験を開陳、共有し、昨年と今年の二年間しかない国連安保理事国の立場を最大限活用して首脳外交を展開するチャンスだった。それをみすみす棒に振ったのである。

日本のメディアはいずれも指摘しないが、残念なのは安倍長期政権であれだけ相次いだ訪日外国要人のレベルと頻度が近年ガクッと下がってきたことだ。与党政治家は、政治資金の取り扱いを巡る不祥事対応に忙殺され、国際情勢を語ることなど、極めて稀になってしまった。語るべきものを持たない国に人は寄り付かないものである。

そのような状況であればこそ、外務官僚、職業外交官の出番のはずだ。しかし、今の外務省には存在感が全く感じられない。どうしてこんな事態になってしまったのだろうか？

答えは簡単だ。外務省の士気、練度がかつてなく低下し、日本外交が劣化しているからなのだ。四十年間禄を食《は》んできたのに無責任なことを言うな、と叱らないでほしい。人生の大切な四十年間を捧げて組織の中で粉骨砕身してきたからこそ、責任を痛感し悲嘆にくれているのだ。

　本書では、以下五つの具体例を挙げつつ、近年の日本外交の劣化の現実を検証していくこととしたい。それは非を指摘して終わるためではない。再生を期すためである。

第一部　日本外交劣化の現実

# 第一章　なし崩しの北方領土交渉

## 安倍外交への評価

安倍晋三元首相の悲劇的な死去から二年近くが過ぎた今もなお、日本国内においては安倍外交の評価が定まっていない。否、如何に評価すべきか、議論らしい議論すら行われていないのではないだろうか。

アンチ安倍派は、安倍晋三個人、そして彼が代表した保守的主張に対する嫌悪感を前面に押し出し、感情的なまでに口を極めてその功績を否定して回ることに躍起となっている。一方の安倍シンパは、そのような執拗な批判に対する反発からか、必要以上に安倍外交を称賛し、安倍外交のレガシーを守ろうとする状況が続いている。どちらを見ても、あたかも呪文を繰り返し唱道する新興宗教の信者のようだと言ったら言いすぎだろうか。

こうしたアンチとシンパの分断、そして両サイド間の冷静な議論の不足は、外交を巡る日本の知的コミュニティの未成熟を象徴しているように思える。是々非々で冷徹にそれぞれの外交政策における得失を論じ、今後に生かそうとする議論こそが必要とされているのではないだろうか。

政治的立ち位置、好き嫌いを脇に置いて、国際政治の流れを虚心坦懐に振り返ってみれば、安倍元首相が八年近くにわたって率いた長期政権の最大の効用が日本の国際的地位の向上であったことには異論がないだろう。安倍元首相は、おそらくは中曾根康弘元首相以来の外交への多大な関心と鋭敏な感覚、豊富な知見を有し、時間と体力、気配りを惜しむことなく、主要国の首脳と個人的な関係を営々と構築し、維持・強化していった。

G7サミットなどの国際会議で記念写真を撮るたびに、日本の首相の位置取りや風采にがっかりしてきた国民目線から見れば、安倍氏が見た目と発言内容の双方において「位負けしない」外交を展開したことは間違いない。その意味では、まさに稀有《けう》の首相だった。だからこそ、日本国内よりもむしろ海外で評価されているのである。

戦略、政策面での功績を見ても、自民党内、日本国内の強い反対勢力を押し切ってTPP（環太平洋パートナーシップ）交渉に参画、米国が抜けた後のTPPを豪州等の同志国と連携しつつ、瓦解させることがないよう強力に支えた。そして、TPPの発効、さらには英国の加入という道筋をつけて画期的な貿易・投資枠組みの礎石を確固たるものとした。こうした手腕はTPPメンバー国の首脳だけからでなく、米国の心ある有識者からも高く評価されている。外交の現場にいた私は、そうした反応を目の当たりにし、誇りに感じてきた。

地域の秩序づくりという観点からは、二〇〇六年からの第一次政権時に続いて「自由で開かれたインド太平洋」を打ち出し、それを実現するためのツールとして二〇〇七年に発足したクアッド（日米豪印戦略対話）の効用を粘り強く主張し続けた。そして、ついには米国のみならず、豪州、インドの足並みを揃えさせたのも、安倍外交の最大の貢献のひとつだった。

私が駐在した豪州について言えば、安倍第一次政権の際には、「中国を刺激したくない」という理由でクアッドに背を向けた腰の引けた対応が顕著だった。その豪州が今や大きな柱となってクアッドを支えている。こうした展開を見るにつけ、戦略環境の変転と同時に、安倍外交の働きかけの成果を実感するのである。

## 対露外交の陥穽

このように国際情勢に対する鋭敏な感覚に富み、戦略的思考を重んじていた安倍政権であったからこそ、北方領土問題を巡るロシアとの交渉に当たって取った一連の対応は、一体何だったのかと思わざるを得ない。保守派を含めて多くの日本人識者から違和感と疑問をもって受け止められたのは当然だろう。

安倍外交を強く支持、応援してきた櫻井よしこ氏も、二〇一六年十二月に山口県長門市で行われた日露首脳会談について、「結論から言えば、平和条約締結にも北方領土の帰属問題にも進展がないまま経済プロジェクトが先行した」とし、「私はこの首脳会談を評価できなかった」（『安倍晋三が生きた日本史』産経新聞出版）と打ち明けている。

しばしば聞かされてきたとおり、安倍政権の問題意識は、次のようなものだった。

「歯舞《はぼまい》群島、色丹《しこたん》島、国後《くなしり》島、択捉《えとろふ》島という四島返還の要求を続ける限り、北方領土問題は動かない」

「島民の高齢化が進んでいるため、解決を急がなければならない」

「日本は中露両国を相手にしなければならない戦略環境にあるところ、ロシアを中国側に押しやらない戦略を考える必要がある」

その背景には、父親の安倍晋太郎元外相譲りの北方領土問題に対する強い思い入れに加え、保守派を代表する政治家たる自分こそが国内の反対を抑えて本件交渉をまとめられるとの自負があったことは夙《つと》に指摘されてきたところだ。総理大臣自らが政権の重要課題と位置付け、プーチン大統領と何度も首脳会談を重ね、個人的にも深く関わってきた課題であった。

このままでは北方領土は帰ってこない、自分がプーチンと話してまずは二島返還させる、そのためのニンジンが「北方四島における共同経済活動」というゲームプランであった。その際のリスクは、あれだけ「日本固有の領土」と数十年間にわたって主張し続けてきた四島のうち国後、択捉の二島はあきらめるのか、共同経済活動はロシア側の四島に対する管轄権を認め、上塗りすることにならないか、果たして二島に絞ったところで返ってくるのか、ということだった。

## 国際常識との乖離

国政を預かる政治家として是が非でも長年の懸案解決に貢献したいとの志自体は理解できるし、一概に否定されるべきものではない。「その意気や良し」と評価されるべきであろう。

問題は、そうした企図が当時の時代状況、国際情勢に照らして、果たしてどれほどの実現可能性を持っていたのか、ということだ。

そして、実現した場合に得られる利益とそのために支払わなければならない費用をどう捉えていたのか、ということなのである。

戦後七十年以上にわたって代々の政権が長らく苦闘してきた国家にとって極めて大事な交渉をこの時点でまとめるということは、将来にわたって四島の法的地位を固定しかねないものである。そうである以上、そのプラス・マイナスと実現の成算を冷静かつ慎重に計算し、そこに至る道筋を描かなければならない。

実は、米英をはじめとする同志国の専門家の日露北方領土交渉に対する見立ては非常に厳しいものだった。いずれの政府も、安倍政権との関係を重んじ、かつ、北方領土問題の日本外交、日本の内政上の重要性を十分に理解しているからこそ、安倍政権によるプーチンのロシアに対する働きかけを是が非でも止めることまではしなかった。だが、交渉がうまくいくなどと観測していた者は誰もいなかったと言えるだろう。「成功を祈る（グッド・ラック）」と外交辞令を述べてくるのが精々であり、冷ややかに見ていたと言って過言ではない。どんなに日本が頑張ったところで、現下の状況で領土問題が解決する見込みはないと見られていたのだ。

私も、当時、米英の高官や外交、インテリジェンスの専門家と意見交換する機会がたびたびあったが、日露の領土交渉の見通しについては、端的に言えば「プーチンのロシアが戦争で取った領土を返すわけがない」であり、大多数が悲観的だった。

そして、「中露に楔《くさび》を打ち込む」という理屈付けについては、「理屈はわかった。でも、一体そんなことができるのか?」との懐疑的な反応が大勢だった。

## 止められなかった外務省

このような地合いの中で、外交交渉のプロたる日本外務省はどう対応したのか。それこそが問われるべき問題だ。

きちんと厳しい見通しを首相に伝え、自制、我慢、さらには翻意を促すことはあったのか。振り返ってみて、時の政権に嫌われても直言することを厭《いと》わない、そうした気概と努力が決定的に欠けていたように思えてならない。

むしろ、「領土問題を解決できるのはプーチン大統領のみ」、「大統領が決めればロシアの世論はついてくる」、「領土交渉は、大統領と直接交渉して初めて動くと見るべき」(丹波實元ロシア大使の著書『日露外交秘話』中央公論新社より)という見立てを歴代の首相に刷り込み続け、首相をやる気にさせていったのが外務省だったことも間違いない。だからこそ、いったん首相がやる気になって機関車が走り始めてしまうと、止められる立場にはなかったとも言えよう。

北朝鮮による拉致問題で安倍氏に評価されたが故に次官に就任できたと省内外で評されてきた斎木昭隆(二〇一三〜一六年に次官)は、それでも諸手を挙げて交渉に賛同するのではなく、むしろ領土交渉への前のめり姿勢に対して慎重論を展開したと言われている。ただし、その際の理由は主として米国が冷淡であるという理屈にとどまっていたとされる。しかし、安倍氏とその側近の不興を買って遠ざけられ、次官ポストを最後に、その後大使を務めることさえなく退官していった。少なくとも、それが省内関係者の受け止め方だ。

そうした認識があったせいだろうか、その後の次官たちを含め、領土交渉に携わる外務省幹部が安倍政権の前のめり姿勢を諫《いさ》めようと進言したなどという話は、ついぞ聞かない。ロシアンスクールをはじめ、領土交渉に従来から深く関わってきた外務省ＯＢからはたびたび強い懸念が表明されていた。首相に対して物申す夕食会が本人の出席を得て官邸で開かれたことがあったとも聞いている。そうした動きがあったにもかかわらず、官邸主導の世の中で、しかも、長期安定政権にあっては、時の首相自らが強い決意で取り組んでいる交渉に対して待ったをかけるべく現役の幹部が物申せる雰囲気には到底なかった、それが当事者の偽らざる心境だろう。

## 忘れられた領土交渉の経緯

だが、少し距離を置いて長い目で見てみれば、そもそも北方領土交渉には、関係者の苦労と涙にまみれた積年の歴史と経緯がある。

第二次大戦後に日ソの国交を回復したのが一九五六年の日ソ共同宣言だった。

そこには、「ソヴィエト社会主義共和国連邦は、日本国の要望にこたえかつ日本国の利益を考慮して、歯舞諸島及び色丹島を日本国に引き渡すことに同意する。ただし、これらの諸島は、日本国とソヴィエト社会主義共和国連邦との間の平和条約が締結された後に現実に引き渡されるものとする」との条項がある。

平和条約締結後の歯舞諸島と色丹島の引き渡しを明記しているのである。日ソ共同宣言ではこれら二島の返還にしか言及がないが、歴史を紐解けば、日本こそがロシアに先んじて北方領土を発見・調査し、十九世紀初めには歯舞、色丹のみならず国後、択捉を含む北方四島の実効支配を確立し、十九世紀半ばまでに、択捉島とウルップ島との間に両国の国境が成立していたという事実がある。

こうした史実があるからこそ、歯舞諸島と色丹島の二島のみに言及している上記の条項を盛り込んだ日ソ共同宣言が作成された後であっても、東京宣言（一九九三年の細川護熙《もりひろ》首相とロシアのエリツィン大統領の合意）、クラスノヤルスク合意（一九九七年の橋本龍太郎首相とエリツィンの合意）、川奈提案（一九九八年の橋本・エリツィンの会談）、イルクーツク声明（二〇〇一年の森喜朗首相とプーチン大統領の合意）等々、四島返還要求を貫くための苦労を重ねてきたのだ。それが戦後の日本外交の軌跡だった。まさに、一歩一歩地歩を回復し、不法に占拠された領土を取り返していく、そうした努力の積み重ねだったのだ。

一九五六年の共同宣言交渉時には、日本政府としては、シベリアに抑留されていた同胞の帰還、漁業交渉の妥結、国連加盟といった早期の解決を迫られていた種々の課題があった。こうした諸課題の解決と国交正常化を急いだからこそ、共同宣言に「択捉島」「国後島」の文言を盛り込めなかったのは多くの識者が指摘してきたとおりだ。それだからこそ、その後、塗炭の苦しみと辛抱強い交渉を重ね、歯舞、色丹だけではなく、国後、択捉を含めた四島の帰属の問題が交渉のテーブルに載っていることをロシア側に認めさせるまでに押し返してきたのだ。

領土交渉の歴史を簡単に振り返ってみよう。

一九五六年の日ソ共同宣言後、ソ連政府は長らく日ソ間での領土問題の存在さえ、認めようとしなかった。漸く一九七三年の田中角栄首相との首脳会談の際、ブレジネフ書記長は田中首相に迫られて領土問題の存在を口頭で認めた。しかしながら、ソ連政府が領土問題の存在を文書で認めるのは、一九九一年の両政府間の共同声明を待たなければならなかった。

こうした日本側の長年にわたる息の長い粘り強い働きかけの結果として得られたのが、一九九三年十月、エリツィン大統領訪日の際に細川首相との間で合意された東京宣言だ。

同宣言は、四島の名前を明記し、領土問題がこれら四島の帰属の問題であるとの位置付けを明記した画期的なものだ。

そして、「この問題（領土問題）を歴史的・法的事実に立脚し、両国の間で合意の上作成された諸文書及び法と正義の原則を基礎として解決することにより平和条約を早期に締結するよう交渉を継続し、もって両国間の関係を完全に正常化すべきことに合意する」とまで規定させたのだ。

## 「二島返還」の意味

ちなみに、二島返還で決着させることは、四分の二、すなわち五〇パーセントの取り分では決してないことを認識しておく必要がある。

すなわち、北方四島全体の面積は五〇〇〇平方キロメートルを超える。しかし、歯舞諸島と色丹島の面積は両者を合わせても三五〇平方キロメートルに過ぎない。四島全体の一割にも及ばないのだ。

外務省が国内広報用に二〇一四年三月に作成した「北方領土」というパンフレットには、興味深い記述がある。

「択捉島は日本最大の離島でもあり、国後島は二番目に大きな離島です」

択捉、国後の意義がよく理解される記述だろう。そして、当時の外務省はそうした二島の重要性を認識していたことを示してもいる。

面積だけの問題ではない。

終戦時の人口を見ても、北方四島全体に一万七千人を超える日本人居住者がいた中で、国後、択捉にも合わせて一万名以上もの日本人が暮らしていた。これらの人々が生まれ育った郷里を武器をもって追われた不条理を正さなければならないのである。

加えて、ロシアの原子力潜水艦が遊弋《ゆうよく》し、米国本土をミサイルで狙える距離にあるオホーツク海への出入口を扼《やく》する択捉、国後島の戦略的重要性は、火を見るよりも明らかだ。

むろん、領土交渉は相手があってのものだ。交渉担当者としては、日本の主張どおり、四島がすべて返ってくるとのシナリオだけではなく、他のシナリオをも念頭に置きつつ頭の体操をしておくべきことは言を俟たない。同時に、「4」から始めて妥協点を探るのと、「2」で始めるのとでは全く迫力も交渉上のポジションも変わってくることを踏まえなければならない。

実際、安倍政権の「柔軟な」までの交渉姿勢を見てとったロシアは、今や歯舞、色丹の二島についても、これは日本の主権を認めた上での「返還」ではなく、主権はロシアにあるという前提での「引き渡し」に過ぎないとの主張まで展開していると聞く。

まさに、「二島返還」でさえ覚束なくなってしまっているのが現状なのである。しかも、ロシアは二島「引き渡し」にさえ応じず、領土問題は決着が図られないまま放置されている。皮肉なことに、ロシアこそが日本の一方的譲歩による決着を踏みとどめてくれているのだ。心ある日本人は僥倖《ぎょうこう》として受け止めるべきかもしれない。

## 外務省の不作為と沈黙

このように振り返ると、長年日露関係の最前線に立ち、外交上のやりとりや経緯に通暁していた外務官僚こそが「総理、ちょっと待ってください。二島返還を急ぐことが本当に国益に適うのでしょうか？　択捉と国後を見捨てていいのですか？」と声を上げるべき立場にあったのではないだろうか。

実際、ロシアとの折衝に携わってきた省内の心あるロシア専門家等からは、「なぜここまで一方的に譲歩しなければならないのか？」「これまでの積み上げをないがしろにするのか？」との声が上がっていた。

第二次安倍政権の後半期、特に二〇一六年十二月の長門会談をはじめ日露交渉が本格化した際の外務省事務当局のライン、すなわち、事務次官、政務担当外務審議官、欧州局長のいずれもが国際法局（旧条約局）出身者だったことは特筆に値する。のみならず、同局で担当官だけでなく、首席事務官、課長及び、又は局長まで務めてきた面々でもあった。外務省にあって条約局は筋を通すことで知られてきたエリート集団だ。地域担当の地域局が目の前の相手国との関係を慮《おもんばか》って政治的な妥協に走りがちなことを戒める役割を担ってきたのが条約局であった。

その昔、一九七二年の日中国交正常化当時、条約局長であった高島益郎《ますお》は国際法と条約に従った正論を押し通したと言われる。そして、それが故に、時の周恩来中国首相から「法匪《ほうひ》」と呼ばれ、ついには「こういう有能な人物が欲しい」とまで言わしめたという、まことしやかな逸話が語り継がれてきた。

仮にそのような条約局のＤＮＡが生きていたのであれば、日露領土交渉の展開は違ったものになっていたのではないだろうか。彼らこそ、若い担当官時代から日露交渉に深く関わり、四島返還という日本の従来の主張が歴史的にも国際法上も正当であることを省内外で繰り返し主張してきた面々だった。にもかかわらず、レガシーづくりに勤しむ政治指導者に対して意見具申することがなぜできなかったのか、というのは国民からすれば正当な問いかけだろう。

交渉に深く携わってきた省内幹部からは、「局長、外審、次官と上に行けば行くほど、首相に唯々諾々と話を合わせてしまう」とのぼやきを聞かされたこともある。そこには「法匪」の背骨も矜持もなかったのだろうか。

彼らが担当官の時に上司の条約局長であったのが、ロシアに対する冷徹な観察と厳しいアプローチで知られてきた故丹波實元ロシア大使（二〇一六年死去）だった。前記の東京宣言を含め、着々と布石を打ち、歴史の不正義を正すべく四島返還で領土問題を解決すべく精魂を傾けてきた侍であった。一九五六年以来、数十年にわたって営々と築き上げてきた成果が一顧だにされることなく、同年の共同宣言のラインに引きずり戻されてしまった領土交渉。どのような気持ちで後輩の交渉を見守っていたのだろうか？　泉下の丹波大使に聞いてみたい。

そして、二島返還を確保するためのコストが、国後、択捉の「切り捨て」と並んで、日露の「共同経済活動」だった。海産物の共同増養殖、温室野菜栽培、島の特性に応じたツアーの開発、風力発電の導入、ごみの減容対策などがパイロット・プロジェクト候補として日露両政府間で合意され、早期実施、具体化に向けて協議が進められてきた。だが、こうした事業は、その内容にかんがみ、政府だけで推し進められるものでは到底なく、関連企業の協力が不可欠だ。ところが、共同経済活動を進めるべく参加を強く呼びかけられた日本企業の間にさえ、表面上は長期安定政権の要請を尊重しながらも、「実際のニーズや経済実現性がないものを、なぜここまで苦労してやらなければならないのか？」と訝《いぶか》り納得できないとする声が少なからずあったと聞く。腰が引けていた企業が多かったのは否定できないだろう。

対露交渉を巡る、このような不作為と進言を躊躇《ためら》う怯懦《きょうだ》な姿勢こそが、今の外務省の劣化を象徴する典型例のように思えるのである。

安倍政権後の日露関係に目を転じれば、これ以上保守色の強い政権はないであろう安倍政権が二島返還で構わないとのシグナルを送ってしまった以上、今後の政権が本来の四島返還要求に立ち戻ることは至難の業である。しかし、その至難を乗り越えての「リセット」こそが必要だろう。

ロシアに取られた領土回復の難しさは、二〇一四年にクリミア半島を失ったウクライナのその後の対応が如実に示しているとおりだ。二〇二二年に二度目の侵攻に遭ったウクライナは、漸く戦って取り返そうとしているのだ。

翻って、戦争に負けて不法占拠され失った北方四島。現行憲法下の日本には、戦争に訴えて取り返す道はない。だからこそ返還を実現するためには、長い期間にわたっての忍耐と粘り強い交渉が必要なはずである。もともと百年単位の長期戦を覚悟した上でなければ、臨めない交渉なのだ。

同時に、東西ドイツの統一、バルト三国の独立や中東欧諸国の旧ソ連の軛《くびき》からの解放といった近年の史実を踏まえれば、いつか必ずや交渉の好機が訪れるとの信念を辛抱強く持ち続けることも肝要なはずだ。実際、エリツィン政権とはかなりのところまで進んだのが領土交渉の歴史でもある。

こうした国際政治の現実や相場観、歴史の流れに通じていなければならない外務官僚こそが、プーチンとの交渉に前のめりになる安倍首相に「再考してください」「今は我慢の時です」と声を上げるべき立場にあったのである。後付けのタラレバ論と片付けてはならない。多くの国民が霞が関の官僚に期待してきた役割はそこにあると信じるからである。

## プーチンの対応の読み違え

本件の対応でもうひとつ深刻な問題は、プーチンが北方領土の返還を決断できる政治家だとの見立てに、情勢分析のプロであるはずの外務官僚がいとも無批判に乗ってしまったことだ。プーチンは絶対君主的な唯一無二のリーダーというよりも、ロシアの旧態依然とした既得権益の集合体の上に乗ったリーダーというのが、大方のロシア観察者の総意だった。そのようなリーダーであるからこそ、自ら率先して不人気な決断をなし得る立場にはなく、むしろ、既得権益者に利益を分配し、支持層の喝采を浴びるようなナショナリスティックな対応に流れがちとの受け止め方が主流であった。私が外務省のインテリジェンス部門の局長ポスト（国際情報統括官）にあった時、情報、意見交換をする主要国のカウンターパートは異口同音にそうした分析を表明していた。

こうした見立ては、国際情報統括官組織からはたびたび要路に上がっていた。私も、外務次官、外務大臣、内閣官房副長官等に定例のブリーフィングをする際に一度ならず言及していた。また、従来はこうしたインテリジェンス・ブリーフィングは外務審議官には行っていなかったが、領土交渉の責任者であることに着目し、私の発意で外務審議官（政治担当）にもブリーフィングを綿密に行うようにした。しかしながら、領土交渉に邁進する首相の耳には届かなかったか、届いていても重きを置かれなかったようである。

いずれにせよ、当時領土交渉に携わった外務省幹部は、「プーチンであれば決断できる」との楽観的観測に傾き、そこに期待をかけすぎてしまった。情勢分析を甚だしく間違えたと言われても致し方ないだろう。

もうひとつの大きな失態は、中露の接近を日本がロシアと領土交渉を進めることによって予防できるなどという大甘な楽観論をまことしやかに打ち出したことだ。米国主導の国際秩序に対する強い反発で自ずと結ばれがちなのが現在のモスクワと北京だ。結果的に、その後のウクライナ情勢、インド太平洋情勢の進展を通じて益々強まってきている中露の紐帯に対する浅薄な理解と甘い見通しを露呈することになった。

のみならず、「所詮日本は米国の言いなりになる存在」と中露に見られてきた現実にかんがみれば、日本がロシアと中国の間に楔を打ち込むことが果たして可能なのか、可能だとしてもそのために払わなければいけなくなるコストが共同経済活動のみならず、返還される領土への日米安保条約の不適用（米軍駐留を認めない約束）、さらには択捉、国後の放棄だとすれば、そのようなコストは日本の国益に見合うのか？

こうした点についての冷徹な計算を欠いていたと言われても仕方がないだろう。

## 政策の大転換⁉

さらなる恥の上塗りは、こうした大甘な見立てに拠って安倍外交の領土交渉のお先棒を担いで走り回っていた幹部連中が、菅政権、岸田政権に交代した後にあっても全く自省することなく、のうのうと高位の職にとどまって事務を続けてきたことだ。

典型例は、安倍政権末期に当時外務審議官としてロシアとの交渉の前面に立っていた森健良だ。安倍政権下の対ロシア外交に幻滅して国家安全保障局長のポストを去ったと報じられてきた谷内《やち》正太郎《しょうたろう》氏の恬淡《てんたん》とした態度とは、全く正反対の立ち回りだった。

その後次官まで務めた森が二〇二三年夏、全省員に向けて行った新旧次官交代式における挨拶の中でさらっと述べた言葉には、心ある多くの省員が耳を疑ったのではないかと思う。

「昨年二月にウクライナが侵略されました。それを予知していたというわけでは全くありませんけれども、その時日本はそれまでのロシア外交の大転換を急速に行って、ロシアを制裁し、そしてウクライナを支援する。G７とともにそうした国際的努力に参画するという決定をして以来、そうした外交を展開してきています。非常に困難な意思決定でありました。しかし、国際秩序の根幹を揺るがすようなこの事態は他人事ではないという判断で大転換をしたわけです」

しごく淡々と理の当然のように述べたが故に、本人の認識と責任感の程度を物語って余りあったと言えるかもしれない。ウクライナ人やジョージア人が聞いていれば、欺瞞《ぎまん》に満ちたご都合主義の自己正当化に聞こえたことだろう。

言うまでもなく、ロシアのウクライナ侵略は、なにもここ数年で始まったわけではない。ウクライナ領土のクリミア半島に対する侵略は、既に二〇一四年に発生していた。だが、日本外交は西側諸国による対露制裁に最低限度のお付き合いをしたものの、プーチンのロシアとの領土交渉にブレーキをかけることなく、共同経済活動を通じた二島返還の道を引き続き突き進もうとしたのだ。

さらに先立てば、プーチンのロシアの姿は、二〇〇八年のグルジア侵攻であからさまになっていたと言って過言ではないだろう。グルジアの一部領土は未だに占領されたままなのだ（グルジアについては、二〇一五年に国名呼称がロシア語のグルジアから英語のジョージアに変更されている）。

換言すれば、こうしたロシアの実態を見知って戦略転換を促す機会は十分にあったのに、それを無視して進んだのが日露交渉だった。

これからの対露外交は難しい局面を迎える。このような外交を続けていては、ロシアから足元を見られてしまうのは必至だ。今回のウクライナ戦争が起きなければ、安倍政権がもくろんでいた二島返還さえ実現することなく、「共同経済活動」という果実を奪われるだけで終わっていたかもしれない。

そんな最悪のシナリオに、本来鍛え上げられたはずの職業外交官が加担していたのだから、実に心寒くなる。これぞ劣化の象徴ではないだろうか。

# 第二章　腰の引けた対中外交

## チャイナスクールと尖閣問題

政界、メディア、論壇には外務省中国（チャイナ）スクールに対する批判が溢れている。

こうした批判を招いてきた個々の行動の背景には、チャイナスクール関係者それぞれが抱える心情や行動力学がある。かつては貧しく混乱した後進国であった中国に対する同情と共感や、大東亜戦争前・戦時中の日本の行為に対する贖罪意識にとらわれている者が旧世代のチャイナスクールには多かった。その後の世代では、中国人の「面子《メンツ》」なるものを重んじるが故に日本側の面子を一顧だにしないかのような偏った思考様式に陥る者が少なからずいた。そして世代を問わず大多数を覆っていたのは、中国に睨まれては中国関係の仕事ができなくなるとの個人的な保身・危機感であったように受け止めている。

米国スクールでありながらも、中国課首席事務官と在香港総領事館総務部長を相次いで務め、チャイナスクールの真っただ中で仕事をする立場にあった私には、特異な経験をする機会が少なからずあった。そうした中で、彼らの間に最も顕著であった思考様式とは、良好な日中関係を重視するがあまり、中国を刺激し、波風を立てるようなことは極力避けるというものであると認識するに至った。

その典型例が尖閣諸島を巡る対応だ。

一九九〇年代半ば、私が中国課首席事務官であった頃、「日本固有の領土」という原則的立場にもかかわらず、その主張の根拠を中国側や第三国に理解させようという姿勢はチャイナスクールにはまず見られなかったと言っても過言でないだろう。

彼らの主たる関心は、尖閣を巡る彼我の立場の差が日中関係に悪影響を与えないようにすることだった。そうした立場から回避すべきことは、中国漁船による大挙しての尖閣諸島近海への来航だけではなく、日本側関係者の「軽挙妄動」も、ということになる。

例えば、右翼団体の日本青年社関係者による尖閣諸島への渡航・上陸、魚釣島《うおつりしま》の灯台補修などは、そうした行為の最たるものとして警戒されてきた。そして、船溜まりの設置など、日本側の領有権を強化するような措置の提案に対しては、外務省は消極的に対応し続けてきたのである。

このような腰が引けた対応のクライマックスが二〇一〇年の中国漁船船長の釈放に他ならない。日本の海上保安庁の巡視船に明らかに意図的に衝突を繰り返してきた中国漁船の船長を日本側が現場で拘留したにもかかわらず、中国政府の猛反発に周章狼狽した当時の民主党政権は、急遽この船長を釈放するとの挙に出た。当該船長はただちに中国に帰国し、英雄として大歓迎されたのである。

今でもよく覚えているが、釈放の決定は、二〇一〇年九月、政府首脳や外交当局ではなく、こともあろうに那覇地検の次席検事が記者会見して発表した。釈放の理由は、「日本国民への影響や今後の日中関係を考慮すると、これ以上身柄を拘束して捜査を続けるのは相当でない」と説明された。

本来「法の支配」の番人であるはずの検察官が、外交関係という法律には明文の根拠さえない政治的理由を公の場で挙げ、明確な犯罪者を処分保留で釈放することとしたのだ。まさに、法治国家としてあるまじき対応を取ったのがこの時の日本だった。

当時、政務担当公使として在英国大使館にいた私は、得てして物事に対する現実的なアプローチを評価する英国人からも、「もっとやり方があったろうに」と呆れられたことをよく覚えている。

国家としてこれほどまでの失態は滅多にあるものではない。国際社会における日本のイメージを大いに損なうものだった。当時、さすがに、在外の大使からも強い問題意識の表明が相次ぎ、その一環として、在ドイツ大使からは悲憤慷慨《こうがい》に満ちた意見具申が公電で本省に寄せられた。ロンドンでこれに接した私も、一読して大いに共感したものだ。「このような意見が出てくるなら外務省も捨てたものではない」とも感じた。

しかしながら、首相官邸の反発を恐れた当時の事務次官は、むしろこうした意見が日の目を見ることがないよう抑えつけてしまった。切歯扼腕《やくわん》したことをよく覚えている。

まさに、「波風を立てない」「寝た子を起こさない」といった従来のチャイナスクールに顕著であった姿勢が当時の外務省幹部、さらには民主党政権幹部にも染み渡っていたのである。

## 広報努力の不足

このような思考回路がチャイナスクール関係者を支配していたため、尖閣諸島への日本領有権について、「尖閣諸島は日本固有の領土」「尖閣諸島を巡って日中間に領有権の問題は存在しない」という杓子定規な説明を超えて、理路整然と説得力ある説明が対外的になされたことは実に少ない。ことを荒立てることを極力避けようと努めてきたからである。のみならず、こうした説明努力の不足によるものか、日中間で尖閣諸島を巡る領土問題の存在を認めない日本政府の立場に対し、駐中国大使や有力財界人などから異論が提起されるような事態に陥っていた。

そこで、国際法局審議官であった二〇一四年、義憤やみがたかった私は国際法の専門誌（中央大学法学新報　第百二十巻第九・十号）に拙稿「尖閣諸島問題についての一考察」を寄せるとともに、この拙稿を基に自らパワーポイントの説明資料を作成し、国内、海外広報に当たって積極的に使うこととした。

国際法的に言えば、

（1）一八九五年に日本の領土に編入された尖閣諸島について、中国は七十年以上も異議を呈することがなかった。初めて領有権を主張したのは、海底の石油・天然ガス資源の可能性が明らかになった後の一九七一年であった。

（2）第二次大戦後、尖閣諸島のうちの久場島《くばしま》や大正島《たいしょうとう》で在日米軍が射撃・爆撃訓練をしてきた。

にもかかわらず、これらを「中国の神聖な領土」とみなす中国政府からは何ら異議が呈されなかった。

これらの事実こそが、中国の主張が如何に場当たり的で根拠の弱いものであるかを明確に示している。

こうした点を国内外にきちんと説明していこうではないか、という試みだった。

さすがに今は改善されてきたようだが、当時の日本外交の問題は、このような基本的な事実関係を含めて、国内、中国側、第三国に指摘して理解を深めていくという努力が決定的に不足していたことである。しかるに、歴史の流れ、なかんずく一九九二年の中国政府による領海法制定、海警局の統合・強化と彼らの巡視船による尖閣諸島近海への積極進出、巡視船の大型化・武装化、そうした動きを裏で支え軌を一にしている軍事費の急増などを冷静に見据えれば、「尖閣を取りに来ている」ことは明々白々なのである。この点でのチャイナスクール、さらには外務省全体の危機意識の低さと対応の遅れこそ、日本が「差し込まれてきた」大きな原因であることは否定できないだろう。

## 靖国参拝への消極姿勢

こうしたチャイナスクールの事なかれ主義、トラブルを避ける性向が露わになったもうひとつの事案が、総理大臣や閣僚の靖国神社参拝問題であったように思う。

小泉政権時代、小泉純一郎首相が毎年靖国神社を参拝して英霊を弔ったことに対して、中国は猛反発し、外交問題化した。その際、チャイナスクール、さらには外務省の大方の関係者の間に共有されていた空気は、「英霊を追悼して何が悪いのか」というものよりも、「余計なことをしてくれるな」というものだったと記憶している。

その端的な例が、駐中国大使の意見具申だった。

靖国神社参拝に中国が如何に強く反発しているかを強調し、その上で、これ以上強行すると中国に居住している在留邦人に危害が加えられかねないという懸念を表明し、参拝を思いとどまるよう訴えた。

自国のために命を捧げた軍人を弔うという、主権国家の政治指導者であれば当然の行為の正当性を任国たる中国に粘り強く説明することは早々にあきらめ、そのような行為に対して任国が過剰で暴力的な反発を示すであろうから慰霊・追悼を慎むべしというロジックだった。言い換えれば、中国側による「歴史カード」の使用を所与のものとし、中国側の言い分（ナラティブ）と恫喝を受け入れた上で日中関係の小康状態の維持を図る対応とも言えよう。これでは、「どこの国の外交官か」と譴責されても致し方ないだろう。

## 「千鳥ヶ淵に行かせろ」

このチャイナスクールの中国大使は、一九九〇年代後半に私が中国課首席事務官を務めていた時のアジア局長だった。天皇陛下の前での不遜な振る舞いも相まって大きな物議をかもした江沢民主席の一九九八年秋の訪日に先立つ頃だった。

この頃、国防部長や中国共産党宣伝部長など、中国側の要人が来日するたびにアジア局長が拘ったのが「千鳥ヶ淵に行くよう、働きかけろ」ということだった。理由は、相互主義。日本の要人が訪中するたびに北京の天安門広場・人民英雄記念碑で日中戦争の犠牲者を悼んで献花をするのであれば、訪日する中国側要人にも同様にさせよとの問題意識に基づくもののようだった。

こうした日本側の働きかけを受けて、実際に千鳥ヶ淵に赴いた中国側要人が当時いたとは記憶していない。記憶しているのは、いつも要人の訪日直前になって、「かくかくしかじかで中国側に働きかけることとしたい」との決裁書が上がってくることに疑問を抱いた、時の小渕恵三外務大臣がアジア局長を呼び出したことであり、「このような働きかけは十分に根回しを行ってやらないと意味がない」との大臣の指摘を受けて、それ以降は働きかけが行われないようになったことだ。

周知のとおり、千鳥ヶ淵は身元不明の無縁仏たる戦没者の慰霊施設である。身元が判明した戦没者は、すべて隣の靖国神社に祀られており、多くの遺族が今なお相次いで参拝し、故人の遺徳を偲び、その献身と犠牲に哀悼と感謝の意を示す貴重な場となっている。しかし、その靖国は中国側に言わせれば、「軍国主義の象徴」であり、いわゆる「A級戦犯」の合祀を理由として、ある時点から参拝批判のトーンを高めてきた経緯がある。そして今では、日本の総理大臣のみならず閣僚の参拝までをも厳しく指弾する状況に至っているのだ。まさに「歴史カード」の恣意的・政治的利用の最たるものだろう。

こうした中国側の姿勢があったからなのだろうか。靖国ではなく、千鳥ヶ淵なら中国側の抵抗が少ないと読んだのだろうか。当時のアジア局長の思考回路は全く不詳である。明らかなのは、こうした行為が歴史カードを弄ぶ中国の前にあっては何の効用ももたらさないばかりか、却って靖国神社の位置付けと遺族の心情を損ないかねなかったことである。敗戦の責任を取って自決した当該局長のご尊父が英霊として靖国に祀られていただけに、不可解極まる顚末だった。

## 中国のために働く中国課長

一部のチャイナスクール関係者の精神構造を理解するに当たって忘れられない事件があった。私が北米第二課長を務めていた時（二〇〇三年夏〜二〇〇四年夏）のことだ。

問題の発端は中国政府が半導体に課した増値税（付加価値税）だった。すべての半導体に対して一律の税率で課税しながらも、中国国内で設計・製造された半導体についてはリベートが還付されるという制度設計。実際には内外差別を図り、中国の半導体産業を育成・保護しようとする狙いは明白だった。こうした措置の保護主義的内容に照らし、関連日本企業にとっても大きな懸念となりつつあった。

米国政府は米国企業の問題意識を受けて、ただちに中国政府とＷＴＯ（世界貿易機関）協定に基づく二国間協議を要請した。解決が得られない場合には、ＷＴＯに紛争を付託することも辞さないとの姿勢を見せた次第だ。日本の貿易上の利益にも密接に関わる問題である以上、日本政府としても米中間の協議に第三国として参加すべしというのが北米二課の立場だった。別に米国の全面的な味方をしようということではなく、日本政府としても事態の展開をきちんと把握して対応に遺漏が無いように期すとの趣旨だった。

しかし、日本自らが中国に対して二国間協議を要請するのではなく、米中間の協議に第三国参加するという、いわば無害で当然の動きに対してさえ、なかなか首を縦に振らなかったのが、チャイナスクールのエースと言われていた当時の中国課長だった。課長に次ぐポジションにある中国課首席事務官までは北米二課の意見と同調していたのだが、中国課長だけが頑なに反対し続けていた。

そこで、ある晩、私が中国課に出向いてこの課長の説得に努めることとした。

その時の中国課長の言葉を今も鮮明に覚えている。

後輩の私が説得を試みたことに反発したのか、第三国参加に強硬に反対し続けただけでなく、聞き耳を立てていた多くの課員の前でこう言ったのである。

「アメリカが中国を叩く交渉に日本が参加するなど、駄目だ、駄目。北米二課長はアメリカのために働くが、中国課長は中国のために働くのだ」

常軌を逸した発言に、私は呆然として言葉を失いかけた。だが、気を取り直して、一言だけ言い置いた。

「違います。中国課長も北米二課長も、日本国のために働くのです」

その後小耳に挟んだのは、川口順子《よりこ》外務大臣（当時）の訪中を数週間後に控えており、中国を刺激するような措置はとりたくなかったのだという説明だった。当時のチャイナスクールの精神構造を語って余りある話だった。ただし、肝心の大臣の意向は不明だった。

## 中国を「脅威」ではなく「懸念」と呼ぼう

　このようなチャイナスクールの伝統的な行動様式、言動は、南シナ海や東シナ海で国際法や外交常識を無視した威圧的な振る舞いを繰り返し、軍事予算を幾何級数的に拡大し軍事大国を目指している中国の有様を目の当たりにして、相当に影を潜めてきたことは確かだ。若い世代のチャイナスクールの間では、お題目の如く「日中友好」を唱えたような経験はもはや無縁であり、今の中国に対して冷静、現実的に向き合おうという姿勢が顕著になってきたように感じる。

　しかしながら、なおも尻尾は残っており、時折その姿が浮かび上がってくることがある。

　前述の「中国のために働く」とのたまわった中国課長から数代後の課長の時だった。

　この中国課長は、省内他局、他課の課長に対して、「中国は脅威ではありません。せいぜい『懸念』と呼びましょう」などと省内会議で呼びかけたのである。

　百歩譲って公の場で「脅威」と言い募ることが様々な悪影響をもたらすことは理解できよう。しかし、欧米諸国などとの二国間協議で、軍事予算の急増と攻撃的な対外姿勢の故に日本の安全保障にとって最大の課題を提起している国を「脅威」と呼んで、何が問題なのだろうか。

　このような言動こそ、日中関係に執心し、中国を刺激するのを過度に恐れているチャイナスクールの姿勢を如実に示している。日本こそが中国の擡頭《たいとう》によってもたらされる戦略的挑戦を正面から受け止めざるを得ない地政学的位置にあり、欧米諸国をはじめとする基本的価値と戦略的利益を共有する友邦に対して、中国問題についての知見と経験を共有し、時に「啓蒙強化」していかなければならない。であるのに、そうした発想が全くないか、弱すぎるのだ。だから、このような発言をしてしまう。狭隘《きょうあい》な視野にとらわれたチャイナスクールの宿痾《しゅくあ》と言ったら言いすぎだろうか。

こうした次第があったからこそ、二〇二二年十二月にまとめられた「国家安全保障戦略」の最大の意義のひとつは、中国を「最大の戦略的な挑戦」と形容したことにあると受け止めている。対中外交の最前線にある日本であるからこそ、中国の軍事力の増大と攻撃的な対外姿勢に着目して、「最大の戦略的な挑戦」と打ち出したのである。そうした変化がチャイナスクールの関係者の認識や外交姿勢にも影響を与えていくことが期待される。換言すれば、「懸念」云々といった言葉遊びではもはや済まされない深刻な状況に達していることを政府全体で確認したことに意味があると考えている。

幸い、前記のような逸話に事欠かないチャイナスクールも、中国の戦狼外交の本格的な展開を受けて随分と変わってきたことは確かだろう。むろん、表立って批判する人間に対して人格攻撃を含めて徹底的につぶしにかかってくる中国共産党の性癖を熟知しているからだろうか、公の場で中国に対して批判的な発言をすることに極めて慎重な傾向は今なお変わらない。ただし、敢えて弁護すれば、こうした傾向は、日本外務省のチャイナスクールだけでなく、米、英、豪等、我が国と基本的価値や戦略的利益を共有するパートナー国でも似たり寄ったりだ。

だが、ここで指摘すべき深刻な問題は、中国に対する弱腰外交の原因がチャイナスクールだけにとどまらないことである。すなわち、チャイナスクールだけを責めてこと足れり、とはできないのだ。むしろ、チャイナスクールの面々が漸く目覚めて、是々非々で諸懸案に対処していこうという機運が強化されつつある時に、チャイナスクール以外のところで瓦解が生じているのだ。

## 電話で済ませた次官の「抗議」

二〇二二年八月のことだ。

米国下院議長（当時）のナンシー・ペロシの台湾訪問に怒った中国は、台湾を取り囲む海域で激しい軍事演習を行った。それだけでなく、その一環として日本の排他的経済水域（EEZ）に弾道ミサイルを五発も撃ち込んできた。ミサイルが撃ち込まれたのは、我が国最西端の与那国島《よなぐにじま》から僅か八〇キロメートルほどの海域だった。まさに日本の安全保障に対する脅威そのものであり、周辺住民や漁民にとって危険極まりない行為だった。

北朝鮮のミサイルが日本の水域に撃ち込まれることはあっても、中国のミサイルが撃ち込まれたのは初めてだ。明らかに、戦略的に新たな挑戦の歩を進めてきたのだ。だからこそ、日本としては毅然と厳しく対応し、二度とこのような行為をさせない必要があった。

中国のミサイル発射から遡ること八か月、生前の安倍元首相は二〇二一年十二月に台湾の国策研究院主催のシンポジウムで「台湾有事は日本有事であり、日米同盟の有事でもある」と述べた。これに対し、中国は激しく反発した。在中国日本国大使（当時）の垂秀夫《たるみ》は中国外交部（外務省）に深夜に呼びつけられ、「極めて誤った言論で中国の内政に乱暴に介入した」と厳重な抗議を受けた。

それだけではなかった。外交部報道官は「中国人民の譲れない一線に挑む者は誰であれ、必ず頭をぶつけて血を流す」とまで公の場で刺激的なコメントを出し、日本側を脅迫したのだ。

このような流れを念頭に置けば、中国によるミサイル発射は、日本に対する挑戦的なメッセージであり、要は「引っ込んでいろ」という警告であったことが容易に認識できるだろう。

当惑を禁じ得ないのは、その際の日本外務省の反応だった。

外務次官の森健良が抗議したまでは良かった。アジア大洋州局長が抗議して済むような次元の問題ではなく、最低限次官、できれば外務大臣が抗議してしかるべき深刻度の問題だったからだ。問題は抗議のやり方だった。

中国大使を外務省に呼びつけるのではなく、電話での抗議で済ませてしまったのだ。事の軽重、外交慣例、国際的相場観に照らせば当然のことながら、東京にいる中国大使を霞が関の外務省に呼び出して厳正に申し入れるべきなのに、それを怠った。そして、なぜそうした安直で軽い方法で済ませてしまったのかにつき、説得力ある理由が何ら示されなかったのだ。もはや政府の一員ではなかった安倍元首相のシンクタンクでの発言に過剰反応して、北京で日本大使を深夜に呼びつけた中国側の対応との対比が際立つ。

これほど重要な事態の展開を直視しながらも、なぜそこで腰が引けてしまうのか？

怒るべき時になぜしっかりと怒れないのか？

情けなく感じる国民が多いことと思う。

ちなみに、この森次官は、現役中、前任の秋葉剛男《たけお》次官に比して自分が如何に中国に厳しく当たっているかを有力なメディア関係者に説明して回っていたと聞かされた。対中強硬姿勢はうわべだけで、保身のためのものだったのだろうか？

## 「負けるからやりません」

戦狼外交の中国を前にしながらも、今なお腰が引けた対応をしてきたのは前次官の森だけに限らない。後任次官の岡野正敬《まさたか》も五十歩百歩だ。

二〇二三年八月、東京電力福島第一原発での処理水の海洋放出に猛反発した中国は、日本産の水産物の全面輸入禁止という特異かつ過剰な対応を打ち出した。慎重に準備、説明を重ね、国際原子力機関（ＩＡＥＡ）のお墨付きを得て行っている措置に対して、科学的根拠に基づかない明らかに政治的な理由に基づく反応だ。しかも、福島だけでなく十把ひとからげに日本からの水産品の輸入をすべて禁じるという、バランスを甚だしく欠いた反応だ。中国の措置の非を明らかにすべくＷＴＯに持ち込むべきだとの議論が日本国内で澎湃《ほうはい》と沸き起こったのは当然だろう。

問題は、これに対する外務省の反応だった。

要路の政治家やオピニオン・リーダーに説明に走り、ＷＴＯ提訴に対して水をかけて回ったのだ。それだけでも中国に対して腰が引けていると言わざるを得ないが、その際の理屈が振るっている。

「ＷＴＯに持ち込んでも、負けてしまうかもしれません」

「中国側に反訴されて仮保全措置が認められ、処理水の排出が差し止められてしまうかもしれません」

何のことはない、最初から勝負を避ける敗北主義なのだ。言い方を変えれば、安全マージンを広く取って危険と責任を回避しておこうという姑息な計算でもある。

むろん、訴訟、特に国際裁判は、国内での裁判以上に水ものだ。法的判断というよりも政治色が濃い判断が下されることもしばしばだ。

確かに、国際司法裁判所（ＩＣＪ）での捕鯨裁判、ＷＴＯ上級委員会での韓国の水産物輸入禁止措置に係る裁定など、我が国の主張が認められず、煮え湯を飲まされてきた経験は記憶に新しい。個人的には、経済局長時代に後者の問題にフルに関与し辛い立場に置かれただけに、関係者が自ら国際裁判というお白洲《しらす》の場に打って出ることに対して慎重になることは理解できなくはない。

しかしながら、だからと言って、これほどまでに破天荒な貿易制限措置に接し、日本の漁業者が大きな被害をこうむっている我が国政府の責任者が「負けるかもしれないから、ＷＴＯに提訴しません」と言い募るのは如何なものか。

韓国がとってきた水産物輸入禁止措置と比べても、今回の中国の措置は日本からのすべての水産物を対象とするなど、あまりに過剰で広範だ。さらに、日本が営々と努力して勝ち取ってきたＩＡＥＡの判断と措置を踏まえていない、といった決定的差異がある。

また、過去のＷＴＯの紛争解決の事例にかんがみれば、仮保全措置などが取られて処理水の排出が禁じられることはまず考えられない。中国がＷＴＯではなくＩＣＪ等の他の裁判手続きを使って反訴する可能性は全く未知数であり、反訴が所与のものとは到底言えない。そもそも中国がここまで強硬に処理水放出に反対しているのは、額面どおり環境への影響を心配しているというよりも、むしろ本件を利用してアジア太平洋地域での日本の世評、名声に泥を塗り、中国のみが種々の事案で守勢に回り続けてきた事態を反転させるためではないだろうか。

以上の諸事情を勘案すれば、外交当局に期待される姿とは、ＷＴＯの裁定の不確実性やリスクをきちんと説明しつつも、「やれるだけのことはやってみます」と打って出ていくことではないだろうか。

「負けるかもしれないから何もしません」というのでは、何のために国際法を勉強しているのか、何のために高額で契約した米英の法律事務所を使っているのか、税金泥棒ではないかとの指摘を免れることはできまい。

ズバリ言おう。本音は危険と責任の回避であり、さらに突き詰めると保身なのである。

ＩＣＪにおいて捕鯨問題で敗訴し、ＷＴＯ上級委員会において韓国の輸入規制について勝訴できなかった際、これらの訴訟に携わってきた当時の関係幹部は在外公館に出されたり、昇進を見送られたりした。私もその一人だった。そうした展開や先輩の置かれた苦境を観察していた後輩の岡野らは、自分がその立場に立たされることを恐れたのかもしれない。

仮にそのような次元で政策判断がなされているのだとしたら、これを劣化と言わずして何と言うのだろうか？

## 拘留日本人への無関心と冷たい対応

こうした事情を丹念に見てくると、今の外務省が中国国内においてスパイ容疑で次々に拘束されてきた同胞の解放に向けて、十分な努力を払っているようには到底見られないことも不思議ではなかろう。

国家として極めて深刻な問題である。中国での国家安全法の施行を受けて、既にメディアで確認されているだけで十七人もの日本人がスパイ容疑で拘留されてきており、数年間にわたって日本では到底許されないような非人道的な状況で取り調べ、抑留を受けている例が続発しているのだ。

国民の生命、身体、財産を守ることが国家の役割である以上、外交当局はもちろん関係部局が力を結集して取り組まなければならない問題のはずである。しかし、この面での外務省の感度と動きは全くもって低く鈍いと言って過言ではないだろう。

私が在勤していた豪州でも、中国当局に拘束されてきた自国民の解放は大きな課題となってきた。そして、豪州政府による粘り強い働きかけを経て、二〇二三年十一月のアルバニージー首相の中国訪問に先立ち、拘留されてきた女性ジャーナリスト一名の解放についに成功したのである。解放に至るまでの豪州メディアの執拗な問題提起とも相まって、鮮明な印象を受けたものである。

翻って、日本の場合は、この問題が一部メディアで漸く大きく取り上げられるようになったとはいえ、日中関係の一大懸案であるとの国内コンセンサスづくりに向けて外交当局が動き、そうした動きを通じて中国側に効果的なプレッシャーをかけているようには見受けられない。

またしても、腰が引けているのだ。二〇二三年十一月末、離任間際の垂駐中国大使が拘留されていた製薬会社アステラス社社員の日本人と初めて面会したことは一歩前進だ。しかしながら、もっと親身になって窮状にある日本人に行き届いた支援の手を差し伸べていくべきこと、そして中国政府に対して解放を強力に働きかけていくべきことは言を俟たない。

むしろ、被拘留者の公安調査庁とのつながり等を指摘し、「やり方がまずかった」などとぼやく向きが目立つ。これでは明確かつ具体的な嫌疑を示されることなく拘留されている方々は堪らないだろう。外務省は、北朝鮮による拉致被害者の窮状に対して長年冷淡であったと批判されてきた過去がある。またしても同じ過ちを繰り返すのだろうか。

この点に関連して、些細だが、あまり愉快でない経験をしたことがある。

駐豪大使時代、アジア大洋州大使会議で一時帰国し、官邸での岸田文雄首相との意見交換に臨む直前だった。外務省としても首相とともに拉致問題に取り組む決意を示すべく、官邸に大使たちが赴く際には青色の「拉致バッジ」(ブルーリボン)を全員が背広のラペルにつけていくべしとのお達しが大臣官房から回っていた。

それだからだろう。官邸に向かう道すがら、省内のエレベーターに乗り合わせたチャイナスクールの某大使は、私が当該バッジをまだ付けていなかったことを見咎《とが》めてきたのだ。その昔、「中国は『懸念』と呼びましょう」と述べたその男だった。

あたかも紅衛兵が毛沢東語録を振りかざすかのような小姑の所業そのものだった。だが、矮小な言動はともかく、より重要なことは、バッジを付ける以上に外務省が拉致問題解決のためにどのような努力を日夜重ねているのかだろう。

中国拘留者の問題への対応と併せ、この点で世間が納得していないことをひしひしと感じている。

# 第三章　米国にNOと言えない日本

## 首脳外交の光と影

安倍外交の最大の成果のひとつは、首相自らが積極的に外交に携わることにより、主要国の多くの首脳と個人的な信頼関係を構築し、日本の立場や主張についての彼らの理解を増進させることができたことだと思う。

特筆すべきは、来日する各国の首脳と首相官邸で会談をこなすだけではなく、しばしば昼食や夕食に招き、日本風のおもてなしを堪能してもらうとともに、じっくりと懇談し、突っ込んだ意見交換を首相自らが進んで行ったことである。モンゴルの大統領を渋谷区富ヶ谷の自宅に招いたり、インドの首相を河口湖の別荘に招いたりしたのは、そうした意識的努力の一例だ。四十年間に及ぶ私の外交官生活を振り返ってみても、これほどまでに外交活動に熱心に取り組んだ日本の総理大臣はいなかったし、今後もなかなか登場しないだろう。外交官こそが取り組むべき地道な社交の模範的な姿であり、頭が下がる。

そうした首脳間のやりとりを通じて、日本からメッセージを発信した意義は実に大きかった。特に中国の擡頭が提起する経済的機会と戦略的挑戦の双方について、対中外交最前線に位置する日本としての経験や知見を主要国首脳と率先して共有した。これがその後の国際社会の対中認識の変遷に当たってどれだけ有意義な下地となったか、決して過小評価されるべきではないだろう。

先述したとおり、駐豪大使時代に私が親しく付き合った豪州の大物政治家の一人がトニー・アボット元首相だった。そのトニーがある時に吐露してくれたが、最初に安倍氏と中国問題について意見交換した際、安倍氏の対中観の厳しさに触れ、豪州の政治家のそれとの落差を目の当たりにして驚いたという。しかしながら、その後のインド太平洋情勢の展開を見るにつけ、「シンゾーの言ったとおりだった」との認識を強くしたとまで述べたのだ。

これぞ首脳外交の真骨頂だろう。人物観、国家観、歴史観を含め、一国を代表する政治家としてその見識、経験を披露し、相手を説得していく。首脳であるからこそ果たし得る大きな役割なのだ。

## 安倍・トランプ関係

そうした個人的信頼関係の構築は、安倍首相と米国のドナルド・トランプ大統領（在任二〇一七～二一年）との関係にも当てはまる。確かに、トランプが極めてユニークで、癖の強い大統領だったことは間違いない。かつて不動産ビジネスに従事していた頃の日本批判の言動もあり、大統領選勝利時には日米関係への悪影響が懸念されたことは記憶に新しい。

だが、二〇一六年の大統領選挙で勝利を収めたトランプをいち早くニューヨークのトランプタワーに訪れて関係を構築し、その後も特段の努力を払い続けて個人的な信頼関係を作り上げていった安倍氏の功績は高く評価されよう。カナダのトルドー大統領、オーストラリアのターンブル首相といった、米国に極めて近い友好国の首脳が軒並み関係構築に苦労する中で、ドナルドとシンゾーの関係が他国首脳の驚きを呼び、羨望の眼差しで受け止められた。こうした事態は、日本の総理大臣として稀有のことであったのは間違いない。

また、国際情勢の見方として、中国問題についてトランプが健全な警戒感を有していたことも特記に値しよう。アジア太平洋への「回帰（ピボット）」を唱えたオバマ政権時代にあっては、中国に対する警戒感が十分ではなく、まだまだ中国を西側の秩序に組み込むことによってより自由で民主的な体制へ変化していくよう促せるとの「幻想」にとらわれた者が少なからずいた。しかしながら、トランプ政権はそのようなナイーブな幻想とは無縁だった。識者から「トランプは中国について本能的には正しかった」と評されるゆえんだ。

この過程では、日米首脳会談などで、何度もトランプが安倍首相の見解を聞いていたことが想起される。実際、トランプは、特に就任直後は安倍首相に各国首脳の人物評価を聞くのに熱心だった。ロシアのプーチン、中国の習近平、ドイツのメルケルなど、トランプが安倍首相の評価に頷《うなず》きながら耳を傾けていたという話を聞いたことがある。また、こうしたやりとりを通じて、トランプがプーチンや習のような一見すると「強いリーダー」に対して憧憬に近い思いを抱いていたことも明らかになった。

裏返せば、熱心な外交活動と長期の政権維持により国際社会に顔と名前が売れていたからこそ、トランプのような政治・外交の世界への「新参者」から頼りにされ、アドバイスを求められたのだ。ここに安倍外交の影響力のひとつの源泉を見出すことができよう。

## 台湾を見捨てかねなかったトランプ

このような累次の意見交換や夕食会等を通じて信頼関係を確立してきた安倍・トランプであったからこそ、日本がインプットできる点、すべき点が多々あった。ところが官邸の意向や外交事務当局の押しの弱さのために、そうしたインプットをするには至らなかった、或いは成功しなかった点が二つあると受け止めている。

そのひとつが、台湾問題へのトランプのいささか場当たり的で無責任な対応ぶりだ。

時に、「習近平を愛している」などと突拍子もない発言をするかと思いきや、中国に対する警戒感を隠さないのがトランプだった。その面では、ペンス副大統領、ポンペオ国務長官、ボルトン安全保障担当大統領補佐官などの部下や取り巻きに人を得ていたのもあずかって力があった。しかしながら、ことが台湾問題に及ぶとトランプの戦略観の欠落、なかんずく台湾の戦略的重要性に対する理解の決定的な不足は隠しようがなかったと言えるだろう。

例えば、大統領選で勝利した直後の二〇一六年十二月には米国大統領に就任予定の者としては初めて台湾総統からの祝意表明の電話を受けた。しかしながら、中国側の強烈な反発を受けると、ただちに、いわゆる「一つの中国」政策を改めて宣明し、対中・台湾政策に変化がないことを追認させられた。のみならず、台湾統一のための中国による武力の行使を戒めることはなく、むしろ、その際の米国の反応を曖昧模糊とすることに執心し、却って台湾側の不安を煽ってしまうこととなった。

こうした視座は、今も変わっていない。

二〇二三年六月のロイターとのインタビューで、中国が台湾に侵攻した際、米国は台湾を軍事的に支援するかと問われたのに対し、「それについては話さない。交渉の立場が損なわれるからだ」とのみ、応じている。換言すれば、中国による侵攻、武力の行使に対して断固として反対する決意が見られないのだ。これでは抑止が機能しなくなってしまう。

外交専門家の間でたびたび指摘されてきたことだが、トランプにとっての台湾は中国相手にディールをする際のひとつのコマであって、人口二千三百万人の民主主義、自由主義経済を、覇権主義、全体主義から守っていくとの決意が微塵も感じられないのである。

本来は、ここでこそ、日本の外交当局としては、安倍・トランプラインでしかるべくインプットをする必要が大だったと思う。

退任後、「台湾有事は日本有事であり、日米同盟の有事でもある」とまで喝破した安倍氏だ。台湾が中国に取られれば東シナ海の戦略環境が一変し、制海権も制空権も中国の手中に入ってしまうことを戦略眼に欠けるトランプにしっかりと教え諭し、台湾を見捨てて構わないかの如き発言を公の場で決してさせないだけでなく、台湾海峡で中国が力によって現状変更を試みることが無いよう、抑止力を最大限に発揮させる必要性を懇々と説くことができただろう。しかしながら、当時の外務省がそのように腐心することはなかったと記憶している。

## 鉄・アルミニウム製品への関税引き上げ

もうひとつが、鉄・アルミニウム製品への米国の関税引き上げに際しての対応だ。予測不可能で不安定なトランプ政権にあって、その最たる発芽は、二〇一八年、米国が日本などの友好国から輸入している鉄鋼、アルミニウム製品への関税上乗せ（鉄鋼二五パーセント、アルミニウム一〇パーセント）を国家安全保障上の必要性を理由として行ったことである。米国の産業を守ろうとの動機に基づく露骨な保護主義的措置だった。

殊に、同盟国や緊密な安全保障上のパートナー国からの輸入制限を正当化するために「国家安全保障」を持ち出すなど、前代未聞の暴挙であり、GATT（関税及び貿易に関する一般協定）、WTO（世界貿易機関）の歴史に照らしても極めて異例で破天荒な措置だった。同様の目に遭った他の主要国は、米国の措置の非を首脳会談等でしかるべく指摘するとともに、WTOの紛争解決手続きに委ねた。さらには、米国の措置が撤廃されるよう、米国から輸入される一定の産品に対して関税を引き上げる「対抗措置」に訴えていった。

我が国としても同様の措置をとることが当然に考えられた。なんとなれば、貿易紛争への対処としては正攻法のやり方でもあるし、WTOの主要メンバーである日本としても、他の多くの国と歩調を合わせて米国の猛省を促す必要があったからだ。

しかしながら、トランプを刺激することを極度に恐れる安倍官邸の意向を前にした外務省は、口をつぐむ他なかった。当時経済局長だった私自身も、何度か安倍首相の発言要領に入れ込む試みはしたものの、官邸側の受け入れるところとならず、忸怩《じくじ》たる思いだった。当時の日本政府は、諸外国から促されても、首脳会談で率先して取り上げることもしなければ、他の国に同調してWTOの紛争解決手続きに付託することもしなかった。ましてや、経産省等の関係省庁を促して対抗措置に訴えるような胆力も到底持ち合わせていなかったのである。

その間、何度も行われた日米首脳会談での経済談義と言えば、安倍首相自らが、日本企業による最新の対米直接投資案件を新規雇用者の数とともに米国の地図上に図示してトランプに示しつつ、日本からの対米直接投資の効用を強調することの繰り返しだった。予測不可能なトランプが突如機嫌を損ねて怒り出し、さらに強硬な措置をとることがないよう、機嫌取りに心を砕き続けていたのだ。

鉄鋼、アルミニウム製品の追加関税問題については、首脳会談で正面から批判的に取り上げることは避け、適用除外を求める、すなわち日本から米国に輸出される製品が米国による関税引き上げの「お目こぼし」となるよう働きかけることに汲々としていた。換言すれば、そもそもの米国の措置の適否を正面から追及することは敢えてしなかった。これが、当時の日本の経済外交だった。

公の場では「法の支配」を声高に主張しながらも一般論にとどまり、個別具体の事項になると「法」に従った対応ではなく、「法」とは別次元の現実的解決策を求めていく。これでは、ご都合主義のそしりを免れることはできないだろう。

ここでも、長いものには巻かれろ式に、不法な措置に目をつぶってしまう今の外務省の危険回避、知的怯懦の姿勢が表れているのである。

かつての日本の経済外交は、決してこんなに柔《やわ》ではなかった。日米安保堅持を金科玉条としがちな政務担当者とは異なり、日米経済関係を所掌する北米二課やＧＡＴＴ、ＷＴＯを所掌する国際貿易課（旧国際機関第一課）は、米国との貿易紛争に当たって論争を厭わずに正論を展開し続ける「主戦派」の牙城だった。そして、米側からも一目置かれるようなタフ・ネゴシエーターが何人も生まれることにもなった。そうした時代は遥か遠くに去ってしまった感がある。これも劣化の一例だろう。

トランプ政権時代にホワイトハウスで安全保障担当補佐官を務めたジョン・ボルトンの回想録での評価は含蓄深いものがある。安倍首相が英国のボリス・ジョンソン首相と並んでトランプに食い込んでいたことを認めながら、こう述べている。

「安倍総理がやろうとしていたことは理解するが、トランプの政策が素晴らしいと常に安倍がトランプに述べることによって、トランプの政策が軌道から外れないようにしておく力を却って損なってしまったのではないか」（『ジョン・ボルトン回顧録　トランプ大統領との453日』朝日新聞出版）

首脳外交を支える外務省として、拳拳服膺《けんけんふくよう》すべき至言ではないだろうか。

## イスラエル・ガザ紛争に際しての弱腰

トランプ政権が終わり、ジョー・バイデン大統領率いる民主党政権になっても、こうした過度の対米配慮により、言うべきことを控えてしまう性向は変わっていない。その最たる例は、二〇二三年十月に起きた、ガザにおけるハマスとイスラエルとの武力衝突に対する日本政府の対応ではないだろうか。

もともと中東和平について、日本は独自の立場から積極的に関与してきた歴史がある。日本の輸入石油の九割以上が中東地域に依存している以上、同地域の政治的・経済的安定は日本の国益に直結する問題だからだ。イスラエルとパレスチナの紛争については、双方の国家が共存する「二国家解決方式」を支持し、双方の当事者と良好な関係を保ちつつ必要な働きかけを行ってきた経緯がある。

例えば、村田良平元事務次官の回想録を読むと、一九八一年十月にパレスチナ解放機構（PLO）のアラファト議長訪日を実現するに際しては、米国やイスラエルから種々の圧力がかかり、当時中東局長だった村田氏自らが渡米して直接説明に当たったことなどが書かれている。「米国は納得しなかったが、アラファト招待が日本の国益に資するとの私の主張を打破するだけの論拠も持ち合わせていなかったから、話し合いはいわば『ものわかれ』となった」（『村田良平回想録』ミネルヴァ書房）とのことである。当時の日本外交には、米国の不興を買おうともやるべきことはやるとの意気込みがあったように受け止めている。

言うまでもなく、米国ではイスラエルロビーは強力である。そもそもナチのホロコーストを逃れて米国に移住したユダヤ人が、目覚ましい経済的成功に加えて顕著な政治的影響力を持つに至ったことは、キッシンジャーやオルブライトといったユダヤ系の国務長官を挙げるだけでなく、米国議会上下両院の有力議員の顔ぶれを見れば明らかだろう。論者によっては、第二次大戦中に欧州戦線での米国の参戦が遅れ、ホロコーストの進行を早い時点で食い止められなかったことへの贖罪の思いを指摘する向きもある。

日本の中東外交に当たってはこうした同盟国米国の内政・外交の風向きを踏まえつつも、イスラエルとの関係にとどまらずに、パレスチナとの関係、アラブ諸国との関係を連立方程式のように解いていく、そうした微妙なかじ取りが必要とされてきたのである。

さらに言えば、米国のユダヤ人社会といっても、常にイスラエル支持で一枚岩ということではなくなっている面があり、イスラエルの置かれた苦境への同情を存分に持ちながらも、行きすぎた行動への批判も出てきている。また、パレスチナやアラブ側の意見の代弁者も、まだまだユダヤロビーに比べれば弱いものの増えつつあるのが今日のアメリカ社会でもある。

だからこそ、日本としては、米国との関係を重んじること、イコール常にイスラエル寄りの姿勢を維持することにはならないのである。無批判なイスラエル支持でもなく、「喧嘩両成敗」でもなく、懸案ごとの是々非々で立場を決していくことが求められていると言えよう。

## 「入植」への明確な批判との対比

二〇一〇年代中盤、イスラエルがパレスチナ人自治区とされてきたヨルダン川西岸に一方的な入植を進め、中東地域や国際社会の批判を浴びた時、日本がイスラエル批判を躊躇することはなかった。

例えば、二〇一五年二月の外務報道官談話を読むと、イスラエルの入植に「強い遺憾の意」を表明するとともに、入植行為を「国際法違反」と明確に批判しているのである。そして前月に安倍首相（当時）がイスラエル訪問をした際、イスラエル政府に入植活動の停止を求めたことを明記している。

翻って、昨年来のガザにおける事態についてはどうだろうか？

事態悪化の発端であったハマスによるロケット攻撃、誘拐行為を批判すべきことは当然である。こうした非道に対してイスラエルに自衛権があることも当然だ。同時に、イスラエル軍によるガザ攻撃、とりわけ無辜《むこ》の婦女子、幼児に対する仮借ない攻撃についてもその非を指摘して批判して当然だろう。行為の重大性、非人道性に照らせば、ヨルダン川西岸への入植活動を大きく上回る甚大な影響を与えているからである。

ところが、今の日本外交は、そうした繊細かつ微妙なバランス感覚を失してしまっているように思えてならない。

二〇二三年十月の外務大臣談話では、ハマスのロケット弾発射や誘拐行為は「強く非難する」

としておきながら、イスラエルの行為によって多数の死傷者が発生していることには「深刻に憂慮する」にとどまっているのだ。そして岸田首相には、「イスラエル軍の行為は自衛の範囲を超えているのではないか」「国際法違反でないか」との指摘に対し、「現地の状況を十分に把握できないので、法的判断はできない」という「逃げ」の答弁をさせているのである。G7議長国と国連安全保障理事会の理事国を務めている国の首脳の発言として如何なものかとの誹《そし》りを免れないだろう。

こんな状況では、中東和平に関与してきた長年の努力の積み上げを無駄にし、そうした努力によって得られてきた地域の関係者の日本に対する信頼を損なってしまうのではないだろうか。「対米配慮」のために奥歯にものが挟まったような言い方しかできなくなってしまったと捉えられることは、日本外交にとって大きなマイナスである。

## 蚊帳の外に置かれたG7議長国

二〇二三年、日本はG7の議長国だった。

五月に行われた広島でのG7サミットは日本の内外で大きな注目を集めた。日本外交の大きな一里塚となったことは間違いない。

同時に、議長国としては、単に首脳会議や外相会議を自国で主催するだけでなく、通年にわたって重要な外交問題についてG7の足並みを揃え、必要に応じて関係国に働きかけを行い、国際社会にメッセージを発出していくという重要な責任と役割を担っている。

ところが、である。

驚くべきことに、ガザ情勢の悪化に伴って、G７諸国から十月二十二日に発出された共同声明は、日本を除くG６の国々によるものであった。そこではイスラエルの自衛権を支持する一方で、民間人の保護を含む国際人道法の順守を求めていた。この内容であれば、日本に大きな異論はなかったはずだ。

露骨な「日本外し」があったというよりも、もともと米英等のこの問題への関係が密接な国がとったイニシアティブへの参加国が増えて六か国の声明になったという話を聞かされた。いずれにせよ、結果として議長国が蚊帳の外に置かれた事実に変わりはない。そして議長国日本がイニシアティブをとろうとしなかったからこのような事態を招いたことも疑いない。

G７の舞台裏でどんな展開があったのか、知る由もないが、記者会見で日本が参画していない理由を問われた松野博一官房長官（当時）は、「邦人の誘拐や行方不明者などが発生していない」ことを挙げるという、意味不明の答弁を行っていた。既に双方で六千四百名を超える犠牲者が出ている時点での判断だった。

仮にこの議論が至当だとすると、拉致問題はどうなるのだろうか、と考えざるを得ない。

G７の声明で東アジアの地域情勢を議論するたびに北朝鮮、なかんずく拉致問題への言及を求めてきたのは日本ではなかったのか。自国民が誘拐されていないから日本がガザについての声明に加わる必要がないというロジックを適用するなら、自国民が拉致されていないG７の大半の国は北朝鮮による拉致を非難する声明に参加する必要などないことになってしまう。一体なぜ、こんな答弁を官房長官にさせることができたのだろうか。

微妙なバランスを確保しつつ中東和平に関与していくとの従来からの日本外交のスタンスとかけ離れている上、拉致問題という日本の国益に深く関わる現政権の最重要課題に対処する日本の立場にも悪影響を与えかねない対応なのだ。

# 第四章　慰安婦像乱立の大罪

## 日本外交批判の中核的問題

近年の日本外交に対する国内からの強い批判の最たるものが歴史問題、なかんずく慰安婦問題への対応だろう。あれよ、あれよと言う間に、いわゆる従軍慰安婦が強制的に駆り出された「性奴隷」とされ、世界で二十万人もの性奴隷を生み出した非道を極めた国家犯罪であるかのように描かれてきた。そうした中、外務省は終始受け身で日本の対応は後手に回り効果的な反論をしてこなかった、と評されても仕方ないだろう。その結果、今や世界中で百体以上もの慰安婦像が設置されてしまったのだ。

このような、いわゆる「歴史戦」に対してきちんとした対応ができていないこと自体、外務省のロビイング力、対外発信力の決定的不足を裏付けている。残念ながら、組織の中にあってたび歯がゆい思いにとらわれ、強く改善を促してきた私から見ても、諸方面からの痛烈な批判は真摯に受け止めざるを得ない。

日本政府の多くの関係者は、この問題が繰り返し日本外交の手かせ足かせになってきた苦い経験を振り返る際、「（相手方たる韓国に）ゴールポストを動かされてきた」と語ることが多い。確かに、韓国の慰安婦関連団体、或いはその圧力を受けた韓国政府、さらにはこれらの団体と一蓮托生のような動きを見せてきた北朝鮮政府など、政府間で合意して片付いたはずの問題を二度も三度も取り上げ、日本側の譲歩を繰り返し迫ってきた面があることは間違いない。

同時に、日本政府、とりわけ圧力を真っ向から受ける立場にあった外務省の側に「その問題は解決済み」として毅然と対応する、打たれ強さと胆力が備わっていたのであれば、事態の展開は全く違ったものになっていたように思えてならない。まさに問題の根源は、ここにある。

そもそも日本と韓国の間では、植民地時代の財産、請求権の問題は、一九六五年に署名・発効した日韓請求権・経済協力協定で解決済みであったことを踏まえておく必要がある。むろん、日本が大東亜戦争に敗れて朝鮮半島に対する植民統治を終えるに当たっては、実に難しい交渉をまとめることを要した。政府レベルだけではなく個人レベルでも権利義務関係や財産の処理を巡って、支払いや補償を要求する側と要求される側の言い分が食い違い、紛糾することがたびたびあったからだ。

例えば、韓国側には、植民地時代に財産を強制的に収用された、労働を強いられたのに賃金が未払いだといった不満がある一方、日本側には朝鮮半島で日本が費用を負担して敷設した鉄道、道路、ダム、水道、植林などを残していく以上、一定の補償を受けるべきとの考えがあったからだ。「内鮮一体」の掛け声の下に朝鮮半島に入植して経済活動を営んでいた日本人の間には、工場、商店、林野、田畑、住宅などを二束三文で買い叩かれて日本に帰国せざるを得なかった者も少なくなかったと引き揚げ者から聞かされたこともある。

十年以上に及ぶ困難かつ時に感情的に激した交渉を経て行きついた解決策は、個別具体的な事案について補償交渉を重ねるのではなく、日本側が韓国側に「摑み金」を渡す方式だった。すなわち、無償資金協力（贈与）三億米ドル、円借款二億米ドルを中核とする極めて寛大な支援パッケージを日本側から韓国側に供与し、これをもって日韓政府間、個人間の財産・請求権の問題は「完全かつ最終的に解決されたこととなることを確認する」（同協定第二条一）というものだった。要は、徴用工であれ、慰安婦（協定交渉当時は具体的な問題として認識されていなかった）であれ、この協定をもって韓国人から日本人に対する請求権問題は日韓二国間では法的に解決済みとなったのだ。換言すれば、仮に彼らが今後何か救済を求めるとすれば、韓国人の申立者は韓国政府に向かう他はなくなったのである。

これは何も日本政府が植民地支配の被害者に対して非情であったわけではない。法的安定性を確保する戦後処理の方式として、関係国の間でしばしば取られてきた方式である。であるからこそ、敗戦国だった日本は、戦後、戦勝国であった連合国とはサンフランシスコ平和条約で、これに参加しなかったソ連とは日ソ共同宣言で、日本の植民地であった朝鮮や台湾とはそれぞれ二国間の条約・協定を結んでこの問題を誠実に解決することに努めてきたのである。

ちなみに、無償三億ドル、円借款二億ドル、さらには民間信用供与三億ドルというのは当時においては巨額の資本であり、これがのちに「漢江の奇跡」と呼ばれる韓国経済の急成長の基盤となったことは広く指摘されてきたところである。

だからこそ、慰安婦問題についても「既に日韓二国間では解決済み」「補償が必要であるのなら、韓国国内で対処すべき」と毅然と対応するのが正当な反応であった。それなのに、当時の外務省、日本政府はそうできなかった。

## 毅然と対応できなかった外務省

それはなぜか？

大きな要因は、あまりにお人好しで、面の皮が十分に厚くなかったからと言って差し支えないのではないか。別の言い方をすれば、目の前の相手方や隣国と居心地の悪い関係を続けることに堪えられないのだ。

慰安婦問題は、一九五〇～六〇年代の国交正常化交渉では議論の俎上《そじょう》にさえ上らなかったのみならず、戦後長らく殆ど問題視されてこなかった。しかしながら、一九八〇年代に入って脚光を浴び、一九九〇年代に入ると、日韓間の大きな外交問題となってしまった。その意味では古くからある歴史問題ではなく、新たに作られた歴史問題という側面がある。

世間の耳目を集めるようになった大きなきっかけが、一九八三年に吉田清治という人物が刊行した『私の戦争犯罪』（三一書房）という著書だったことは間違いない。この中で、吉田は、戦争中に部下を率いて朝鮮の済州島に「慰安婦狩り」に赴き、泣き叫んでいやがる朝鮮人女性を無理やり慰安婦として調達したと「告白」した。この吉田の告白は、のちに虚偽であることが確認されたのだが、当時は朝日新聞をはじめとする日本のメディアが大きく取り上げることとなった。済州島の地元の「済州新聞」が吉田の著述について、「島民たちが『でたらめだ』と一蹴し、この著述の信憑性に対して強く疑問を投げかけている」、「郷土史家が『この本は日本人の悪徳ぶりを示す軽薄な商魂の産物と思われる』と憤慨している」とまで報じていた（秦郁彦著『慰安婦と戦場の性』新潮選書）。にもかかわらず、こうした展開となったのだ。

やがて、火の粉は燎原の火のように広がり、日韓両国のみならず国際メディアの関心を集めることとなり、日韓間の大きな外交問題となっていった。国連の場にも持ち込まれ、一九九六年にはこの問題を扱った「クマラスワミ報告書」が国連人権委員会に提出された。その中では、「日本帝国陸軍が作った慰安所制度は国際法に違反する」、「日本の性奴隷にされた被害者個々人に補償金を支払う」、「慰安婦の募集と慰安所の設置に当たった犯罪者の追及と処罰を可能な限り行う」といった勧告まで盛り込まれていた。

## 相手国への外交配慮

ここまで問題を複雑化させたのは、メディア報道を受けて外交問題となった時の日本政府の対処のまずさによるところが大きい。

最たるものが、一九九三年八月に河野洋平内閣官房長官が発表した有名な河野談話だ。

その中には、「当時の朝鮮半島は我が国の統治下にあり、その募集、移送、管理等も、甘言、強圧による等、総じて本人たちの意思に反して行われた」との文言が盛り込まれ、慰安婦であった女性への「心からのお詫びと反省」が表明された。

日本政府が保有していた文書を調べた結果、慰安婦の強制連行を裏付ける資料が見当たらなかったにもかかわらず、「総じて本人たちの意思に反して行われた」として「強制性」が認定されたのだ。こうした対応は、強制性の認定と謝罪を求めてきた韓国側の立場を踏まえ、政治的判断として盛り込まれたと評されてきた。

これらの文言のうち、「総じて」という曖昧模糊とした文言が将来に禍根を残したことは間違いない。その後、外交現場でこの問題を議論する際にも、慰安婦問題で日本を糾弾しようとする相手に何か反論しようものなら、相手方から、「日本政府を代表する立場にある官房長官が強制性を認めて謝ったではないか？　その談話を否定するのか！」という反撃に遭ってきたことをよく覚えている。

## 「戦後処理の例外」を自ら作り出してしまった日本政府

本来、このような事態が将来生じて紛糾することがないよう、一九六五年の請求権・経済協力協定で「完全かつ最終的に解決」という文言を苦労して盛り込んだはずだったのではないか。なのに、「女性の名誉と尊厳を深く傷つけるものであった」という錦の御旗を掲げられ、また、韓国政府からの声高な要求に折れて、「強制性」があったことを認め、法的には解決済みであっても道義的責任があるとして謝罪したのだ。さらに、より深刻なことは、問題が談話発出で済まなかったことだ。むしろ、その後、三十年経った今でもこの問題が尾を引いている。誠に大きな禍根を残すこととなったのだ。

河野談話を受けた大きな節目が、一九九五年の戦後五十年の機会だった。慰安婦救済のための民間基金構想が前年から生まれ、ついにこの年に「女性のためのアジア平和国民基金」（略称・アジア女性基金）が設立されたのである。推進役を果たしたのは、社会党出身の当時の官房長官と外務省チャイナスクールの大立者だった内閣外政審議室長であったと見られている。

この基金こそは、法的つじつま合わせの産物だった。

すなわち、戦後処理の問題は法的に解決済みであるとの国家としての大原則を崩すわけにはいかない。そこで、法的整合性を確保するために、基金は国民からの募金による「民間基金」という形で決着させたのである。

しかしながら、随所にほころびが出てきた。もともと政府の協力としては、基金運営のための事務経費の支出が想定されていたが、やがて慰安婦に対する「医療・福祉事業」が政府拠出で行われるようになったのだ。換言すれば、純然たる民間募金ではなく、国家補償との混合のような形に変容させられていったのだ。

かつて条約局長を務め、日韓の厳しい条約交渉にも臨んできた故松永信雄元次官はこうしたアジア女性基金解決方式に懸念を隠さなかったと伝えられている。戦後処理の一環として、十四年にも及んだ長く激しい交渉を経て合意に達し、未来に向かって法的安定性を確保したと考えていた当事者からすれば、当然すぎるほどの問題意識であったろう。

だが、外務省、そして日本政府幹部は、韓国との間で目の前の大きな懸案を解決することに汲々とし、国際世論の圧力に抗することは無理筋とあきらめ、解決を急いだのである。

「女性の尊厳を損なった人道犯罪」「法的責任は解決済みでも道義的責任はある」との言説は日本の責任を追及する側が唱え続けたお題目だったが、いつしか外務省の人間までそれを口にし出して、自らの対応を正当化する口実として使うようになった。例えば、「慰安婦問題に対する日本政府のこれまでの施策」と題する外務省ホームページに掲載されている資料を見ても、「道義的責任」を強調していることは明らかだ。

だが、いったん「道義的責任」を認めると際限がなくなることも確かだろう。

戦時中の行為についてこうした議論を持ち出せば、広島・長崎の原爆投下や東京大空襲はどうなるのかとの疑問を提起する日本人も出てこよう。

しかし、外務省にあっては、「植民地支配」「女性」「強制連行」「売春」というキーワードをちらつかされた途端に、頭を垂れて観念してしまい、粘り強く説明、反論していこうとの動きなど殆ど雲散霧消してしまったと言って過言ではない。むしろ、彼らの間でしばしば展開されてきた議論は、「道徳的高み（モラル・ハイグラウンド）に立つ」という発想だ。国際慣行を見れば、他の国はなかなか自国の行為について謝罪しようとしないが、平和憲法を掲げる日本のような国は率先して謝罪し、範を垂れるべきとの理想主義的考えであった。

このような理屈を同僚のそれぞれがどれだけ唱えようが、個人的考えにとどまるのであれば私の関知するところではない。だが、そうした議論が国家としての資金拠出や個人の財政負担を強いるのであれば、全く次元が異なる話になる。
実際、当時の外務省では、アジア女性基金の資金源とすべく、すべての省員に対して奉加帳を回し、募金を求めていた。私の等級では一人十万円ほどの寄付が求められていた。しかしながら、この問題の解決方式に全く納得できなかった私は、一切の寄付を見送ることとした。

## 戦後処理への揺さぶり

以上のように見てくると、慰安婦問題とは、先輩外交官が営々と苦労を重ねて築き上げてきた戦後処理の防壁を切り崩そうとする動きであったことが理解されよう。その際の殺し文句は、「多数の女性の名誉と尊厳を深く傷つけた」と称される非人道性だった。

ちなみに、サンフランシスコ平和条約や二国間の条約・協定等で解決されてきた財産・請求権の問題が再び蒸し返されたもうひとつの例がある。

一九九三年に署名、一九九七年に発効した化学兵器禁止条約という多数国間条約の作成だ。

本来、戦争が終わり、武装解除して遺棄された武器や兵器は、それらを持ち込んだ遺棄国ではなく、持ち込まれた被遺棄国のものとなる。そして、被遺棄国によって活用されたり、処分されるのが従来の慣行だった。

ところが、化学兵器禁止条約が作成・発効した際に、化学兵器の開発、生産、貯蔵、使用が禁止されたのみならず、遺棄についてまで規定が設けられ、この条約の締約国は、「他の締約国の領域内に遺棄したすべての化学兵器を廃棄することを約束する」という義務を負うこととなった。

その結果として、旧日本軍が大東亜戦争終了の際に中国大陸に残してきた化学兵器の処理は、日本軍の武装解除を受けて化学兵器を含む武器を受領した中国政府ではなく、化学兵器を遺棄した日本政府が行うこととなり、日本側の巨額の費用負担が求められることとなったのだ。種々報じられている数字を見ても、投入される経費は優に一千億円を超えるレベルのものだ。

いわば戦後処理の一般法に対して、個別の条約で特別法が作られ、防壁に大きな穴が開けられた構図と言えよう。

教訓は、慰安婦問題のような非人道性の強調、化学兵器禁止条約のような「特別法」の制定は、これらで終わる保証など一切ないことである。まさに、戦後数十年経った後であっても、新たな認識や価値観に基づく歴史の見直しや新たなルールの適用がいつでもあり得る危険を示している。

そして、慰安婦問題への対応や、化学兵器禁止条約作成時の外務省その他の関係省庁の交渉能力、抵抗能力の弱さを考えれば、日本の相手方が「歴史カード」を振りかざして柳の下の二匹目、三匹目のドジョウを狙う事態も決して排除されないのだ。その意味でも、徴用工を巡る韓国の裁判所による日韓請求権協定に背馳《はいち》した裁定には、断固として対応する必要がある。

慰安婦問題への対応を振り返る時、外務省内での空気の大勢は、「歴史問題一般はともかくとして、慰安婦問題については問題の性格上申し開きできないし、如何に反論したところで逆効果」というものであったことは間違いない。アーミテージ元米国務副長官のような「知日派」が、「この問題については、日本は謝り続けるしかない」などとたびたび語っていたことも影響してきたのだろう。

すなわち、外務省にあっては、当時の事情をきちんと説明し、まま見られてきた相手方の誤解に反論をしようとの意思統一さえできていなかったのだ。官房長官自らが「強制性」を認め、謝罪してしまった経緯がある。であれば、動き回れる余地は少なかったということは言えよう。何人もの外務省員がこの問題を提起されるたびに、慰安婦問題の実相を粘り強く説く努力を「蟷螂《とうろう》の斧」とばかりに最初から放棄してしまい、「河野談話」の引用に安直に逃げ込むことを選好してきたことは間違いない。

だが、彼らの不幸は、そうしたところでこの問題が消えてなくならなかったことだ。むしろ、政府を代表する立場の人間が日本の非道を認めて謝罪したのだと受け止められ、次は補償の問題に移ってきた。そして、歴史戦での反日勢力の攻勢を勢いづかせてきた。この点を理解していない外務官僚が実に多いように思う。

## 豪州での差し込まれ方

豪州にあっても、私が着任するまでの間、慰安婦問題について日本を糾弾する動きが一部勢力の間で根強く絶え間なかった。

豪州の政治家、メディアが慰安婦問題を自国の問題として捉えるようになった大きなきっかけは、元オランダ人慰安婦のジャン・ラフ・オハーン氏だった。第二次大戦中に当時のオランダ領東インド（現インドネシア）を旧日本軍が占領した後に慰安婦にされ、戦後は豪州に移住。朝鮮戦争でレイプ被害に遭った女性が裁判に訴える姿を見たことがきっかけになったと言われているが、一九九二年に自らの体験を公表し、九四年には回想録を出版した。二〇〇七年には慰安婦問題に関する米国下院の公聴会で証言し、日本政府に謝罪を求める非難決議の採択につながったとされている。

こうした動きと呼応して、豪州連邦議会では、慰安婦問題に関する決議が二〇〇七年二月と九月の二回にわたって提出された。幸い、いずれも僅差で否決された。特に、二度目の九月にはペニー・ウォン上院議員（現外相）が提出し、日本に公式謝罪、補償、正確な歴史教育を求める、といった内容だった。なんと賛成三十四票、反対三十五票というきわどい展開であった。

また、慰安婦像については、二〇一六年八月にはシドニーの韓国人会館に設置（その後、教会に移設）、二〇一九年十一月にはメルボルンの韓国人会館に設置された経緯がある。いずれも私有地であるものの、今なお存在していることに変わりはない。

## 問題の本質

米国同様、豪州においても、韓国人コミュニティの方が日本人コミュニティよりも人数が多く、かつ、政治力に富んでいる。そして彼らの中に慰安婦像を設置し、この問題に光を当て、日本を貶め、さらには補償金を払わせようとする勢力が存在する限り、この問題はなくならない。彼らはいわば確信犯でゲリラ戦略に従事しているのであり、日本側の隙をついて問題の拡散、浸透を図っていると言えよう。

そうした本質をよく理解さえしていれば、事案が生じるたびに「もぐら叩き」的に対応するのでは不十分であることは火を見るよりも明らかだろう。むしろ、相手方の出方を見据えて、日頃より任国との間で人脈を作り、情報収集、対外発信に努め、この問題での相手方の主張の根拠が如何に不確かなものかを予め自然な形でインプットしておく必要があるのだ。

相手によるが、人によっては、当時の日本での公娼制や地方での「身売り」の実相、さらには占領期の米軍兵士対象の慰安施設に言及するのが効果的な場合がある。一方、売春そのものに生理的嫌悪感を示す向きに対しては、度重なる謝罪や補償措置を説明した方が有益な場合もある。日韓間の議論を第三国に持ち込んで社会の分断を招くことが得策でないことを納得させるのも有効だろう。

要は、「人を見て法を説け」に他ならない。これこそ、優れて外務省、そして職業外交官の出番なのだ。

言うまでもなく慰安婦問題は女性と性に関わる話であり、今のご時世にあっては、問題が大きくなってから平場で議論することが大変難しい性格のものであることは間違いない。であるからこそ、常日頃から人間関係を構築しつつ、任国の要路の人々が相手方のナラティブに一方的に染められるようなことがないようにしておくことが鍵になる。

幸い、慰安婦問題については、内外の少なくない専門家が冷静かつ論理的な研究、考察を行ってきている。歴史上の各国の慣行を掘り下げるなどして問題を相対化した前述の秦郁彦氏の『慰安婦と戦場の性』、帝国軍人と慰安婦との同志的関係にも光を当てた朴裕河《パクユハ》氏による『帝国の慰安婦』（朝日新聞出版）、年季奉公契約を精緻に説明し「性奴隷説」を否定したハーバード大学ロースクールのラムザイヤー教授の論文など、援用できる学術書や研究成果も次々に出てきている。こうした材料をきちんと勉強、咀嚼した上でうまく活用するべきなのだが、日本の外交官はこのあたりの対応がまるでできていないのだ。

世界各国での対応を振り返ってみても、例えばサンフランシスコでは、慰安婦像が急遽公有地に建てられることが発覚し、総領事が任国の市長に対して申し入れをしようとしても日頃の関係構築ができていなかったためにアポさえ取れず、本省政務レベルの不興を買ったと伝えられている。

また、米国ニューヨークの教科書会社が慰安婦問題について一方的な記載をしたため、抗議すべく総領事館員が押っ取り刀で申し入れたところ、「言論の自由」に対する容喙《ようかい》と受け止められ猛反発を買い、逆効果になった例もあったと聞かされた。

到底洗練されているとは言えない、こうした不手際が後を絶たない。

まさに、人脈構築、情報収集、対外発信いずれの面でもプロフェッショナルな匠のレベルに達していない状態にあるからこそ、いざという肝心な時に、慰安婦問題のような重大な懸案について国益に沿った方向で事態を動かしていくことができないのである。これこそ、劣化である。

## まだまだ続く慰安婦問題

一九六五年（日韓請求権・経済協力協定）、一九九三年（河野談話）、一九九五年（アジア女性基金設立）と並んで記憶しておくべき年は二〇一五年だろう。再び問題が蒸し返され、それに付き合った外務省、日本政府はまたしても謝罪を行い、そして新たな出費を行うこととなったからだ。既に韓国人の元慰安婦六十一名に対しては、日本の総理大臣の謝罪の手紙とともに一人当たり二百万円の「償い金」がアジア女性基金から届けられてきた。加えて、一人当たり三百万円に上る「医療・福祉支援事業」（住宅改善、介護サービス、医療・医薬品補助等）が政府拠出金を原資として実施されてきたのだ。

そのうえで、二〇一五年の日韓合意により、今度は、慰安婦であった女性の心の傷を癒やすための「癒やし事業」に十億円が日本政府から拠出されることとなった。

この合意発表の際、岸田外務大臣（当時）と尹炳世《ユンビョンセ》韓国外相（当時）はテレビカメラの放列の前で記者会見し、慰安婦問題が「最終的かつ不可逆的に解決」されたと宣明した。

丁度半世紀前の日韓請求権・経済協力協定の「完全かつ最終的解決」を想起させる文言であった。今度こそ最後、と言いたかったのだろうか？　しかし、日韓協定のその後の実施ぶりがそうであったように、今までの外務省の対応を見る限り、これが最後になる保証はどこにもないのではないだろうか。

実際、韓国側は、政権が次の文在寅大統領に移るや否や、「真の問題解決にならない」として二〇一五年合意を反故にするかの如き対応を示した。

また、その後の履行状況を見ると、本当に心寒くなる。

韓国側が「可能な対応方向について関連団体との協議を行う等を通じて、適切に解決されるよう努力する」としたソウルの日本大使館前の慰安婦像については、今なお撤去されていない。

のみならず、合意が発表された後の二〇一六年十二月には、韓国釜山の日本総領事館前でも新たな像が設置された。そして、韓国内外で慰安婦像は急増し、今や韓国、米国、カナダ、豪州、中国、台湾、ドイツといった世界各地で百体以上の慰安婦像が乱立する有様だ。

こうした像が、この問題について「性奴隷」といった誤った認識を流布することとなり、「日本の蛮行を世界に知らせる」との設置者の意図を受けて、国際社会における日本の名誉を引き続き甚だしく棄損しているのである。

「外交が機能していないのではないか」との指摘を受けても致し方ないだろう。

# 第五章　身内を見捨てた退却戦略

## カブール撤退時の現地職員置き去り

近年の日本外交の失態の中にあって特筆すべきものは、二〇二一年八月にタリバンが制圧したアフガニスタンの首都カブールから日本大使館職員が撤退する際に、アフガン人の現地職員を見捨てる形になってしまったことだろう。

政府関係者やメディアの間では、急遽ドタバタの退避を迫られた裏には、タリバンの侵攻の速度、アフガン国民軍の瓦解ぶりについての情報収集と情勢分析が甘かったとして、駐アフガニスタン大使や在アフガニスタン大使館の対応を責める議論が少なからず見られる。

「読みが甘かった」という指摘に反論できる人間など、いないだろう。

ただし、実態を見れば、こうした情勢分析の誤りは日本のみならず米、英等主要国共通の問題でもあった。いずれの国も、アフガン国民軍があそこまで脆弱で戦わずしてタリバンから逃げてしまうとは予想できなかったのだ。

米軍のミリー統合参謀本部議長は、「米軍撤退前の八月の十一日間でアフガン政府と軍が崩壊することを予想した情報分析は自分の知る限り存在しなかった」旨、二〇二一年九月に米議会で述べている。

アフガニスタン南部に所在する同国第二の都市カンダハルがタリバンによって陥落したのが八月十三日だった。このカンダハルと首都カブールとの距離は約四六〇キロメートル。タリバンがカブールに迫るのには時間を要するというのが大方の見立てでもあった。

しかし、事態は急転した。僅か二日後の十五日にはカブールが陥落。ここまで早くカブールが陥落するとは誰もが予想していなかった上、中東地域についての知見を殆ど有さないばかりか、アフガニスタンを訪問したことさえなかった当時の外務省幹部があっけにとられたのは容易に想像できる。

外務省にとっての問題は、岡田隆駐アフガニスタン大使がこの時カブールにいなかったことから始まる。

これはどこの国の外交当局でもやっていることだが、アフガニスタンのカブールやイラクのバグダッドなど紛争地域に所在する在外公館では、大使をはじめとする館員は、館員の間でローテーションを組み、任国と本国での勤務を代わる代わる交互に務めることが常態である。いたるところに身の危険が潜み、緊張感が張り詰めた勤務を強いられる任地に常時あっては、身体的、精神的にもたないとの配慮が背景にある。

こうしたローテーションのため、カブール陥落時、岡田大使は日本に用務帰国中だった。

この点について世論の批判が厳しい。危機管理の先頭に立つべき大使が現地に不在では、対応に支障が生じるのは当然だ。岡田大使は私が学生時代からよく知っている男で、外務省の同期でもあった。責任感が強く、誠実、冷静な仕事ぶりで知られていた。そんな彼が渦中に身を置いていなかったことに対し、強い自省の念に苛まれただろうことは察するに余りある。

急遽日本から帰任しようと努めたものの、イスタンブールでの乗り換え時にカブールが陥落し、足止めにあってしまったのだから、尚更だろう。

同時に、この大使不在問題は、この時点での大使の本邦への出張を認めた本省側の判断の問題でもある。翻って見ると、「有事」に不在であった日本大使は少なくない。一九九〇年代、サダム・フセインのイラクがクウェートに侵攻した際の駐クウェート大使、駐米大使など、任国を留守にしていたことへの批判は世上たびたび聞かれてきた。この時イタリアで腰痛の治療を続けていた村田良平駐米大使も批判を受けた。

「事態の重大性にかんがみ、そもそもワシントンで陣頭指揮を執ることが私の責務であった。この点の私の判断の誤りに対する批判は甘んじて受ける」と回想録で吐露しているほどだ（『村田良平回想録』下巻）。

こうした事例を見ると、一人一人の大使にとどまらない組織全体としての緊張感の弛緩が、いざと言う時の「間の悪さ」を招いていると言って差し支えないだろう。

## 自衛隊機派遣の決断の遅れ

大使不在の問題を脇に置いて、日本と他の主要国との対応を比較し、どこで退避オペレーションの差が出たかと言えば、自国の専用機等を手配して現地から迅速に撤退させられるようにする態勢構築の決意とスピードにあったことは確かだろう。

在アフガニスタン大使館の次席公使以下の日本人館員十二名が英軍機でカブールを脱出したのは八月十七日だった。もともとは民間のチャーター機で、日本大使館やＯＤＡ業務に携わる国際協力機構（ＪＩＣＡ）の職員、アフガニスタン人スタッフ、家族など五百名を退避させ、大使館を撤収する計画が作られていた模様である。

しかしながら、情勢の悪化を受け、自衛隊機派遣も水面下で検討を進めていたという。ところが、外務省は防衛省にいったんは検討を依頼しておきながらも、カブール陥落を受けて検討を保留するよう要請したとされる。十七日に大使館の日本人職員を退避させた後、カブールに軍を駐留させている国に対し、輸送機などに乗せてもらえないか要請を続けたとのことである。

実際、当時の防衛省は岸信夫大臣以下、外務省から要請があれば政府専用機を飛ばせる態勢をとっていたといわれる。結局、いずれの国からも色よい返事を得られなかった外務省は自衛隊機の派遣を再検討した。そうした検討を経て、カブール陥落から八日も経過した八月二十三日になって漸く自衛隊機の派遣が決定された。そして、二十五日にカブール到着。だが、二十七日に自衛隊機で退避させられたのは日本人一名にとどまった。二十六日に退避すべく集結していた五百名のアフガン人は、カブール空港のゲート付近で大規模な爆発が発生したため、同日はいったん解散。翌二十七日はタリバンの検問を通過できず、自衛隊機に搭乗できなかった。「オペレーション失敗」の印象をさらに上塗りする結果に終わってしまったのだ。

その後は、第三国経由を踏まえれば八百名を超えるアフガン人が日本政府の支援で日本に退避することとなった。しかしながら、前記の初動の遅れが全体の印象を決定的に左右したのは間違いない。

## 杓子定規な法解釈

では、東京サイドで、なぜ自衛隊機の派遣決定にここまでの時間を要したのか？

従来の自衛隊法八十四条の四では、日本人などの輸送に関し、「当該輸送を安全に実施することができると認める時は、当該邦人の輸送を行うことができる」としている。いわゆる「安全性」の要件だ。

換言すれば、安全が確保されていると確認できなければ、実力組織の自衛隊といえども派遣できない、ということである。そうなると、民間機か外国軍機を利用せざるを得ないことになる。カブール空港の安全を懸念するあまり杓子定規な解釈をとると、こんなおかしなことになってしまう。国民感情から言えば、「危険だからこそ、自衛隊機」だろう。危険だから、ＪＡＬやＡＮＡにチャーター機を飛ばしてもらいます、米軍さんや英軍さんに乗せてもらいます、で納得できるだろうか。

当時の外務省幹部には、こうした世間の常識が欠けていたのだろうか？

大局を見れば、各国とも軍用機を飛ばして自国民の救出に躍起となっていた。例えば、韓国は軍の輸送機派遣を十五日に決定し、空港周辺で自爆テロが起きる前日の二十五日には在アフガニスタン韓国大使館のアフガニスタン人スタッフを含むおよそ四百人がバスに分乗してカブール空港に入って飛び立ち、二十六日には韓国に到着していたのだ。

日本としても、自衛隊法の法解釈を巡って時間をいたずらに徒過させるのではなく、一刻も早く政治判断を求めて退避行動につなげるべきであったのだ。

このとおり、問題の根源は、自衛隊法上の要件とされる「安全性」が確保されているか否かの議論で右往左往し、外務省から防衛省に対する自衛隊機派遣要請が遅れたことにある。それが関係者の理解だ。突き詰めれば、現地の大使の不在もさることながら、本省幹部の判断の遅れが問題だったのである。

しかるに、国内メディアや世論からは、自衛隊機派遣の遅れだけでなく、タリバンが首都カブールに入城した暁には「外国勢力に加担した」として厳しい処罰を受けることが必至な日本大使館のアフガン人職員を置き去りにしたことに対して、批判が昂じてきた。そうなると、外務省幹部は自らの責任を認めるよりも、出先の大使、大使館の責任をあげつらうことに拘るかの如くだった。

その一例として、世論の批判の集中砲火に遭った岡田大使が、事後に月刊「文藝春秋」で真相を説明しようとした際、本省から強硬な反対に遭ったことがある。

「そのような寄稿をすれば次の大使ポストはないと思え」と述べて、次官の森が岡田にプレッシャーをかけたと伝えられている。

その森は、「外務省の要諦は『人』。職員一人一人を大事にする外務省にしたい」と喧伝して憚らなかった。その言葉自体には目くじらを敢えて立てまい。だが、本来、「職員」には、世界各地の在外公館の現地職員も含まれるはずだ。ところが、「本官」（本省から派遣される日本人外交官）と「現地職員」との間の垣根は異様なほどに高く、越えがたいのが実態なのである。

アフガンからの退避に当たっても、本官のみならず、より高い危険にさらされていた現地職員こそ真っ先に待避させるべきだったと言えよう。そうした見識と確固たる覚悟があれば、本省サイドでいち早く防衛省に輸送機の派遣を依頼する等、打つべき手はあったのではないか。

私を含めた同僚大使は、現地の岡田大使が厳しい勤務環境にありながらも日頃から地道に人脈の開拓と情報収集に努めていた事実をよく知っている。だからこそ、本省側があたかも責任を転嫁して在外公館の情勢分析、対応だけを責めて済ませるかの如き態度に終始していることに釈然としないものを感じている。

先述したとおり、外務省の対応が遅れに遅れた背景には、法律上の要件とされている「輸送の安全」が確保されていないとして自衛隊機派遣という当然の対応を簡単にあきらめてしまう官僚的小心、そして、何かというと本官と現地職員との間で線を引きたがる視野狭窄《きょうさく》があったと見ている。

むろん、国家公務員法の守秘義務を負う本官と、契約上の守秘義務にとどまる現地職員との間で、アクセスできる情報など待遇に差を設けることは当然であり、国際標準でもある。

しかしながら、命の危険にさらされた状況下で、逃げるのは本官だけというのは組織運営として最悪だ。日本国の沽券《こけん》にも関わる。

アフガニスタン以外の国にある日本の在外公館の現地職員はこれを見てどう感じただろうか。いざという時、日本人の本官だけが逃げて自分たちは取り残される運命にあることを知って士気は上がるだろうか。日本に対する好意的な感情は変わらないだろうか。答えは明らかだ。

さらに憂慮されるのは、一連の事案が終わった後の組織的な反省が全く見られないことである。逆に、メディアの取材に対して関係幹部が「対応が遅かったとは思わない」と述べているなどと報じられているほどだ。いったん喉元を過ぎれば熱さを忘れてしまう組織の無責任体質がここにも表れている。

二〇二二年の国会で自衛隊法の関連条文の改正がなされたのは結構だ。しかし、それだけにとどまらない教訓を今回の事態は残したはずである。そこを真摯に見据えないと劣化は止まらない。まさにこうした反省の欠如が次の事態につながったのがスーダンだった。

## スーダンでの失敗の糊塗

本省と在外公館との間の連携の悪さ、いざ問題が生じた場合の責任転嫁の有様が再度露骨に示されたのが、内戦が続くアフリカ北東部の国、スーダンからの撤退時だった。アフガニスタンからの撤退の失敗がありながら、外務省はスーダンからの撤退に当たっても、一歩誤れば大惨事に陥りかねない危うい状況を繰り返した。

政権崩壊状態にあったスーダンにおいては、二〇二一年十月、国軍総司令官が政権を奪取した。

その際、在スーダン大使館は、スーダン新政権の幹部との接触を制限するよう本省の指示を受けた。本省としては、軍事クーデターで政権に就いた新政権を容易に承認するわけにはいかないという思惑だったのだろう。そのため、西側主要国の大使館が接触を続ける中にあっても、日本大使館は新政権との接触を控えざるを得なかった。慎重な対応ではあったが、そうなればスーダン新政権側の不興を買うのは必至だ。

こうした事情があったため、内戦が激化した二〇二三年四月の時点で邦人退避に当たって軍高官とコンタクトを取る必要が生じるや、今まで接触を控えていた在スーダン大使館は軍側との連絡がなかなか取れない状態に逢着した。これを見た本省は、駐スーダン大使や大使館の対応を批判、難詰する方向に転じたと言われる。

このような問題はあったものの何とか一連の退避オペレーションが大過なく終わった後、前記のような事態の展開に憤懣やる方なかった駐スーダン大使は、本省の対応に対して異議を差し挟み、従来の本省の指示にこそ問題があったことを指摘した。そして、今後、同じような退避オペレーションがどの国でもあり得るとの認識から、自らの問題意識を本省のみならずすべての在外公館と共有しようとした。

すると、本省側は逆ギレした。

「まずは本省と貴館との間で議論することが適切」

こう説諭して、在スーダン大使館の問題提起は退けられてしまった。そして、今後の教訓とすべきレッスンは闇に葬り去られてしまった。

まさに、アフガニスタン撤退時と同様の図柄である。

情勢認識やそれへの対応を決定する際に本省サイドとして関与しておきながら、いざ事態が暗転すると在外公館の対応を問題視する側に回る姑息な行動様式が見てとれるだろう。

こうした現地での苦労にもかかわらず、幸いにもオペレーションは邦人に被害が生じることなく無事に終わった。その背景には、邦人退避にフランス軍などの協力が得られたことがある。また、スーダンに近い小国のジブチには自衛隊の駐屯基地があったのみならず、自衛隊出身の大塚海夫駐ジブチ大使が水際立った活躍をし、陸路ポートスーダンまで避難した邦人を自衛隊機でジブチに輸送することができたといった僥倖《ぎょうこう》に恵まれたことがある。

だからと言って、冷静な省察を欠いて手放しで喜んでいるわけにはいかないのだ。

## 台湾事態への不備

こうした無反省、無責任、過去の教訓に学ばない姿勢が改まらない限り心配でたまらないことがある。台湾海峡で起き得る事態だ。

二〇二三年三月、アジア大洋州地域の大使が本省に集められて意見交換を行った時だった。出席者の一人から、台湾有事は必ず起きるとの前提に立ち、その際の態勢を議論すべきとの問題提起がなされた。アフガンからの撤退の経験・反省を生かして、日本にとってより身近で切実な台湾海峡での事態への対応に遺漏無きよう期すべきとの極めてまっとうな問題意識からの指摘だった。

しかしながら、この問題提起に対して本省幹部からは何の回答もなかった。それだけでなく、この指摘を受けて何らかの対応がなされたとは、ついぞ聞いたことがない。

その際、私からも敢えて発言を求め、カブール撤退の轍を踏まないよう、台北、高雄からのあり得るべき日台交流協会事務所撤退、邦人退避を念頭に置いて本省においてシミュレーション、関係省庁との調整を行っておく必要性を強調しておいた。

何のことはない、深刻な問題を孕んだ大きなオペレーションが終わると、無反省に「お疲れ様でした」などと述べて労《いたわ》り合う組織文化に馴れ切ってしまっている。そのため、教訓を汲み取って次の仕事につなげていくという、組織として当然の機能が働いていないのだ。本来なすべき「カイゼン」とは程遠いのである。

# 第二部

# なぜここまで劣化したのか？

# 第一章　ロビイング力の決定的不足

## G20外相会合欠席という大失態

第一部に記してきた「劣化」の具体的事例を幾つも目の当たりにし、それらに見られた共通の特徴を考察してみるにつけ、今の外務省を覆う問題の在り処が見えてくる。第二部では、こうした問題をそれらの内容、性格に応じて掘り下げてみることとしたい。というのも、こうした虚心坦懐な自己反省こそが、目の前の事務に追われてそれをこなすことだけが仕事だと思っているような近視眼的な外務官僚に対して、自画像を提示して改善を促すことになると考えるからだ。

ロシアのプーチン政権であれ、中国の習近平政権であれ、米国のトランプ、バイデン政権であれ、主要国に対する働きかけに当たって、さらには歴史問題などへの対応に際してまず顕著なことは、近年の日本外交のロビイング力の決定的な不足である。

ここでいうロビイング（働きかけ）とは、外国相手のこともあれば、国内相手のこともある。

最近の事案で世論の厳しい指弾を招いたもののひとつに、林芳正外務大臣（当時）が二〇二三年三月にインドで行われたG20外相会合に欠席した問題がある。メンバー国の中で、欠席したのは日本の外相だけという、ひときわ耳目を集める事態であり、主催国がインドという日本にとって最も重要な友邦のひとつであっただけに、大きな批判を招いた。

事後に国会議員を交えた席で問い詰められた外務次官（当時）の森健良は、国会状況、特に与党自民党内の外交関係の特定議員による反対に言及し、そうした「国内政治情勢」を理由として、欠席という決断を正当化することに終始したと伝えられている。ことの軽重についての判断の根本的な誤りに慨嘆せざるを得ない。

言うまでもなく、今やインドは日印二国間関係の飛躍的発展、クアッドを通じた戦略的連携もあり、日本にとって基本的価値と戦略的利益の双方を共有するインド太平洋の最も重要なパートナーのひとつだ。「自由で開かれたインド太平洋」の実現に向けて協働する間柄であり、中国の擡頭がもたらす問題の深刻さを肌身で共有する緊密なパートナーでもある。そのインド政府が国威をかけ精魂込めて準備した国際会議に、国会対応（参議院予算委員会出席）を理由として外務大臣が欠席する。

インドからすれば、「国内事情を優先するとしても、そんなに当時の日本の国会状況は厳しかったのか」と質《ただ》してくるのは当然だし、中国からではなく友好国と信じていた日本から「顔に泥を塗られた」と受け止めてしまうのも当然だ。私が駐在していたキャンベラでも、インド大使が当惑の表情を浮かべていた。

しかも、二〇二三年は日本がG7議長国の年。G7とG20の連携を図り、五月に広島で開催されるG7サミット議長国としての問題意識をG20各国にも浸透させる恰好の機会であったはずである。

なのに、欠席。さらに見苦しかったのは、自民党内を含む国内の猛烈な批判を受けて、林外相がただちにインドに直行し、G20外相会合は欠席した一方で、翌日に行われたクアッド参加国の外相会合には出席した顚末だ。

クアッド参加国でないG20メンバーからすれば、露骨なG20軽視に映ったことは間違いない。それもこれも、「国内政治情勢」なるものを前にして、粘り強く交渉することなく簡単にあきらめてしまう今の外務省の性向・体質が如実に出てしまった結果のように思う。事後に報じられたところでは、参議院の自民党幹部に対しては外相がG20に欠席するとの報は入っていなかったという。しかるべく上層部に問題を上げて働きかける努力が欠落していたことは明らかだ。

なぜ、外務省幹部自らが先頭に立って、「欠席は日本の国益を損なう」と強く訴えなかったのか。林外務大臣はどう動いたのか。ジャイシャンカル印外相がどんな思いで欠席の一報を受け取ると想像していたのか。官邸にきちんと説明して官房長官や副長官から参議院側に働きかけてもらうことをなぜ怠ったのか。

驚きと疑問は尽きない。

今となっては取り返しがつかない失態だが、二度と繰り返さないためにも、猛省と改善を強く求めるべき問題だろう。

## Ｇ７議長国、安保理入りを生かせない実態

第一部で言及したとおり、二〇二三年は日本がＧ７議長国の年であったにもかかわらず、ハマスとイスラエルとの紛争に関して、日本抜きでＧ６共同声明が発出された。

これ自体が議長国をないがしろにするもので深刻だが、他の観点からも大きな問題であった。というのも、日本は二〇二三年、二四年と国連安全保障理事会の理事国を務めているからだ。

非常任理事国たる日本にとっては、念願の常任理事国入りを実現するためには、国際社会にその力量のほどを存分に示すことができるまたとない機会だ。Ｇ７議長国と安保理入りの両者が重なること自体は本来僥倖であり、外交諸課題への対応で、率先してイニシアティブを発揮する最適の位置にあったはずである。

ところが、その年に「日本外し」と言われても仕方がない事態が起きてしまった。どう考えたらよいのだろうか。

本来、Ｇ７議長国であり、かつ、安保理にも入っているのであれば、ガザ紛争のような大きな外交問題が生じた際には自らリーダーシップを取って先頭に立って意見を取りまとめ、力強いメッセージを当事国、国際社会に対して発すべく主導権を取るべきだった。

しかるに、主導権を取るどころではなく、他の国が主導権を取る中で碌に相談されなかったことが判明したのである。

なぜこれほどまでに存在感のない国になってしまったのか？

なぜそうしたロビイング力さえ欠けてしまったのか？

深刻である。

こうしたロビイングへの意識と意欲の明らかな不足は、今に始まった問題なのだろうか、それとも昔からある問題なのだろうか。

## 二つの逸話

外務省の体質にメスを入れる上で興味深い二つの逸話を紹介しておきたい。

そのひとつは、私が駐豪大使として赴任する前に外務省研修所で受けた講話だ。

本省局長ポスト、主要国大使を歴任した外務省ＯＢの先輩大使から、大使としての心得を伝授したいとして、興味深い話が開陳された。

説得力と具体性に富む話が大半であったが、ひとつ注目を引いた教えが、「決して人の悪口を言ってはならない。大使の発言は外交問題になりかねない」というものだった。

もうひとつの逸話は、その昔、ロシア課長を務めていた先輩から、「(ロシア課長や中国課長のような) 地域課長たるものは決して喧嘩をしてはならない。地域課長が喧嘩をするのは最後であって、それは戦争を意味する」と説諭されたことだ。

いずれも本人たちにしてみれば、日本の外交官としての常識的な教えを垂れたつもりなのだろう。しかしながら、これらのいずれに対してもいささか違和感を覚えるのは私だけだろうか。

現実問題として、いかなる任国に赴任しようが、その国に対して好意を持っていないと任国から判断されれば、仕事は難しくなる。だから、任国の批判と聞こえかねない発言には特に気をつけるべきと言うのはそのとおりだ。

同時に、どんなに意を尽くして説明したところで、決して理解や支持を示すことがない手合いもいるものだ。確信的な反日論者、対日強硬論者である。考えてみれば、当たり前だろう。日本のライバルたる第三国も同様に働きかけをしているし、そもそも日本の国や企業をライバル視している勢力が任国の中にもいるからである。そういう対象に逢着した際に、何をやっても無駄であるとして、無視してやり過ごすことが賢明で害を最小限に抑える場合もあるだろう。他方、無視しておくことが国益を損なう場合もある。その際には、内政干渉にならない範囲で可能な手段を使って相手の主張や立場に反論し、さらには相手を「無力化」していくことは、外交官の腕の見せどころだ。国内政治の世界のみならず、人間の社交の場において日々行われている営みでもあろう。「悪口は言わない」「喧嘩はしない」などとして、こうしたロビイング努力さえ払わないこととなれば、効果的な外交など到底できまい。

第二次大戦前・戦中のワシントンにあって、チャーチル首相の意向を受けて派遣された英国の情報要員たちにとって最大の課題は、日独伊の枢軸国相手の戦争へ米国が参戦するよう確保することだった。そのような彼らにとっては、特に独の「悪口」を言うことなど、当たり前だったろう。のみならず、大英帝国に批判的でソ連との協調を重視し、米国による欧州戦線参戦に非常に消極的であったヘンリー・ウォレス米国副大統領（在任一九四一年一月〜四五年一月）のような見解を「無力化」し、政策決定の輪の中で占める力を削いでいくことも重要だった。ある時ルーズベルト大統領は、それまで政治的盟友であったはずのウォレスを指して「共産主義者かそれよりもっと悪い」と述べ、ついには副大統領をトルーマンに差し替えることとなったと伝えられている。こうした言辞や印象操作は、英国情報機関が得意とする「ささやき作戦」から来ていたとしても不思議ではあるまい。まさに、「悪口」を言うことを回避するばかりでは、望ましい結果を得ることはできなかったのではなかろうか。

同じ土俵に自らを引き下げることには反対だが、アジアの近隣諸国が日本の歴史問題やALPS処理水の問題、さらには日本の国連安保理常任理事国入りに反対して言って回っていることこそ、「悪口」に他ならないではないか。こうした攻撃にさらされた時に、自らは反論さえしないというのでは国益は甚だしく損なわれる。また、日本自らが「悪口」を言うかは別として、日本を貶める相手国がなぜそのような「悪口」を言うのかについて説得力ある分析を提示しない場合には、善意の第三国を味方につけるのが難しいのも国際社会の現実である。

前出の「地域課長」の話について述べれば、戦争を避けるとの問題意識に異論はないが、実際の戦争を避けるためには常日頃から「喧嘩」を厭わずに見解を表明し、立場の相違を平和的手段で埋めるべく議論を尽くしておかなければならない。相手国の立場を代弁するのが地域課長であるならば、どの国の外交官かと言われ、国内での信用を失墜させるのは必至だろう。適切なやり方で「喧嘩」をすることによってこそ維持し得る国内の信用、事態のエスカレーション防止効果を外交当局としては大切にしなければならないのではないか。

先輩方のこうした説諭に全く理がないとは言わない。だが、「『悪口を言わない』『喧嘩をしない』という教えを盾にとって、外務省は本来やるべきロビイングを怠ってきたのではないか」との批判を乗り越えられるようには、私には到底思えないのだ。

## 自民党大幹部の不満

駐豪大使を終えて帰任し、要路の政治家に挨拶回りに行った時、自民党のある大幹部から言われたことがある。

「在外の大使は、帰国するたびに『自分の任国に出張で来てください』と言ってくるが、そうした要望に応えていざ訪れようとすると、先方の要人相手に碌にアポイントメントさえ取れない。大使自らが懸命に働きかけてアポを取ってくれているようには見えないんだよな」

日米関係のマネジメントに当たっての米政権要路への政策問題についての申し入れや歴史戦での反論とは全く次元が異なる問題だが、聞き逃すことができない指摘だ。外務省の問題、とりわけ初歩的なロビイング力さえ不足していることを象徴しているからだ。

そもそもこうした粘りの無さ、淡白さは、ロビイング以前の人的関係の構築の在り方にも関わっている問題である。アポイントメントの取り付けなどは、要路の人々と面識を得るだけでなく、準定期的に相手のオフィスを訪れる、そして公邸での会食に何度か招待する、といったプロセスを通じてギブ・アンド・テイクの関係を作っておけば、電話やメール一本で片付くことが多い。

そうした関係が構築できていないからこそ、いざという時にもアポ取り付けのような簡単なロビイングさえ成就できないこととなってしまう。一部の大使の仕事ぶりがそのような状態にあるとすれば、実に嘆かわしいことだ。

外交の世界での人的関係構築の不十分さ、それを受けたロビイング力の不足は優れて今の外務省に特徴的である一方、大きな絵柄を見た場合、これらの問題は霞が関の一組織を越えた問題を示しているのかもしれないと受け止めている。

## 淵田海軍中佐の指摘

真珠湾攻撃の際の飛行隊を指揮した淵田美津雄海軍中佐は、戦後に著した回想録の中で次のような興味深い感慨を漏らしている。

「大東亜戦争開戦以来、私の見ているところ、日本の提督たちは、勝負度胸に乏しい。言うなれば、しつこさがないのである。南雲提督は真珠湾で反復攻撃をやらなかったし、三川提督は、ソロモンの夜戦（ママ）で、もうひとつ突き込めば（ママ）敵を全滅できるのに、さっさと引き揚げている始末であった。

爾来、太平洋の各戦域において、日本の提督たちには、もうひとつという勝負度胸がないのであった。そして今度は、レイテ沖海戦における栗田提督である。私は歯がゆくって仕方ない」

（『真珠湾攻撃総隊長の回想　淵田美津雄自叙伝』講談社）

淵田中佐のこの感慨は、今の外務省に対する大方の国民の受け止め方と共通するのではないだろうか？　粘り強さ、良い意味での「しつこさ」がないのである。

戦前・戦中のエリート軍人、現在の外務官僚に通底するということは、日本人の性格・行動癖、日本の教育・訓練制度とも密接に関係しているという考察も必要だろう。

むろん、これは免責のための議論ではない。こうした省察、そして強い問題意識があってこそ、外交の現場に立つ外交官が意識的な努力を倍加し、事態を改善していくことにつながるのではないかと考えている。

## 絶滅の危機に瀕した「内話」電

在外公館におけるロビイングの大前提となるのは、前述のとおり、対象となる人物との人脈構築である。どの任地に赴任しようが、任国政府の要路の関係者、さらには外交当局を越えた有識者と人的関係を作り、そうした信頼関係をベースに機微な情報を取っていく、或いは相手が日本の立場を理解し、場合によっては支持するよう働きかけていく。これは外交の要諦であり、外交官の活動の基本中の基本である。

従来、このような地道な努力の積み重ねを通じて得られる貴重な情報は、外務省内にあっては「内話《ないわ》」と呼ばれ、訓令に従った教科書的な通り一遍のやりとりとは違った重みをもって受け止められてきた。ところが、である。退官した先輩大使が嘆いていたことだが、最近はそうした「内話」を基にした情報電が殆ど見られなくなってしまった。かつては主要国に駐在していた大使、公使、参事官クラスが競い合うように内話を取り合って本省に送り、それが情勢分析に当たっての貴重な材料となっていたのだが、そうした内話電がめっきり減ってしまったのだ。

私が駆け出しの外交官でワシントンの大使館で勤務していた時の上司の一人が加藤良三政務公

使（後の駐米大使）だった。ほぼ毎日、昼はビジネスランチを入れ、数十人にも上る仕事相手や情報源と定点観測的に情報交換を重ねた加藤公使。その内話電は実に臨場感と教訓に富んだものであり、貪るように読んだものだ。

これこそ、在外公館の情報収集活動のバロメーターでもあった。仲良しサークルで互いに馴れ合い、慰め合うような内向きの活動に興じているにつれ、外に打って出る、人脈を構築する、情報を取るという外交官としての基本動作が疎かにされ、重きを置かれなくなってしまった。

## 大使公邸設宴の激減

日本の外交官の対外活動のバロメーターとしてもうひとつあるのが、大使公邸での設宴の回数だ。これほどまでに世界中で和食ブームが定着した以上、大使公邸に大事なお客さんを招き、できれば和食を堪能してもらいつつ、「壁耳」や「障子目」が無い世界で打ち解けてじっくりと懇談することほど貴重な機会はない。緊密な人間関係を構築できるのはもちろんとして、機微な情報を伝え合い、きわどいメッセージを発信する絶好の機会を提供してくれるからだ。

パリにある経済協力開発機構（ＯＥＣＤ）代表部大使を務めた大江博大使は、模範例だった。ワインについての該博な知識とショパンコンクールで入賞したほどのピアノ演奏の腕前が、アンヘル・グリアＯＥＣＤ事務総長（在任二〇〇六〜二一年）をはじめ、普段は日本大使公邸に足を向けない要人を魅惑して離さなかった。ところが、最近はこうした公邸での設宴が世界中で激減していると言われる。

一応、外務省では実現すべきスタンダードとして週二回、月八回の設宴を掲げているが、すべての大使館、大使がこの基準をクリアしているとは到底言いがたい状況にある。

その理由はまちまちだが、呼べるような人脈がない、招待しても来てもらえないといった情けないものもあれば、大使自ら、料理人自らが低いスタンダードに甘んじている例も少なくない。

本来、大使が帯同する公邸料理人は、大使公邸を訪れる客人のために精魂を込めて食事を作るのが期待されている役割である。だからこそ、その給与の相当部分が公費で賄われ、残りが大使のポケットマネー負担という制度だ。日本ならではの素晴らしい仕組みとして、各国大使の羨望の的でもある。こうした料理人がいなければ、会食のたびに任国のケータリングサービスや出張料理人を探さなければならず、満足のいく頻度と質で公邸設宴を行えなくなる。

にもかかわらず、である。大使によっては料理人がいるにもかかわらず、碌にお客さんを呼ばず、自らの「三食」を作ってもらってこと足れりとしている例も少なくない。

都内の某有名ホテルから最重要大使館のひとつに派遣されたある公邸料理人は、そのあたりの実態を身に染みて知ったという。

社交に消極的で内に籠もりがちな大使夫妻のプライベートの食事の調理に明け暮れ、たまに大使からかけられる言葉は「今日の蕎麦はちょっと硬かったね」などの「講評」だったそうだ。「自分は何のためにはるばる来たのだろうか?」と自問してしょげ込んでしまったことは想像に難くない。事後、そのホテルから当該大使館への料理人派遣は取りやめとなった。

これぞ、内向きの外務省、すなわち、碌に外交活動を展開できていない劣化した外務省を象徴する話ではないか。

かつて、三つの大使ポストを相次いでこなした大先輩がいた。同人は若い一等書記官時代にはワシントンの大使館にあって、沖縄返還協定への米国議員の支持を固めるべく、しばしば下院議員スタッフを自宅に招いては夫人の手料理で設宴を重ねたという。そして、最終ポストの国連大使時代には、米国大使等をたびたび公邸に招いては夕食を共にしつつ、日本の方針との擦り合わせに精魂を傾けたという。退官後、食道がんに見舞われたその大使は、会食続きの外交官生活がもたらした「職業病」と諦観した。

令和の時代を生きる日本の外交官には、これをお手本にしようという気概が果たして残っているだろうか？

# 第二章　惨憺たる対外発信力

## 対外発信の現状

米、中、露といった主要国との外交を我が国の国益に沿って進め、或いは「歴史戦」を我が国にとって有利に進め、さらにはアフガニスタンやスーダンなどの紛争地からの撤退といった重要な対応を遺漏なく進めるためにロビイング力と並んで必須なのは、対外発信力だろう。

従来からある日本外交に対する根強い批判は、対外発信力が決定的に弱いというものだ。外務省に籍を置いた心ある人間で、正面から反論できる者などいないだろう。

しかるに、現在直面している深刻な問題は、ただでさえ弱体な発信力がさらに弱体化し、その点についての危機意識さえ決定的に不足していることだと思う。

こう言うと、省内の一部からは、

「でも、在外公館で配っている生け花カレンダーとか、ゴルゴ13が登場する領事事項に関する漫画など、評判の良いものもあるじゃないですか」

「東南アジアの某大使はインスタグラムで毎日のお弁当をうまくＰＲしていましたよ」

などという自己満足の声が寄せられるものだ。

そうしたソフトな広報活動の工夫もあってよいだろう。

しかしながら、外交当局に本来期待されている広報、そして外交当局でないとできない広報とは、日本国の外交政策に関するものである。いわば硬派の政策広報だ。

一九八〇年代後半のワシントン、日米貿易摩擦華やかなりし頃、在米大使館の原口幸市参事官（後の国連大使）や高野紀元《としゆき》参事官（後のドイツ大使）による広報レターがニューヨークタイムズなど米国プレスの好評を博していた。「日本市場が閉鎖的なわけではない」という各種資料や統計を米国人記者に準定期的に提供するに当たって、そのカバーレターを季節色に富んだ俳句の英訳で始めていたからである。まさに、日本ならではのソフトに始めて、ハードな内容をきちんとインプットしていく卓越した手法を編み出していた。

だが、今はどうだろうか？

外務省では、広報（対外発信）といった場合に、従来から国内向けの国内広報と海外向けの海外広報とに分けて考えてきた。その双方ともに極めて貧弱な状況にあるというのが私の診断である。

国内広報の手段としては、常日頃からのメディアへの情報提供が第一義的に重要となる。外交が一日二十四時間、週七日、年三百六十五日にわたって動き続けるものであることにかんがみれば、外交事案が発生した際の記者へのブリーフィング、ソーシャル・メディア（ＳＮＳ）での発信が非常に重要であることには誰も異論がないだろう。問題は、こうしたほぼデイリーの事務処理に追われ、長い目で見ての国内論調への教育、啓蒙活動が疎かにされていることである。

具体的には、国内有力機関（メディア、シンクタンク、大学等）での政策講演、有力雑誌・新聞への寄稿、本の執筆、主要メディアとのインタビュー等である。

例えば、昔は大きな外交交渉が終わると、担当局長や担当課長がそのポイントを新聞に寄稿したり、経緯を含めて一冊の本にまとめて出版することは決して珍しいことではなかった。別に自己宣伝のためにしていたのではなく、外交問題についての国民の理解を深めて支持を確固たるものとしていく、そして、そうした作業を重ねること自体が精強な外交を進める上で不可欠だとの職業意識が根底にあったのだと思う。

最近では、他省庁を見ても、月刊誌「文藝春秋」では警察庁ＯＢの北村滋元内閣情報官による連載「外事警察秘録」が好評を博してきた。本来、情報の取り扱いや積極的な広報に対してひときわ慎重であった警察官僚でさえ、このように自らの仕事についての世論の理解と支持を広げるべく地道な努力を欠かさないこの頃である。

## 腰の引けた対応

しかるに、今の外務省幹部は一体どのような努力をしているのだろうか？

有力雑誌編集者によれば、現在の外務省幹部は、在外の大使が寄稿をしたり、対談に参加しようとして許可を求めると極めて消極的に対応するため、多くの企画が頓挫したり、遅延したりしているという。「政治主導」の時代にあって、政治家を差し置いて官僚の発言が注目を集め、批判の元となるようなことは避けたいという腰の引けた対応である。これぞ危険を極力回避しようとの性向の表れであり、知的作業を怠る怯懦ではないだろうか。

では、シンクタンクとの関係はどうだろうか？

シンクタンクこそ、立場や肩書きにとらわれずに自由闊達に政策議論ができる場だ。そうした議論を通じて、政府の外交政策に対する理解と支持を広げることもできる。日本国際問題研究所（国問研）に出向していた元シンクタンカーとして言えば、大方の外務省員のシンクタンクでの議論への関与は、せいぜいお座なり、悪い場合には限りなく無関心に近いと形容できよう。

国問研時代、何人もの外務省幹部を招いてシンクタンカーや学者との議論に参加してもらうよう努めたが、裃《かみしも》を着た堅苦しい型どおりの応答要領から脱却して丁々発止のやりとりができた幹部は片手で数えられるほどしかいなかった。たとえて言えば、独り縄跳びはできても、大縄跳びを要領よく跳べないのだ。そもそも、大縄に跳び込んでいく意気地さえない、或いは、跳び込んだところでタイミングが合わず縄に引っかかってしまう。こうした事例を何度となく目の当たりにしてきた。

日本人相手の日本語での国内広報でさえこのような嘆かわしい状況にある以上、英語他の外国語を駆使して海外の聴衆を相手に行わなければならない海外広報の惨状は尚更である。

在外の大使、総領事によるテレビ等でのインタビュー、さらには任国の主要紙に対する寄稿も激減している。本省がそのような努力を払っていないことが明々白々である以上、「なぜ自分たちだけが恥をかくリスクを冒してやらなければいけないのか?」というのが本音ではないだろうか。

であれば、せめてホームページを活用したり、SNSを駆使して発信に努めているかと言えば、これも細々とした域を出ていない。かつて全盛を誇ったのが、本省で作成された外務大臣談話などを翻訳して、「プレスリリース」と称して任国のメディアにファックス等で送りつける手法であったが、さすがにいまやそれをやるほどKYな人間はいない。もっぱら時流に乗らんとしてホームページやSNS発信を多用しているものの、その内容たるや総じて工夫に欠け、平板で退屈を極めている。X(旧ツイッター)のフォロワーが数千人に及ぶような公館や公館長は珍しい存在にとどまっているのである。

訪日観光がこれだけ脚光を浴び、和食の人気がいまだかつてなく高まり、野球・サッカー・ラグビーなどのメジャーなスポーツで日本人選手が目覚ましい活躍を見せている。日本を売り込む題材には事欠かないし、これらを契機として日本に関心を持った有識者に硬派のメッセージを発信する環境も整いつつある。これほど追い風に恵まれた時期はないはずなのに、波に乗れていないのである。

## 「口舌の徒」の消滅

このような惨状は一過性のものであり心配には及ばないのだろうか?

身の周りの経験を振り返りつつ、問題の状況やその根源を少し掘り下げてみたい。

そもそも外交官とは、良くも悪くも「口舌の徒《こうぜつのと》」とされる。良く言えば、口八丁手八丁で難しい交渉事をスマートにまとめる。悪く言えば、国益のためには舌先三寸も厭わない存在とでも言えようか。このようなグローバル・スタンダードはあるものの、日本では外務省という組織の中に入ってみた時に、優れた口舌の徒こそ、むしろ希少であることに驚く。

根底には、組織として、そのような資質に重きを置いていない、という意識の問題がある。だから、そうした能力を伸ばそうという努力も払われていない、したがって、改善・上達しないという連鎖があるように思う。

そうした有様を目の当たりにしたことがある。

かつて外務審議官を務めたNは、頭の回転が速く、事案の把握能力に秀でるとともに、舌鋒の鋭さで有名な先輩だった。オフィスでもそうだが、特に夕方に執務室でウイスキーが入ると口を極めて政治家、時の次官、そして後輩までも批判し、なじる性癖で知られていた。

条約課長時代の私は、同人が議長を務めるロシア政府関係者との協議に同席したことがある。豈《あに》はからんや、日頃の毒舌は全く影を潜め、まるで借りてきた猫のように小さな声でロシアに対して優しい発言に終始した。この内弁慶ぶりにひどく驚いただけでなく、唖然とし、そして幻滅した。しかも、独語研修の同人にとって苦手とされる英語で行われた会議ではなかった。日露の通訳を入れ、日本語で行ったプレゼンの場での話である。

こうした内弁慶の傾向はこの人物だけにとどまらない。

自民党の外交部会、衆議院の外務委員会、参議院の外交防衛委員会などに外務省の他の幹部とともに何度も出席し、彼らの答弁ぶりも見てきた。事案の把握力や、時に尻尾を摑まれないようにはぐらかす答弁をしなければならない必要性を脇に置くとしても、往々にして自信なさげに鞠《きっ》躬如《きゅうじょ》とし、その場しのぎの答弁に四苦八苦する同僚の姿を何度見ただろうか。不甲斐なさに暗澹たる気持ちになったものである。

実際、外務委員長を務めた経験を有する複数の国会議員から、外務省幹部の答弁能力に対して不満の声が呈されたことは何度もある。

日本人相手に日本語でしっかりした説明ができないようでいて、どうして外国語で外国人に対して説得力のある説明ができようか。問題の本質は、そこに尽きる。国会答弁は、その場しのぎの答弁で逃げて回れば良い機会などではなく、プレゼンテーションの鍛錬の機会として捉えるべきなのである。

## 日本の教育の最大の弱点

構造的に見れば、この問題の深刻さは、外務省という霞が関の一省庁にとどまる話ではないということでもある。

二〇〇九年に発足した民主党政権下で「事業仕分け」が横行していた時、作家の塩野七生氏が漏らした感慨がある。

「事業仕分けと呼ぶらしいが、帰国中にそれをテレビで見ていて、あることに気づいて愕然となった。それは、仕分けされる側、つまり各省の高官たちの、説得能力の絶望的な低さである」

（『日本人へ　国家と歴史編』文藝春秋）

正鵠を射ていると同時に、とてつもなく深い指摘と受け止めた。

今は事情が変わったが、かつて霞が関の主要省庁に入ってきたような人間は、日本の学校教育制度の下では、いわば血統書つきのエリートだった。中学、高校時代くらいは神童呼ばわりされるのは当たり前で、多くは大学時代も最優秀の成績でトップを走り続けてきたような大秀才、逸材の宝庫である。

だが、そうした時代にあっても欠けていたものがある。日本の受験教育の中では、大量の情報を吸収、咀嚼、理解、暗記した上で、答案用紙の上に過不足なく整理して書き出す訓練は何度となく受ける。しかしながら、人前に出て、自らの立場や主張を相手に説得力をもって説明しなければならない機会は、まずない。換言すれば、口頭でのプレゼンテーション（説明）の機会が圧倒的に不足しており、鍛えられていない。教える側にも、その素養も経験もない。

そう言えば、文豪谷崎潤一郎も興味深い指摘をしている。

「我ら日本人は戦争には強いが、いつも外交の談判になると、訥弁のために引けを取ります。国際聯盟の会議でも、しばしば日本の外交官は支那の外交官に言いまくられる。われわれの方に正当な理由が十二分にありながら、各国の代表は支那人の弁舌に迷わされて、彼の方へ同情する」

（『文章読本』中公文庫、初版は一九三四年刊行）

今に始まった話ではないのだ。

このように考えると、今の外務省幹部の発信力の貧困さは、こうした問題のひとつの帰結であるように見えてくるのだ。

## 「長い、くどい、うざい」の三拍子

一方で、「話す力」の重要性をあまり強調すると、そこには落とし穴が待っているのも事実だ。しばしば懇意になった財界人や国会議員から、「外務省の人間の話は、えてして、『長い、くどい、うざい』」との指摘を受けてきた。発信しなければならないとの意識が強すぎたり、或いは自分の発信にうぬぼれた場合に招きがちな批判であり、至言でもある。自信過剰な外務官僚がよく銘記しなければならない点だ。

長話は、読んで字の如し。講演をする時など、スピーチは四十五分、質疑応答は十五分と事前に指定されていたとしても、六十分近く話し続ける輩が如何に多いことか。

「くどい」は、わかりきった一般論に終始して具体性、発展性に欠けがちであるという指摘だ。

「うざい」は、往々にしてカタカナ、さらには外国語の単語をちりばめる口癖に対する抵抗感だ。確かに、「アグリーメント」(合意)、「コミットメント」(約束)、「プレッジ」(支援、援助などの誓約)、「サステイナブル」(持続可能な)、「テタテ」(一対一の会談)などと英語や仏語の単語をちりばめられてしまうと、普通の日本人は嫌気がさすのも当然だろう。

国際社会において日本人は長らく寡黙にすぎるとのマイナスの評価にさらされてきたところ、そうした評価を覆すためにも、張り切ってしゃべらざるを得ないとの問題意識が背景にあるのかもしれない。国連の会議などに出ると、インドやブラジルの外交官など、アクセントの強い英語であっても堂々と論陣を張る同業者を目の当たりにする。そこで、日本の外交官が「俺たちも頑張らなくては」という意識を持つことは健全であるし、そうでなくては困る。

同時に、「簡潔をもって良しとする」(Brevity is a virtue.)とする日本社会の代表であれば、「長い、くどい、うざい」と受け止められるような物言いは極力避けつつ、しっかりと言い分を伝える術を身につけなければならない。ところが、こうしたマイナスの三拍子揃ったプレゼンをする人間に限って、自分の欠陥に思いが至らないだけではなく、往々にして、自分こそが問題を理解しており、話がうまいと独り勝手に思い込んでいる節がある。

具体例を挙げよう。

尊敬すべき国際法の大家Kは、外交を志す者であれば誰しもが座右に置くべき国際法の名教科書を現役時代に書いたことで知られる。私自身も、担当官、課長時代に懇切丁寧な指導に浴し、鍛え上げてくれた恩師でもある。

その同人にひとつだけ改善を要する点があったとすれば、話の「くどさ」であったと諸方面から指摘されている。ややもすれば込み入った難解な国際法上の問題をできる限り平易に説明しようとする姿勢は十二分に相手に伝わった。同時に、これでもか、これでもかと繰り返し力説する性癖故に、「壊れたレコード」との綽名が献上されていた。

Kより年次が遥かに上のH大使は、日朝交渉の首席代表を務めていたある日、Kの部下であった課長の私を呼んで、こうぼやいたことがあった。

「君のところの局長は、俺が国際法のことを何も知らないかのように教え諭すんだ。だから、話を聞くのが嫌になる」

こうした問題は一部の人物に限られない。かつて竹下登元首相は、「国会は、ものがわかっていない人間が、ものが一番わかっている人間に説明をするところ」という趣旨の発言をしたと聞いている。「ものがわかっていない人間」には官僚だけでなく、経験の浅い大臣などの政治家も含まれているのだろうが、外務省幹部の発言を聞く多くの外交通の議員が共感することだろう。

T総合外交政策局長（当時）は、英語の使い手で知られ、かつ、国際法にも通じた名物外交官だった。丁度、二〇一〇年、尖閣諸島周辺で中国漁船が日本の海上保安庁の巡視船に体当たりし、船長が拘留された事件の直後だった。本省の担当局長としてロンドンに出張し、英国外務省で事案の説明を行った時のことである。ふたを開けてみると、何と英国側関係者を前にして、一時間以上ぶっ続けで、相手に一言も差し挟ませることなく事案の説明を延々とやった。その結果、ついには相手側が「説教（lecture）」と称して辟易してしまった。日本の立場への理解と支持を得るミッションであっただけに、非常にもったいない展開だった。

女性キャリアの草分け的存在だったSは、国会議員のところに説明に行くと、与えられた面会時間が二十分であれば二十分間すべて自分の方から話し続けるとの評判だった。衆議院外務委員長を務めた某国会議員からは、こう言われた。

「自分の知っていることを滔々《とうとう》と話すだけで、俺に話す機会を与えないんだ。二度と来てくれなくて良い」

国会議員には自分から話をしないと気が済まない人が多いものだ。そうした議員対応に当たってのイロハのイが全くわかっていない所作だろう。

これらいずれの外務官僚も、主流を歩み、超優秀との評価が確立していた。それだけに、誠に残念な一面だ。同時に、組織を対外的に代表するポストに就いていた幹部が、こうした基本的な次元で本人の評価のみならず外務省に対する評価を損ねてしまっている。まさに、個人と組織の双方にとって大きな損失と言えよう。

## 自信過剰と一般常識の欠如

さらに言えば、長話がシニアな幹部に限られないところが今の外務省の深刻な実態でもある。

豪州赴任前、外務省研修所で在外公館長研修を受けた時のこと、他省庁、民間出身の大使とともに二十名ほどの受講生が一緒になって各種講義を受けていた。そのうち、歴史問題についての講義が始まった。もともとはアジア局の課長がやる段取りだったが、受講生にはよくわからない理由で急遽首席事務官が代理で講義を受け持つこととなった。受講生の中には、元アジア局長や元総合政策局審議官など、歴史問題についての豊富な知見と経験を有する先輩があまたいた。にもかかわらず、当該ポスト着任後僅か三週間にしかならない三十代前半の首席事務官が講義をすること自体が異例なのに、同人は延々と「講義」を続けた。

例えば、講義の冒頭にでも、「今日は経験豊富な先輩方を前にして僭越《せんえつ》の極みであり、汗顔の至りです。自分の話は最小限にして、むしろ皆様方からご指摘やご意見を賜りたい」とでも言っておけば、免罪符として受け入れられたかもしれない。しかしながら、「釈迦に説法」と言いつつも、まさにその「説法」を延々と続けてしまった。

ここまで来ると、問題の根源は、プレゼンの心構えやテクニックにとどまらず、自信過剰と一般常識の欠如に求めるべきかもしれない。そして注意する上司もいなければ、改善のための研修も行われない。だから、益々劣化していく。

# 第三章　歴史問題での事なかれ主義

## 「歴史戦」に弱い外務省

外務省に対する根強い批判のひとつに、「歴史戦」に弱い、さらには、そもそも戦おうとしないとの指摘がある。そのとおりだと思う。四十年間組織の中にいて、私は嫌というほど思い知らされてきた。第一部で取り上げた慰安婦問題は、その象徴だ。

二〇二二年五月二十日に放送された櫻井よしこ氏が司会を務めるインターネットテレビの「言論テレビ」に出演した安倍晋三元首相は、次のように述べている。

「安倍政権においては、歴史戦を挑まれている以上は、各国の大使館、大使は日本を代表しているのですから、責任を持って反論しなさい、と。反論するための知識をしっかりと身に付けて、いろんな場面で、言うべきことを言ってもらいたいと、私は大使が赴任する際には指示するのです。どちらかと言うと、今まで外務省はそれをスルーしてしまうんですよ」（櫻井よしこ著『安倍晋三が生きた日本史』より）

テレビでの公の発言だけにかなりオブラートに包まれてはいるものの、元首相による手厳しい外務省批判であることに変わりはない。

言うまでもなく、大東亜戦争での日本の敗戦、戦後処理、そして戦前・戦中の日本国及び旧日本軍の行動については、中国、韓国、北朝鮮との間でのみならず、ロシア、さらには東南アジア諸国、米、英、豪といった国々との間でも議論の種となり、時には外交上の大きな懸案となってきた。歴史問題が紛糾して二国間関係を損なう、さらには日本外交の制約要因になるようなことを極力防いでいく、というのが多くの外務官僚の問題意識であったことは間違いないだろう。

これに対して、日本国内の保守派からは、日本の外交官は相手国との友好、国際世論の風当たりを言い訳にして謝罪に走り回るだけで、日本の立場やものの見方を毅然と説明してこなかったのではないか、との不満や憤りが今なお後を絶たない。

実際、私が大使として在外に赴任する前に本省で担当部局からの講義を受けた際、歴史問題について日本の立場を訴えることについて、「プロパガンダ」と受け取られないように注意すべき旨、講師が再三言及していたことには少なからぬショックを受けた。

南京事件、原爆投下、東京裁判、慰安婦問題といった各種の歴史問題について日本の立場を説明することがなぜプロパガンダと受け取られるのか、全く不可解だった。文脈や聴衆に応じて発信の仕方に気をつけることが重要と言いたかったのだろう。それにしても、日本の立場の発信をあたかもナチスドイツのゲッベルスの行為と同じレベルに引き下げて考えるなど、歴史戦に対する外務省の及び腰を象徴していたように受け止めている。主張すべきことを主張しているのに

「プロパガンダ」などと卑下する言葉遣いが不適切であるとして、かつて同じ部局で働いた後輩の講師に対して私から注意喚起せざるを得なかった。

## 村山談話への安易な逃げ込み

歴史問題への対応の大きな節目となったのは、一九九五年、戦後五十年という節目に発出された内閣総理大臣談話、いわゆる「村山談話」だ。同談話では、社会党出身の首相であることを最大限「活用」し、それまでの日本政府の対応よりも大きく踏み込んで、日本国総理大臣の立場で、往時の日本の植民地支配と侵略を明示的に認めた上で、それにより被害を受けた人たちに対して、「痛切な反省と心からのお詫び」を表明することとなった。

同談話の起案・発出には、社会党の村山富市首相を首班とする特異な内閣であったにせよ、チャイナスクール幹部の外務官僚が中心的役割を果たしたと伝えられている。こうした経緯も相まって、外務省は歴史問題について謝罪主義者の牙城と見られてきた面がある。

謝罪したことによって外交の現場に身を置く人間は、とりあえずは楽になったかもしれない。なぜなら諸外国の勢力から責められた時には、「首相が謝っています」と申し開きできるからだ。しかしながら、村山談話がもたらした最大の禍《わざわい》のひとつは、談話発出以降、歴史問題が俎上に上るたびに、日本の外務官僚や外交官の間で村山談話に「逃げ込む」姿勢が顕著になったことではないだろうか。

すなわち、如何なる国が相手であれ、何らかの歴史問題が議論になった際に日本政府の立場を問われると村山談話に言及し、「日本は謝罪しています、反省しています」とだけ述べ、ひたすら辞を低くしてその場を丸く収め、嵐が過ぎ去るのを待とうとする風潮である。

南京事件にせよ、慰安婦問題にせよ、徴用工問題にせよ、元戦争捕虜（POW）問題にせよ、歴史問題と言われる個別具体的な問題すべてに色々な経緯、立場と主張がある。本来、黒白で割り切ることなどできないし、すべきでない点が多々ある。にもかかわらず、条件反射的に村山談話に依拠することによって、すべての陰影が捨象され、事案が単純化され、「痛切な反省と心からのお詫び」によって、「当時の日本が悪いことをしました」の一言で括られてしまうという問題なのである。

こんなことでは、厳しい国際情勢の下で国益の維持、国策の実現に腐心し、心ならずも戦争に踏み切らざるを得なかった当時の為政者、さらには、南洋やジャングル、中国大陸やシベリアで力尽きて散華した英霊は浮かばれないだろう。

実際、当時の為政者と軍部を悪者にして自らを断罪者乃至は評論家の立場に置き、東京裁判史観にとらわれた相手方が聞きたいようなメッセージを繰り返すのは、無責任で安易な行為だ。日本国の外交官としては、職責の放棄に等しいのではなかろうか。

かたや、国際標準、古今東西の戦史、大東亜戦争の具体的な展開を踏まえ、いわれなき言説やステレオタイプな批判に対して適時適切に反論し、日本側の事情を説明し、ものの見方をインプットしていくことは、高度の勉強と根気を必要とし、非常に骨の折れる作業である。丹念で地道な勉強に裏打ちされた「説得力」と、声高な糾弾・反発や発言者本人への人格攻撃を乗り切る

「胆力」、さらには「経験」と「場数」を必要とするからである。

このことに関連して、印象的な話がある。旧知のインド人のシンクタンク関係者が、日本から着任した平松賢司駐インド大使（在任二〇一五～一九年）の講演を聞くや否や、村山談話や河野談話に重きを置き、河野洋平外相の秘書官を務め、ものの考え方も近いと見られていたせいか、「今度の大使は、アポロジスト（謝罪主義者）ね」と言って切り捨てたことがある。その後、インドの保守派論客連が同大使の話に真剣に耳を傾けることはなかったと言われる。それほど、外交官の立ち位置や姿勢は、任国において敏感に観察され看取されているものなのである。インドのような、西欧列強の帝国主義に抗してきた歴史を有し、歴史認識では日本と共通の要素を少なからず有する国であっただけに残念な展開だった。

## 安倍七十年談話の効果

振り返ってみて、戦後五十年（一九九五年）の村山談話で「植民地支配と侵略」を認め、それによる被害者に対して「痛切な反省と心からのお詫び」を表明したことによって、歴史問題は終結したのだろうか。否。むしろ、「不十分だから再度謝れ」、「謝罪した以上、補償をしろ」といった要求が繰り返され、歴史問題は却って息を吹き返して悪化した面があることは否定できまい。「謝れば済む」といった日本社会の常識は、国際社会では通用しない。それこそ、外務官僚が身をもって知っている展開だろう。

だからこそ、安倍政権では、村山談話の負の効用を手当てすべく、これをオーバーライドする内容の談話にしようとの問題意識で、戦後七十年（二〇一五年）の機会に内閣総理大臣談話を改めて発出したのだと受け止めている。

しかしながら、その内容は、日本国内、関係国からの反発を過度に恐れてバランスをとろうとするあまり、どっちつかずの玉虫色のものになってしまった面がある。本来、村山談話をオーバーライドする観点からは、安倍談話中の「私たちの子や孫、そしてその先の世代の子供たちに、謝罪を続ける宿命を背負わせてはなりません」が一番の決め台詞であった。他方、「村山談話を否定した」などと反発されることを恐れてこれを避ける観点から、「我が国は、先の大戦における行いについて、繰り返し、痛切な反省と心からのお詫びの気持ちを表明してきました。（中略）こうした歴代内閣の立場は、今後も、揺るぎないものであります」との記述も盛り込まれた。

この結果どうなったか?

二〇一五年以降も歴史問題が起こるたび、村山談話に回帰してしまう、乃至は安倍談話を引用するものの、談話中の「歴代内閣の立場は今後も揺るぎない」とした部分に力点が置かれてしまう、その結果、結局は村山談話を肯定し、いわば二度塗りして却って強調されかねないこととなったのだ。少なくとも外国では、そうした引用の仕方がされている。畢竟、村山談話を「乗り越えることとした」安倍談話でありながらも、前述した両面的な性格の故に、意図した効用をもたらしていないと批判されてしまうのである。

実際、駐豪大使に転出する前に受けた外務省研修所での歴史問題についての講義が典型的だった。

前述したその際の講師は、安倍談話の抜粋に言及し、「痛切な反省と心からのお詫び」と「歴代内閣の立場は、今後も、揺るぎないものであります」の部分のみをハイライトして受講生たる大使たちに示してきた。

これに対しては、さすがに私から問題提起をし、「謝罪を続ける宿命を背負わせてはなりません」とのくだりがむしろ安倍談話の主眼ではないかと質さざるを得なかった。

反論はなかった。

しかしながら、この講師に見られるとおり、問題が起こるたびに「既に謝罪しています」として安易に村山、さらには安倍談話に依拠する外務官僚の性癖は変わっていない。これが歴史戦に臨まなければならないはずの多くの外務官僚の出発点なのである。

## 「敗戦国は歴史を語る立場にない」⁉

こうした雰囲気を踏まえると、よく頷ける話がある。

二〇一九年一月末、元外務次官の斎木昭隆が日本外交についての講演を行った。

講演の締めくくりとして、今後の日本外交の目指すべき方向を語る中で、「自戒の念を込めて言えば、日本の歴史をもっと勉強した方が良い」と殊勝なことを語ったところまでは良かった。が、その後に、「日本は歴史の勝者の立場に立たなければならない」との一般論を展開した上で、次に述べた言葉が聴衆を唖然とさせた。

「敗戦国は歴史を語る立場にない」

さらに、当時ラブロフ露外相が「北方領土は、第二次大戦の戦勝国であるロシアのものである」旨の発言をしていたことに言及し、「戦争に負けてしまったから、ラブロフにあんなことを言われてしまう」とまで述べたのだ。

早速、講演会場で隣に座っていた財務官僚は私に、「次官を務めていた男があんなことを言って良いのか?」と、声に出して厳しく批判した。

むろん、大問題だ。怒髪天を衝く聴衆が少なからずいたとしても驚かない。他方で、このような発言は、多くの外務官僚の歴史問題に対する姿勢を示している。

彼らに言わせれば、「負ける戦をした当時の日本の為政者と軍人が悪いのだ。負け戦をしておいて外交の場で反論しろと言われても、土台無理」という認識なのだ。

戦争をする以上、勝たなければいけないとは、古今東西を通じた戦略論の要諦ではある。開戦時と敗戦時の双方に外相を務めていた東郷茂徳の「いざ子らよ　戦うなかれ　戦わば　勝つべきものぞ　夢な忘れそ」との嘆きを待つまでもない。

同時に、勝敗は兵家の常でもある。歴史を紐解けば、どの主権国家にも勝ち戦もあれば負け戦もある。戦争で一回負けたからといって、また、敗戦の惨禍がどれほどひどかったとはいえ、戦勝国の言い分をすべて受け入れなくてはならないルールなど、どこにもない。現代の国際関係を見ても、軍事力は国力の重要かつ不可欠の柱ではあるものの、政治、経済、文化等、他の柱もまた重要である。すなわち、軍事力で圧倒されたからといって、他の面で相手国のやり方、主張に従わなければならないいわれはないのと同じことだ。

だからこそ、前記発言に顕著に見られるような敗北主義は、言語道断なのである。外交官としての職責の放棄に等しい重大な問題発言である。むしろ、戦争で負けたからこそ、外交官が頑張って、戦争で負けて失ったものを外交で取り返すという気概と発想こそ、求められているのではなかろうか。

一部の外務官僚がクールなリアリストを気取り、主張すべきを主張せずに拱手《きょうしゅ》傍観している間に、国家や民族が貶められていく。こんなことを看過するわけにはいかない。

## 忘れられない先輩の発言

だいぶ前の話になるが、今は故人となった外務省ＯＢの評論家・岡本行夫氏とランチを共にしていた時のことだった。

「俺は、安保では読売新聞（を支持し）、歴史では朝日新聞（を支持する）」と常々触れて回っていた岡本先輩ならではの発言があった。話題は、一九三七年の南京事件だった。

岡本氏「日本軍が虐殺をしたことは間違いないんだよ」

私「別のことを示す史実も学説もありますよね。大先輩ともあろう方が、何を根拠にそこまで断定されるのですか？」

岡本氏「俺のオジ貴が赤紙一枚で中国戦線に駆り出されたんだよ。帰国後の話を聞くと、日本兵は相当な悪さをしてきたって言うんだ」

後輩との食事の席での会話とはいえ、岡本氏ほど国際関係や外交史に造詣が深い人物が、親族からの個人的な伝聞を基にこうした断定的な主張をすること自体に耳を疑った。納得できなかった私は、これ以上この問題を彼と議論することの不毛さを思い知り、座は白けた。ことほど左様に、一部の外務官僚、外務省出身者にとって、歴史問題は思考停止を促す麻薬なのだろうか?

日中政府間では日中共同声明や平和条約を通じて法的に解決がなされた「強制連行問題」に関連して、戦時中の「強制連行」の被害者として日本企業から補償を求めていた中国人労働者と関連日本企業との間に立って、法廷外での和解成立に熱心に動いていたとされる同氏。一部からは、「和解ビジネス」とも称されていた。その出発点と問題意識は南京事件に対する贖罪意識にあったのだろうか?

## 本当に「負」の歴史ばかりなのか?

「敗戦国は歴史を語る立場にない」と講演で述べた元次官ら多くの外務官僚に共通する近視眼の問題点は、大東亜戦争を我が国にとって負であると決めつけ、その歴史的意味と歴史を紡いだ個々の人々の営みへの配慮を欠くことではないだろうか。

数年前に豪州のシンクタンクの会議で同席した米陸軍軍人（在韓米軍司令官）との間で印象的なやりとりがあった。四つ星大将である相手方と夕食のテーブルで隣り合わせになった契機に、様々な戦略的課題について意見交換を重ねた後、歴史の話になった。

「米陸軍の組織的記憶（インスティテューショナル・メモリー）として、どこの国の軍隊が一番手ごわかったと認識されているのでしょうか」

単刀直入な私の質問に、くだんの陸軍大将は間髪容れず、明確かつ端的に答えた。

「ジャパン」

広大な西太平洋を舞台に旧大日本帝国海軍と空母機動部隊同士の四つ相撲を重ねた米海軍と、米陸軍では、立場が異なる。米陸軍の方は、相当数の師団を中国大陸に残していた帝国陸軍と大会戦を展開したわけではない。むしろ、ガダルカナル、硫黄島、沖縄戦といった、戦史的には限定的な局地戦を展開したにとどまる。そうした陸軍関係者であってもここまで言うのかと、新鮮で意外の念に打たれた。

同時に、こうした発言は、ガダルカナルやニューギニアのジャングル、硫黄島や沖縄の炎熱の洞窟、インパールのぬかるみ、シベリアの凍土で散華した将校、兵士のいずれもが決して犬死にをしたわけではないことを雄弁に語っているように受け止めた。

日本側の戦略の適否・戦術の巧拙は別として、難局に直面しても安易に投げ出すことなく、力を振り絞って最後の最後まで努力を重ねた英霊の犠牲と献身がある。諸外国の軍事関係者は、そうした強靭な忍耐力と驚異的な粘りを覚えており、それが今を生きる日本人が享受している平和と繁栄の礎となり、さらには日本外交の遺産となっていると考えるべきなのである。

国民を二度と戦争の惨禍に遭わせないとの決意は大いに結構だ。であれば、外務官僚としては、まずもって自らの命を捧げた英霊の献身と犠牲をしっかりと顕彰し、尊崇の念を持つべきだろう。

そして、日本を過小評価するととんでもないことになるとの教えが今もなお米国をはじめとする諸国で引き継がれていることに感謝しなければならない。それこそが平和と繁栄を維持する抑止力ともなるのだ。

今の時代に安全で快適な場所に身を置き、「敗戦国は歴史を語る立場にない」などと物知り顔で説く所作こそ、英霊の犠牲と貢献に唾するものだ。厳に戒めなければならない。

実際、外交の場で中国や韓国の外交官と接してしばしば聞かされてきたのは、「（いざとなったら、日本は何をしでかすかわからず）怖い」という反応だった。彼らとしては、だからこそ、国際社会を前にして日本に「侵略国」としての意識を持たせ続け、贖罪意識からの弱腰と譲歩を求める底意がある。その一方で、近現代史の過程での日本の国家としての目覚ましい発展と軍事的成功に対して、警戒感とともに羨望に近い感情を有し続けている面があることも否定できない。

尖閣諸島周辺であれだけ執拗に中国海警の船が領海侵入と排他的経済水域への進入を重ねながらも、人民解放軍海軍の投入に慎重であるのも、国際社会との関係で自らエスカレートさせるのは得策ではないという計算と、米国を引き込みたくないとの戦略もさることながら、歴史の経験から来る日本の力への警戒感があったとしても不思議ではない。カシミール地方等におけるインドとの国境紛争で人民解放軍の投入や国境越えを辞さないことと好対照とも言えよう。

中国ウォッチャーがよく指摘するところだが、日清戦争において、はなから軽視していた大日本帝国によもやの敗戦を喫し、清朝の終焉、中華民国の成立につながった現代史を中国共産党の要人は決して忘れることはない、という。

令和の時代を生きる外務官僚は、これらをすべて負の歴史と言い続けるのだろうか？
歴史の展開に謙虚に学び反省する気持ちを有することは当然だ。今更繰り返すまでもない。同時に、先人の労苦への敬意と感謝の念を持ち続けることこそが外交の礎石となるべきだと思う。

## 「東京裁判を受け入れて戦後の日本は始まった」

歴史問題の根深さは、一外務省に特有の問題として片付けられないことだ。結局のところ、外務省は日本社会全体の縮図でもあるからだ。

その観点から、象徴的なやりとりがあった。

国際法局審議官時代（二〇一二～一四年）、外務大臣、次官の両人と中堅幹部が一堂に会して飲食を共にしつつ、じっくり懇談する機会があった。

席上、歴史問題が議論となった。私を含めた若手側からは、

「受け身に回るだけでなく、積極的に反論することも必要ではないか」

「東京裁判について言えば、サンフランシスコ平和条約第十一条に規定されている条約上の義務（すなわち、種々の関連軍事裁判を有効なものとして受け入れ、そこで下された刑を執行する）は既に実施済みであって、裁判で示された事実認識や考え方を逐一受け入れなければならないわけではない」

といった議論が提起された。

それに対する次官、そして大臣の反応がいわば金太郎飴で予想されたものであっただけに、今

なおよく覚えている。

次官「そういう議論をすること自体が無駄なんだ。歴史問題を議論して日本の得になることなど、何もないんだよ」

大臣「戦後の日本は、東京裁判を受け入れて始まったんだと思う」

外務省だけではないのだ。日本の政界、財界、官界を含む社会全体が戦後七十年以上経た今なお敗戦の桎梏《しっこく》にとらわれており、歴史問題について反論を提起する環境にはない実態を改めて目の当たりにし、暗然とした。

この時の外務大臣は、いまや総理大臣だ。

二〇一五年の日韓慰安婦合意に加えて、よもや「八十年談話」発出などという余計な野心を起こさないよう、切に希望している。

# 第四章　日の丸を背負う気概の弱さ

## 「朝鮮人」は人種差別か

歴史認識で外務省に巣食う一般的空気を踏まえた上でも、次の話はおよそ理解不能かもしれない。

二〇一七年の春だった。日本国際問題研究所に出向していた私が、夏の人事で本省に戻され、局長級のポストに遇されるかもしれないという観測が本人の耳にも届いていた頃だった。

ある日、当時の杉山晋輔次官から、一人で次官室に来るように呼ばれた。応接セットや会議机ではなく、次官の執務机の向かいに置かれた椅子に座らされ、上下関係を改めて意識させられた。事務方の最高人事権者である次官と、一対一の差し向かいとなった。

夏の人事異動の内示かと思って身構える私に、杉山はこう述べた。

「君を局長ポストに就けようと思うのだが、色々と問題がある」

「不徳の致すところです。でも、一体何を指して言われているのでしょうか？」と尋ねる私に、杉山は深刻な面持ちで、こう続けた。

「君は人種差別発言をする」

「何を根拠におっしゃっているのでしょうか。そのような発言をした覚えなどありません。いつ何と発言したと次官の耳に入っているのですか」

「君は韓国人のことを『朝鮮人』と言うだろう」

これには愕然として、空いた口がふさがらなかった。

ネトウヨの間で横行しているような朝鮮半島出身者に対する蔑称を使ったと非難するならともかく、朝鮮半島に住む人間を「朝鮮人」と形容することが差別発言とは⁉

「日本人」「米国人」「中国人」「ロシア人」という呼称とどこが違うのか。それでは「北朝鮮人」も差別用語なのか？

こうした反論が喉元まで出かかった。しかし、上半身を机の上に迫り出し、目をカッと見開き、隆々と毛が伸びた眉を吊り上げて真顔で教え諭そうとしているさまを見て、何を言っても無駄だとあきらめた。

今更にして「次官がこんな決めつけをするのか」という暗澹たる思いで、次官室を後にした。

杉山と同期入省であった某先輩は、のちにこの話を聞きつけ、呆れながら私にこう言って慰めてくれた。

「杉山らしいな。『お前を局長にしてやるのは俺だ。俺の言うことを聞け』というメッセージじゃないか」

「中国や韓国との関係で毅然と対応してきた君のやり方を批判すると、安倍首相批判に聞こえかねない。そこで、『差別』という切り口にしたんだろう」

時の総理大臣に忠誠を尽くし回った同人なりの「政治的配慮」という解釈を披露してくれたのだ。さもなくば、かつて韓国に在勤したことがある同人が、思い入れの深い任国に対する共感が高じて本当に差別発言だと信じ切って「注意」したのだろうか。

いずれにせよ、動機が何であるにせよ、公器たる外務省における、過剰かつ不当な「言葉狩り」であることに変わりない。しかも、その根源は誤った歴史認識であると思われるだけに根深く深刻だ。外務省の言語空間は、いつまで狭く閉ざされているのだろうか。

## 愛国心への衒い

歴史認識に関連して優れて外務省的な対応を因数分解していく中で、ひとつ際立つのが愛国心への衒《てら》いである。四十年間外務省にいて、省内で「愛国心」という言葉を聞く機会など、およそなかった。

露骨すぎて気恥ずかしいという気風を感じていたし、そんな言葉を口に出すのは外交官として下劣だというような高踏的な雰囲気も漂っていた。

それでも昔は、こんなやりとりがあった。

ロシアンスクール出身で対ソ強硬派を自他ともに任じていた丹波實北米局安保課長（その後、ロシア大使）が国会の委員会で、ソ連シンパであった野党社会党の議員の糾弾に遭った。

「ソ連妨害課長」とか「君はアメリカ国防省の安保課長か、日本の安保課長か、どっちなんだ」とまで罵倒された際に、こう答えたのだ。

「私は何よりも前に日本人であります。いくら国会議員の先生であってもご質問されていいことと悪いことはあるかと存じます。私はれっきとした日本国の官僚であります」

丹波条約局長時代に条約課事務官として仕え、局長の血の熱さに触れたことがある私にとっては、まさに国士たる丹波大使らしい啖呵《たんか》だった。

しかし、こうした事例は例外だ。

「丹波さん、よくあんな答弁ができますね」と当時丹波に述べたとされる後輩をはじめとして、外務官僚には丹波答弁的なものに「こそばゆさ」を感じる向きが多い。今の外務省にあっては、まず考えられない答弁だろう。

「外国で暮らすということは、日本を常にしかも過剰に意識することだ」という藤原正彦氏の至言がある（『遥かなるケンブリッジ　一数学者のイギリス』新潮文庫）。本来、外国相手に侃々《かんかん》諤々《がくがく》の交渉を重ね、一般の日本人に比べて「常にしかも過剰に国を意識」しているはずなのが外務官僚である。なのに、なぜだろうか？

外務官僚にとって、公の場で口に出すとすれば、「国際協調」とか「平和の追求」といった概念の方が、居心地が良いようだ。「愛国心」や「ジャパン・ファースト」に取って代わって追求すべき目標、大義として珍重されてきたのである。

言い換えれば、「愛国心」を声高に語るよりも「国際社会との協力、共存」を語るのが外交官たるものの真骨頂であり、知的レベルの高さを表すものである、そんな思い込みが多くの外務官僚に見られてきたのだ。

そのような典型例のひとつが、戦前・戦中の外交官であった石射猪太郎《いしいいたろう》の著書『外交官の一生』（中公文庫）であるように受け止めている。

同書が執筆されたそもそもの理由は、戦後のＧＨＱによる公職追放からの解除訴願のためであったと指摘されている。公職パージを受けた同人が占領当局に対して「身の潔白」と「歴史認識の正しさ」を示さんとして書いた面が多分にあるのだろう。ただ、そうしたことを差し引いても、戦前・戦中を生きた外交官として、軍部、特に帝国陸軍を「知能犯性を持った悪漢」（海軍は、「犯罪性を持たない正直者」）とまで呼んで悪者に仕立て上げる一方、米英との協調を憧れの如く唱える同著は、ある意味では多くの外務官僚の立ち位置を象徴しているかもしれない。

戦後の日本外交の立て役者であったような先輩外交官たちが、幣原喜重郎の英米協調外交を語る際にまま見られる「憧憬」や「信仰」に似た是認にも、同じベクトルが看取される。

そう言えば、一世代、二世代前の日本外交官には「和夫」という名前が目立つとの指摘を省外の人から受けたことがある。惨憺たる敗戦の苦い経験に懲りて、軍国主義との訣別、そして「平和」の構築・維持を託されたということなのだろうか。

## 軍隊、軍人への不信

平和主義のコインの裏面として存在するのが、軍隊、軍人、そして軍的なものへの条件反射的ともいえる不信感だ。長年外務官僚の歴史問題への対応を腰が引けたものにしてきた大きな要因でもある。

今は亡きドナルド・キーンは、かつて「戦後の日本文学には、一貫して軍人に対する偏見—あるいは敵愾心かもしれない—がありました。（中略）日本文壇のこの『軍人嫌い』は、非常に不思議な現象だと思っていました」（徳岡孝夫、ドナルド・キーン著『三島由紀夫を巡る旅』新潮文庫）と述懐したことがある。これは文学者だけでなく、戦後知識人を気取る多くの外務官僚にも伝播していたようである。

ビルマ大使として終戦を迎えた前述の石射猪太郎は、戦後に船で帰国し桜島を目にした際、「私は初めて仰ぐこの山に軍部的なものを感じて好意が持てなかった」とまで回想録に記している。薩摩隼人が誇りに思う雄姿を目にした反応として誠に笑止千万だが、反軍感情の根強さをうかがわせる記述でもある。

「敗戦利得者」という言葉がある。戦前・戦中に軍部、特に帝国陸軍の「暴走」に悩まされた外務官僚の中には、「戦争に負けて日本を良くする」といういわば「敗戦革命」の考えに与していた人間が少なからずいたと言われる。こうした勢力が、戦後は旧軍人や一部政治家、官僚が占領軍により公職からパージされる中で、大きな責任と強い影響力を持つに至った。外務官僚出身者が外相のみならず首相といった国政の中枢に次々に就いたことからもうかがえる。こうした経緯があるだけに、開戦、敗戦を自分たちの置かれた苦境であり、責任問題として正面から受け止める気風に欠けた面があったのではないだろうか？　歴史問題で反論をするなど、軍部が犯した所業について釈明することであり、自分たちの問題ではないという意識が一部の外務官僚の間に根強くあったように受け止めている。

こうした潮流は、戦後も尾を引くこととなる。

## 湾岸戦争の教訓

一九九〇年の第一次湾岸戦争の際だった。イラクのサダム・フセインによる非道を前にし、日本政府による人的貢献の重要性が説かれ、自衛官派遣の必要性が切迫感を持って議論の俎上に上っていた。しかし、時の栗山尚一《たかかず》外務事務次官は、自衛官の海外派遣に終始慎重な立場を崩さなかった。具体的には、自衛官が自衛官の身分のままで海外に出ていくことになかなか首を縦に振らず、自衛隊とは別組織を設立し、平和協力隊員として海外に派遣することに拘った。その結果、法的身分として自衛官と平和協力隊員との併任という便法に落ち着いた。

この背景には、当時の海部俊樹首相の自衛隊嫌いもあったと指摘されているが、「軍人」が「軍人」の身分のままに海外に出ていくことは戦前の軍国主義の再来につながりかねないという懸念に呪縛されていた外務官僚がいたことも確かである。まさに、個人的な経験に拘る一部の人間の独りよがりな平和主義が日本の対応を遅れさせ、米国から日本の姿勢を批判する声が上がるなど、国益を著しく損ねた例だった。

本来、外交と軍事は国家の安全を保障し、生存を確保するための車の両輪だ。軍事力の適切な保持・行使なくして効果的な外交など到底できない。こうした国際社会の力学の基本が共有されていない外務官僚が、日本には相当数いるのである。

二〇〇七年に防衛庁を防衛省に昇格させる時にも、一部の外務官僚の中に最後まで抵抗する者がいたことは夙に指摘されてきた。省益ではなく国益を追求すべき国家官僚として、かつ、外交と国防は車の両輪であり、強力な国防力の支えなくして強靭な外交を推し進めることなどできないことが外交史の教訓であることを踏まえれば、言語道断で情けない話だ。

ただし、この点では二〇一三年に国家安全保障会議（ＮＳＣ）が発足し、安全保障、国防の重要性についての外務官僚の意識が格段に向上し、かつ、外務省と防衛省との間の風通しも良くなったことは、特筆に値する。むしろ、問題は防衛官僚、自衛隊関係者の側にもある。彼らの外交に対する認識、国際感覚、感度はまだまだ向上の余地大である。

とりわけ、制服組の間では防大時代や共同訓練、演習等を通じて米、豪、英等の主要国のカウンターパートとの交流の機会が相当にある一方、そうしたカウンターパートに必ずしも恵まれない防衛省内局（背広組）の人材の成長と切磋琢磨の機会は、経済官庁以上に限られている。結果として、諸外国との防衛交流・協力に臨む人材の質はまさにピンキリだ。折角在外公館に防衛アタッシェとして赴任するという貴重な機会を得たところで、戦後長らく優勢を誇ってきた外務省への低次元の対抗心と防衛省の代表であるとの根拠なきプライドが過剰に膨らむだけで、何ら外交官としての勉強、研鑽はおろか、任地に溶け込もうとする努力さえ払うことがない輩が散見される。キャンベラのような重要な任地でさえそうした現象が見られたのは慚愧《ざんき》に堪えない。

また、制服組の一部の間には、旧帝国陸軍・海軍は戦後の平和憲法の下で生まれた自衛隊とは別の存在であるとして、歴史問題に距離を置こうとする姿勢がうかがわれてきた。これもまた、歴史問題で反日勢力に差し込まれてきた大きな一因である。

## チャーチルを「神に感謝したい」⁉

冨田浩司《こうじ》前駐米大使は、英国研修、二度にわたるロンドンでの在勤生活を最大限に生かし、チャーチルとサッチャーという英国の二人の宰相についての評伝を公刊したことで知られている。職業外交官の手になる任国の政治家についての評論としては、間違いなく労作だ。その内容の詳細についてここで立ち入ることはしないが、目を疑う記述に出くわした。

チャーチルについての評論の中で、如何に同人が危機管理の政治家として優れていたかを力説するあまり、締めくくりにこう記していたのだ。

「チャーチルは時代の流れにかろうじて『間に合った』政治家であったと言えるかもしれない。そのことを神に感謝したい」（『危機の指導者 チャーチル』新潮選書）

念のため繰り返すが、「神に感謝したい」と公刊本で明記した著者は、英国の外交官ではなく、日本の外交官である。戦後の日英関係が和解を達成し、今や密接な戦略的協力関係を築き上げていることとは別問題だ。

言うまでもなく、チャーチルは、日本にとって大東亜戦争中は敵国の宰相だった。

英国海軍が誇るプリンス・オブ・ウェールズとレパルス両艦の撃沈、難攻不落と謳われたシンガポール陥落に切歯扼腕した。それに先立ち、大日本帝国を打ち破るべく米国の参戦確保に腐心し、期待どおりに日本軍が対米宣戦布告をした際には、これで勝ったとばかりに小躍りしたのは有名な話だ。

のみならず、妻クレメンティーンとの書簡のやりとりで、日本人に対する蔑称を頻繁に使ったことでも知られている。今なら、人種差別主義者として糾弾されても仕方ないくらいだ。

一体、何をどこの神に感謝するのだろうか?

立身出世を遂げる外務官僚の間に脈々と引き継がれている無条件なまでの英米協調主義、その背景にある憧憬にも似た感情が横溢した表現そのものではないだろうか?

同大使の岳父は三島由紀夫だと聞く。

泉下の三島がこれを知ったら、何という言葉を発しただろうか?

そして、マレー沖、香港、シンガポール、インパール等での対英戦に散華した英霊は、どんな思いでこの言葉を受け止めたことだろうか?

## 視閲式の「錨を上げて」

それでは、果たして他省庁はましなのか?

ことは外務省だけの問題に単純化できないという例をひとつ挙げよう。

二〇〇八年一月、警察庁に出向し、茨城県警に配属されていた時だった。

県警にとっての一年の最も重要な行事に、年頭の視閲式がある。県知事、県公安委員会委員、地検の検事正等のお歴々が臨席する前で、県警の精鋭数百名が一堂に会し、日頃の鍛錬で培った部隊行進の錬度や白バイ運転等の技量を披露し、ひいては県警の仕事に対する理解と支持を確固たるものとする、唯一無二の晴れ舞台だ。

視閲式のハイライトは部隊行進。数百人に及ぶ警察官が、頭を上げ、背筋を伸ばし、胸を張り、腕を勢いよく振り上げて、足並みを揃える。各員の表情には、治安の最前線に立つ者ならではの使命感と矜持が漲る。凛とした感動的な瞬間だ。

外務省からの出向者であったにもかかわらず、私は当時の小風《こかぜ》明本部長の配慮により、この視閲式で指揮官を務めるという栄誉を担った。森島貞一警務課理事官（後の水戸署長）の手取り足取りの指導よろしきを得て、敬礼の仕方や指揮棒の振り方など、何とか形がついて式に臨むことができた。

ところが、である。県警の音楽隊が奏でた、この時の行進曲には愕然とし、耳を疑った。米海軍マーチの「錨を上げて」だったのだ。

「錨を上げて」が、米海軍軍人のみならず、米国人、さらには多くの日本人も慣れ親しんできたマーチの名曲であることに私も異論はない。

戦後七十年近く経った時点にあって、日本国の茨城県の警察官が同胞の日本人の前でその士気の高さと錬度を印象付けるべき時、なぜ、かつて干戈《かんか》を交えた相手国（当時は「敵国」）の兵士の士気高揚のためのマーチを使わなければいけないのか、私には理解できなかった。おそらく、「そんなことは、意識さえしていなかった」という反応が返ってくるのだろう。

敢えて理解してもらうために、次元は違うが、わかりやすい比喩を出そう。

慶應OBが独立自尊の精神をアピールするために肩を組んで歌うのは「若き血」しかあり得ない。「都の西北」を歌うことなど、決してしないだろう。

しかし、ことはもっと重大で深刻だ。ロシア人や中国人はおろか、東南アジア人がその場で聞いていたら、やはり日本はアメリカのポチだと結論付けただろうからだ。

実際、行進曲については、日本には幾多の名曲がある。君が代行進曲、軍艦マーチ、太平洋行進曲、愛国行進曲。ちなみに、この一件が契機になって、関東管区のすべての県警の視閲式について、部隊行進の際の行進曲を調べてもらった。軍歌「抜刀隊」を採用している県が多かった。そう、「錨を上げて」にしなければならない必要など、本来なかったのだ。

むしろ、問題はこの後だった。

警務部長として、自ら問題提起をして曲の変更を促した。しかるに、県警の音楽隊関係者は、長年奏でてきた曲への拘りなのか、新しい曲を習得する手間を厭ったのか、はたまた戦後平和主義に毒されて意識的に抵抗したのか、いずれかは不明だが、なかなか楽曲の変更に首を縦に振らなかった。君が代行進曲や軍艦マーチなど、彼らの感覚では論外らしかった。漸く提案された代替曲は、茨城県警察歌を行進曲用に編曲したもの。遺憾ながら、著しくテンポと迫力に欠けた。

おそらく新たな行進曲の評判が良くなかったのだろう。或いは、小舅の警務部長がいなくなったせいだろうか。私が異動になった後、また元に戻ってしまった。しかるに、ユーチューブでこの「反動」を発見した私の指摘を受けて、原田哲也刑事部長（当時）他、問題意識を共有してくれた心ある県警関係者の尽力で、再び「改曲」がなされたと聞いている。

この件が物語っているのは、日本の警察でさえ、このような状況にあるという実態だ。

ちなみに、「英霊」という言葉は、水戸学の権威であった藤田東湖が編み出したと聞いている。まさに、水戸藩のＤＮＡを引き継いでしかるべき茨城県警がこのような状況であるとすると、英霊が草葉の陰で泣いているのではなかろうか。

もちろん、外務省に限った問題でないからといって、外務官僚の腰の引けた態度が弁解できるものでないことに変わりはない。ことは日本を対外的に代表する外交官の問題だからだ。ただし、国内からのチェックが弱く、国際的な相場観とかけ離れた日本の実態を常に念頭に置いておかないと、外務省の振る舞いの改善は絵に描いた餅に終わりかねないと思う。

# 第五章　永田町・霞が関での外務省の地盤沈下

## 政策官庁からの転落

英国、そして豪州での在外勤務（二〇〇九〜一一年、二〇一〇〜二三年）を終えて外務本省に戻るたびに益々強く感じてきたのは、組織を覆う泥のような外務官僚たちの疲労感、そして士気の低下だった。

このような感覚を最初に持ったのは、一九九〇年の湾岸戦争の時だった。この年の夏、駆け出しの外交官として、三年間に及んだ米国ワシントンの大使館での充実した勤務を終えて私は帰国していた。

サダム・フセイン率いるイラクによるクウェート侵攻を踏まえ、米国や英国などで構成された多国籍軍に対し、百三十億ドルにも上る資金協力（財政支援）を行ったものの、日本の支援は評価されなかった。そして、日本としても諸外国並みに人的貢献をする必要性が叫ばれた。「日本は金を出すが汗はかかない」といった国際社会からの冷評にさらされ、外務省関係者の誰しもが何とかしなければならないとの問題意識を共有していた。

しかし、戦後の自衛隊発足以来、当時に至るまで海外に派遣されたことがない自衛隊の部隊派遣を巡って議論は紛糾し、人的貢献のための法案作りは迷走に迷走を重ねた。当時の国連局幹部の大半は逃げ腰でリーダーシップを発揮しようとせず、法案作りのノウハウなど有さない外務省全体が機能マヒの真っただ中にあった。夜遅くまで残業をするのだが、何をすべきかの明確な指示もなく、国会答弁作成など目の前の作業のみに追われ、国家としてさしたる貢献もできないままに時間だけが徒過していた。

当時、末端の事務官であった私も作成作業に参画した国連平和協力法案は、多国籍軍への協力と国連平和維持活動（ＰＫＯ）への参加との双方をもくろんだものであった。その内容が野心的すぎたこともあり、法案の不備も手伝って野党の強硬な反対に遭い、一九九〇年十一月には廃案の憂き目に至っていた。

その後、仕切り直しとなり、自民党、公明党、民社党（当時）の間でいわゆる「三党合意」が成立し、そこでは、国連を中心とする国際社会への物資面に加えて人的側面での協力の必要性が強調され、そのために自衛隊とは別個に、国連の平和維持活動に協力する組織を作ることなどが合意された。まさに、戦後初めて自衛隊を海外に派遣するための生みの苦しみとも言えた。このあたりの事情は、手嶋龍一氏の名著『一九九一年日本の敗北』（新潮文庫）に余すところなく描かれている。

自衛隊の海外派遣を「派兵」と捉え、「いつか来た道」として強硬に反発した野党や反戦平和団体。そうした反発に直面して主導権を取ることに及び腰だった防衛省（当時は防衛庁）。このような状況にあって、国際貢献のための自衛隊派遣の必要性を認識した一部の官僚が、内閣官房に設置された国連ＰＫＯ法案準備室（室長は外務省出身の野村一成。後の駐露大使）に集い、法案作りの先頭に立って獅子奮迅の働きをした。戦後の国策の転換に当たる大仕事だった。

在米大使館から帰朝して条約課事務官の立場にあった私も、この法案準備室に投入された。最もひどい繁忙時にはひと月に三百時間を超える残業をこなしながら、法案作り、そして国会審議に臨んだ。最終的には法案が成立し苦労が報われたのだが、その過程では疲弊しきった何人もの同僚が霞が関を去っていった。

しかしながら、あの時の疲労感と比べると、今の外務省員を包む疲労感は、より深く恒常的であるように思える。一過性のものではなく、夏山の根雪のように残っていると言えよう。

ひとつの大きな要因は、日本が関与する重要な国際会議が幾何級数的に増加してきたことだ。かつては国連総会とＧ７サミットが主要なものだったが、今やこれらに加えてアセアン（東南アジア諸国連合）関連会議、東アジアサミット、ＡＰＥＣ（アジア太平洋経済協力）、Ｇ20、さらにはクアッドと拡大・深化している。

## 国家安全保障会議（ＮＳＣ）の設立

日本外交のすそ野が広がったこと自体は大いに結構なのだが、会議の準備に携わる事務方の作業量は膨大だ。そうなると、関係部局の問題意識は、個別の政策課題に対処するよりも、首相や大臣の出席が求められているこうした国際会議を如何に乗り切るかに焦点が向けられがちになる。各議題について、どういう発言・応答要領を用意し、事前の勉強会で説明して了解を得るかということに汲々となる。中長期的な政策を云々することなく、目の前の国際会議を大過なく乗り切ることが焦眉の急となるのだ。

換言すれば、政策立案よりも会議対応、さらには会議出席のためのロジスティクス、儀典関連事項の処理などの優先順位が高くなり、大方のリソース（時間、予算、体力）が費やされてしまうこととなる。

こうした外務省におけるロジ、儀典の重点化に拍車をかけたのが、安倍政権下の二〇一三年に創設されたＮＳＣである。

日本の安全保障に関する重要事項を審議する機関として内閣に設置され、関係閣僚、とりわけ首相、官房長官、外務大臣、防衛大臣が一体となって安全保障に関わる国策を審議し、決定する態勢が整えられたのである。国家安全保障の両輪たる外交政策と国防政策の連携を図り、国益の実現を図る上で不可欠の一歩であったことは間違いない。かつ、これによって米国ホワイトハウスを筆頭として主要国のカウンターパートとの意思疎通、協調が遥かに円滑になり、劇的に促進されたことも間違いない。

他方、コインの裏面の話としては、外務省の非政策官庁化が進み、安全保障に通じた人材が外務省からほぼ恒常的にＮＳＣ事務局（ＮＳＳ）に出向するような事態を招いたことも否定できない事実だ。若手の意欲に溢れた人材がＮＳＳへの出向を希望する例も年々増えており、外務本省での優秀な人材の確保が困難になっている面もあると聞く。勢い、外務省における士気の低下につながりかねないこととなる。

## 経済外交における外務大臣のプレゼンス低下

もうひとつ外務省、特に経済外交に関わる関係者の士気を下げているのは、重要な経済関連の国際会議への外務大臣の出席率が著しく低下してきたことである。WTO閣僚会議やAPEC貿易大臣会合がその典型だ。

かつては違った。一九九〇年代半ばに私が経済局の首席事務官を務めていた頃は、外務大臣が通産大臣（当時）と並んで四極（日米加EU）の貿易大臣会合やWTO閣僚会合に出席していたものである。

ところが、今は経済関係の国際会議は基本的に経産大臣任せであり、外務省からは副大臣対応であることが多い。林芳正前大臣に至っては、第一章で言及したとおり、なんと昨年三月にインドで開催されたG20外相会合さえ欠席するという前代未聞の対応となった。

外相就任以来、「外務省の人間は経済がわかっていない」と叱咤していた林大臣。それだけに、国際経済問題を議論する最重要の国際会議への当の大臣の欠席こそ、部下の士気に冷水を浴びせかけるものだった。

振り返ってみると、私が経済局長の頃は、まだ恵まれていたようだ。

外務大臣には貿易交渉に造詣が深く、それまでTPPを担当していた茂木敏充大臣を擁することなったため、日米間の貿易協定の交渉も外務省が基本的に仕切ることとなった。

だが、大臣個人の経歴に照らしての例外的対応だった。

実は、霞が関の省庁の事務分掌の在り方を踏まえると、こうした対応は理に適っている面がある。なぜなら、経産大臣は経産省の所管事項については発言できても、例えば農林水産物貿易、金融サービス、建設サービスなど、非所管事項については発言できない、或いは当該事項の所管省庁が経産大臣の発言を望まないという事情があるからである。外交全体を総覧する立場から、業界やセクターの枠を超えて発言できる外務大臣こそが求められてきたのである。

だが、その外務大臣が忙しくなりすぎてしまっている。前述したように、出席すべき国際会議が格段に増えてきたのだ。G7や国連総会という古くからあるフォーラムに加えて、G20、アセアン関連、東アジアサミット、クアッド等々、出席を期待される会議が目白押しで、国会日程との調整の必要上、対応できる会議が限られてしまっているという大きな問題があるのだ。日本が果たすべき政治、安全保障上の役割が増えてきており、そちらの方面で外務大臣のプレゼンスが求められているが故に、経済外交への外務大臣の関与が手薄になっているとも言えよう。

だが、経済関係の国際会議の準備を務めている事務レベルからすれば、どんなに頑張って事前準備や下仕事をしようが、自分の上司たる大臣に出席してもらえないというのは、何とも寂しいものである。こうした政治レベルの関与の不足がいっそうの士気の低下を招いていることは否定できない。

## 保秘ができない役所

霞が関・永田町での外務省に対する信頼を損ない、地盤沈下を招いている原因のひとつに「外務省は秘密を守れない」という指摘がある。「保秘（秘密保全）ができていない」という問題だ。

二〇二三年の広島でのG7サミット。日本人の思いと祈りが凝縮された広島の地に主要先進国首脳が集っただけでなく、国際社会が注目していたウクライナのゼレンスキー大統領の参加を得ることができた。準備に没頭していた外務省は大成功と自画自賛したが、その陰に隠れていた失態があった。

サミットに先立って、岸田首相は二〇二三年三月にウクライナを訪問してゼレンスキーの広島サミット参加を呼びかけていたのだが、G7議長国であったにもかかわらずこのウクライナ訪問の実現は遅れに遅れた。なんとG7首脳によるウクライナ訪問の中では順番が最後になってしまったのだ。豪州のアルバニージー首相でさえ、訪問した後だった。

なぜここまで遅れたのか?

実は、それ以前に計画していたにもかかわらず、事前に首相訪問の報が外務省から日本のメディアに漏れてしまい、激怒した首相周辺が計画の練り直しを求めたからと伝えられている。

「保秘ができない外務省なんていらねえ」

岸田首相が述べたと報じられている言葉である。

深刻な問題だ。なぜこんなことになってしまうのか、が問われるべきだろう。

言うまでもなくウクライナは、ロシアとの戦争の真っただ中にある国だ。日本の総理大臣の訪問に際しては最善の措置を尽くしてセキュリティを確保しなければならない。また、戦争指導者たるゼレンスキー大統領の方こそ、身の安全を確保する必要が高いとも言えよう。まさに、ウクライナ側との息を合わせた二人三脚の機微な調整を経て初めて実現できる難易度の高いオペレーションである。そのための大前提が保秘だ。そして、この程度のことは、外交に携わる誰しもが常識として理解していなければならないはずだ。

それであるにもかかわらず、メディアに漏れ、訪問予定が報じられてしまった。ウクライナ訪問をつぶしにかかったロシアのエージェントが外務省にいたのだろうか？それとも、情報に接していた幹部や省員の中に脇の甘い者がいて、メディアにしゃべったか、鎌をかけられて認めてしまったのだろうか？

いずれにせよ、今までも、政権が替わるたびに保秘を徹底するよう、官邸から注意を受けてきたのが外務省でもある。こんな状態では、首脳外交の裏方として信頼を得られない。

以上説明してきた霞が関、永田町における外務省を取り巻く環境とその変化をよく見ておかないと、様々な問題への対処法は効果的なものにならないと痛感している。

# 第六章　プロフェッショナリズムの軽視

## 外交官の本当の語学力

世の中の人が外交官に対して期待する姿は何だろうか？

おそらくは、外国語を自在に扱い、日本の代表として外国人と臆することなく丁々発止のやりとりをして日本の国益を追求していくことだろう。

かつて外国の首脳と接するたびに、英語がわからないからか、外国人対応に慣れていないせいか、自信なさげに目線が泳いでしまう日本の首相がいた。このような首相と違い、外国語を自在に扱って日々外国人と接しているのが当然視されている外交官たる者には、ゆめゆめそんなことがあってはいけない。それこそ、外交を司る匠としては国辱ものだ。

治安を守る最前線に立つ警察官に対しては、柔剣道、警護術のたしなみを含む精強ぶりが期待されるように、外交官には高い水準の語学力が期待されるのは当然だろう。しかるに、今その期待がものの見事に裏切られているように思えてならない。

外務省では入省する総合職（かつての上級職又は一種）、専門職（二種）の全員に対して担当語学を命じ、その語学に応じて充実した研修制度を設け、加えて二〜三年の海外留学までさせている（在外研修）。国民の税金で、仕事をせずに語学の勉強だけに専念できる機会を与えてもらっているわけだ。バブルが弾けるまでは大手金融機関や総合商社も俊秀をハーバード大等の有名校に留学させていたが、もはやそのような贅沢は許されていない。そうした民間企業の状況に比べれば、遥かに恵まれた環境が用意されており、これを最大限に活用しなければならないはずだ。

しかるに、日本の外交官の語学力はどの程度か？

一部の評論家や週刊誌の言説のように、単純化、一般化はしたくない。

「ピンキリ」というのが正確だからだ。その言語のネイティブ・スピーカーさえ唸らすような人材が散見されるのは、日本国民が誇りにすべき事実である。

しかし、全体を冷静に観察してみると、その平均水準は決して高いとは言えない。一人一人が向上心を持って不断の改善努力を続けていかないと惨憺たる状況に陥るのは必至なのだ。

世間には外交官ＯＢによる英語指南本なども出回っており（多賀敏行著『国際人の英語』丸善ライブラリー等）、これが誤った認識を広げている面がある。あたかも外交官であった人たちは語学の達人であり、皆が名人芸を極め一家言持っているとして崇め奉るかのような傾向があるのではないだろうか。これは語学、特に英語コンプレックスがひときわ強い日本社会ならではの反応かもしれない。組織の中にいた人間として言うと、赤面の極みであり、とんでもない誤解である。

もちろん、自分が優れていて、他の者が駄目だなどと良い恰好をしたいわけではない。

大したことがない自分から見ても、輪をかけて大したことがない。だから深刻なのだ。

## 「あの人、あれで外交官？」

具体的な感覚を持ってもらうため、恥を忍んで自分の話をしよう。

入省後、私は英語を担当言語とするよう指示を受け、二年間の在外研修は米国（コロンビア大学国際関係論大学院）で送った。外務省に入るまで海外旅行さえしたことがなく、純粋に日本の英語教育だけを受けてきた、いわば「マルドメ」（まるでドメスティック）の男だ。井の中の蛙そのものだが、中学、高校時代を通じて英語の成績はそれなりに良かった。東京・国立《くにたち》市にある桐朋中学・高校時代に素晴らしい英語教師に恵まれ、基礎を徹底的に叩き込まれたことも大きかった。受験勉強の一環として熱心に取り組んだ増進会（Z会）の通信添削も、特に英文和訳の技法を学ぶのに大いに役立ったと認識している。

だが、所詮は狭い井戸の中の話に過ぎない。文法を習得し、英文和訳、和文英訳に少しくらい習熟していたところで、長文のリーディング、さらにはヒアリング、スピーキング、ライティングに至れば、英語圏で青少年期を送った帰国子女とは雲泥の差だ。そういう劣等感を常に抱えながら漕ぎ出した英語習得人生だった。

だからこそ、それから四十年近く経った今も、英語の書籍を常時読み込み、大谷翔平の活躍はテレビの音声を英語にして見ている。そうでもしないと、英語力のキープが覚束ないと自覚しているからだ。

その程度の素養・力量の私から見ても、「おいおい、この先輩が英語について説教できるのか」という人物が、かつて外交官であったという経歴だけに依拠して著作をものしている。より大きな驚きを覚えたのは、在外研修を終えてから、多くの先輩外交官の英語力に直接に接した時だった。

ロシア語、中国語、アラビア語といったいわゆる「特殊語」と違い、英語研修組が直面する厳しさは、周りの日本人が相当程度英語を解するケースが多いため、語学の巧拙が容易に把握されてしまう点である。日本人外交官の英語を聞いていた在留邦人が、「あの人、あれで外交官？」と慨嘆したケースは、枚挙にいとまが無い。今、世界の各地で進行している現象ではないだろうか。

わかりやすい失敗は、明らかな発音の間違いだ。例えば、Parliament（議会）を「パーラメント」でなく「パーリアメント」などと発音しようものなら、即、笑われてしまう。

深刻なのは、立身出世に恵まれなかった人たちだけではなく、位人臣《くらいじんしん》を極め、周囲の注目を浴びやすいポジションに就いた外務官僚にさえ、語学力に明らかな問題を抱える者がしばしば見出されることである。

一例が、K元次官だろう。

同人の留学先であった米国の小さなカレッジ（大学）では、Kの学友であった米国人の人物評が伝えられている。

「面白い奴だった。ただし、英語で何をしゃべっているか皆目わからなかった」

英語を担当語学として命じられ、税金でフルに二年間留学させてもらったにもかかわらず、このような体たらくが現実でもある。

歴史を遡れば、大東亜戦争開戦に先立つ日米交渉の際、駐米大使の野村吉三郎大将（海軍出身）の英語が覚束なかったのは有名な話だ。当時アメリカの国務長官であったハルの回想録にも、同様の指摘がある。そうした事情もあり、交渉途中から来栖三郎大使が補佐として加わったと言われる。当時外務次官であった西春彦の『回想の日本外交』（岩波新書）でも、野村の大使としての能力の問題は指摘されているところだ。

特殊語の能力ならいざ知らず、今や非英語国の人間が英語でコミュニケーションを日常的にせざるを得ない時代にあって、再びこんな次元で「歴史は繰り返す」ことがあってはならない。果たして、今の駐米大使や国連大使の英語力は大丈夫か？　これこそ、歴史に学んで改善すべき問題だ。

財務省の国際派で経済協力開発機構（ＯＥＣＤ）や国際通貨基金（ＩＭＦ）勤務で揉まれてきた知人は、私に会うたびに、「外務省の人間はなんであんなに英語が下手なのか」と言うのが口癖である。「匠」の道は険しいものである。うかうかしているとレギュラーのポジションを失って試合に出させてもらえなくなるという危機感こそ、外務官僚には必要ではないか。

## 専門性を軽視した人事

担当として命じられた語学の力さえ十分でない中にあって、さらに事態を混乱させているのが人事である。今の外務省では、地域専門性と語学力を軽視した人事が横行しているのだ。

もともと外務省にあっては長年来、語学と地域の専門家を手塩にかけて大切に育ててきている。それなのに、最近の地域局や地域課の幹部人事を見ると、事務処理能力に優れているという理由からなのか、当該地域や関連語の専門家でない人間がしばしば抜擢、重用されている。

こうなると、当該地域・語学の専門家たらんとして研鑽を重ねている省員の士気を低下させるだけでない。当該国や駐在日本企業の外務省に対する好感や信頼を損ないかねない面がある。日本外交が長年かけて定着させてきた「比較優位」を自ら放棄しかねない面があるのだ。

特に、顕著なのは米国専門家の決定的な不足である。

緊密な同盟国であるから全省体制で臨むという意気込み自体は結構だ。同時に、対米外交には、米国政治・外交史を深く真剣に学び、アメリカ人のものの考え方に通暁し、彼らと打ち解けて率直に意見交換ができる力量を有した人材が不可欠だ。そのような省員がどれだけいるかと問われれば、誠に心もとない。

如何に事務処理能力に秀でていようが、こうしたアメリカについての経験や知見がないと、笑うに笑えない失態を犯すことになりかねない。

かつて、在米大使館に赴任した某一等書記官はワシントンで中古車を購入したところ、前所有者が貼ったと察せられる「NRA」(全米ライフル協会)のステッカーを後部ガラスに付けたまま、政治の街を走り続けた。銃規制への賛否が政治の分水嶺である米国にあって、外交官プレートを付けた日本大使館員の車がどんな政治的メッセージを送ってしまっているのか、配慮が及ばなかったようだ。

また、クリントン元大統領の出身地Arkansas州を「アーカンソー」でなく「アーカンサス」などと発音して周囲を啞然とさせた者もいた。これは英語の問題ではなく日本語の問題だが、海軍大将の米内《よない》光政を「ヨネウチ」と読んで失笑を買ったM元次官と相通じる問題だろう。語学力、漢字力と言うよりも、教養の度合いを露呈するものだ。

外務官僚の歴史への素養も、在米大使館員の米国理解もこの程度だとすると、心寒くなってしまう。こんな低次元にとどまっているようでは、他省庁や民間企業の関係者が外務省を信頼して任せようとする機運も損なわれてしまうのではないだろうか。

各国とも対米外交のフロントには一線級の外交官を配置してきている。その対比で日本は負けていないか? 「米国をなめるな」との声が聞こえてきそうである。

もっとひどい話は、最近の北米局長人事だ。

かつてドイツ語研修でありながらも駐米大使を務めた村田良平大使も夙に述べていたが、北米局長や経済局長は米国についての知見に富んだ英語専門家の俊秀が務めるべきというのが省内の相場観であり、長年の人事政策でもあった。

ところが、ここ十年ほどを振り返ると、フランス語、ドイツ語、スペイン語研修の者が北米局長に就任することが通例化している。かつて官房長を務めたＯＢが慨嘆したように、「昔では考えられない人事」が横行しているのだ。

## ケネディ大使とのツーショット

こうした人事の何が問題なのか。

英語くらい、外務省の人間ならできるだろう、と思う方もいるかもしれない。

そんな生易しい話ではないのだ。

一例を挙げよう。

前次官の森健良は、ドイツ語研修でありながらも北米局長を務めた。

省内では、沖縄対策を重視していた当時の官房長官が気脈を通じた森を希望した、或いはそのあたりを忖度した当時の次官が敢えて配置したと噂された。

しかるに、米国専門家ではなかったからこそ、局長時代にたまたま得ることとなった自分の米国人脈を誇示したかったようである。

次官昇進後、他の展示物がまず見当たらない殺風景な次官室の壁に、民主党オバマ政権時代のキャロライン・ケネディ元駐日米国大使（現豪州大使）とツーショットで撮った大きな写真を掲げることとしたのだ。

しかし、米国人であっても民主党ではなく共和党支持者、さらには米国以外の第三国の人間が来訪した時の反応を少しでも考えたことがあるのだろうか。セレブの写真を飾って人脈を誇示するような軽佻浮薄な意識では玄人の外交などできるわけがない、との批判は意識しなかったのだろうか。

この点に関しては、在京のアメリカ大使館関係者からも、次の声が上がった。

「既に辞めたケネディ大使との写真のみ飾ることは、エマニュエル現大使に失礼だ。それだけではない。ケネディ大使よりも上のランクの人間とは人脈がないことを告白しているようなもの。例えば、大統領や国務長官と面識があればその写真を飾るだろう」

外交に携わる人間は、このような外部の目が光っていることこそ意識し、そうした指摘を正面から受け止めるべきであったろう。

地域の事情に通じていない外務官僚が、当該地域に関わる重要ポストに就くことの弊害を端的に示した事例であると受け止めている。

# 第七章　内向き志向

## 本省と在外との乖離

今の外務省が抱えるもうひとつの大きな問題として、本省と在外との間の認識が如何に乖離しているか、連携が取れていないかという問題がある。この点は、第一部で触れたアフガニスタンやスーダンからの撤退の際に鮮明に浮かび上がっていた。

私も駐豪大使という在外公館長ポストを務めた故に実感できたことでもあるが、この問題についての組織全体としての自覚が低すぎるように思う。外務省の仕事の根幹に関わる話であるだけに、重大に受け止める必要がある。

今に始まった話ではなく、古くから指摘されてきたものでもある。

丹波實元ロシア大使は、その著書『わが外交人生』（中央公論新社）の中で、痛烈な批判を展開している。

「ボストン総領事の頃、一九八七年末に在米公館長会議に出席した時、私は二、三の例を出して

『本省の在外公館に対する態度はひどすぎる。情報のインプットもないし、課長は忙しかろうと首席事務官に手紙を書いても返事も来ない、これはオカシイ』と滔々と論じた。（中略）私は至極まっとうに今日の外務省の抱える非常に大きな問題を指摘したものと今でも思っている。在外公館なくしては外務省はありえないのに、なぜあれほど在外をいい加減に扱うのか分からない。それから、勤務する者たちにも責任はある。在外公館で冷たくされながら数年後には本省に帰るのに、何故これが改まらないのか。不思議である。外務省は、そういう意味で、おかしな役所だと言う気がする。（中略）外交官は、人に対する配慮というのが根本にあるはずであるが、身近な仲間にさえそれをしない」

既に三十年以上も前の指摘だが、基本的に事態は一切変わっていない。むしろ、幾何級数的に悪化しているのが実態である。

私の場合も、キャンベラ着任以来、数々の意見具申や分析電を自ら起案し本省に送ったが、その殆どに対して、きちんとした反応はおろか、受領確認の連絡さえ受けた記憶がない。相手国との関係が年々重要性を増している在豪州大使館のような中規模公館でそのような状態であれば、途上国等に置かれた小規模公館（日本から派遣された本官が十名以下の公館）の置かれた状態は想像に難くない。

歴代の先輩大使たちが夙に指摘してきたことだが、在外から本省に物申したところで、「ブラックボックスに入ってしまう」、「闇に向かって語りかけている」、「壁打ちテニスをしている」という無力感が充満することになる。

ちなみに、ある外務省の幹部が、かつてこう喝破したことがある。

「外務省の人間は在外に配置されると在外が大事だと言うが、本省に戻った途端にケロッと忘れてしまう」

コロナ禍で出張者を含め本省と在外との間の人の往来が激減したこと、同じ地域の大使が一堂に会する大使会議でさえ開催が困難になってきたこと等の事情が、本省と在外とのコミュニケーション不足に加担したことは間違いない。だからこそ、特段の配意と努力が必要なのに、今の外務省にはそうした努力の跡がいささかも見られないのだ。

## 「部下の指導など、しなくて良い」

言うまでもなく、外交という営みにあって在外公館は外交の最前線だ。人脈構築、情報収集、対外発信の最重要拠点である。しかるに、金鉱のような人脈や情報を摑んでも、渾身の力を込めて情勢分析を伝えても、リスクを冒して果敢に対外発信をしても、本省の反応が「暖簾に腕押し」であっては、在外の士気が上がるわけがなかろう。

次官経験者の一人から、最近は、任期を終えて帰朝し退官する大使の殆どが次官室に挨拶にさえ立ち寄らないとの愚痴を聞いたことがある。他方で、大使側の受け止め方を言えば、とりわけ本省事務方幹部は多忙を理由として不機嫌、無愛想で取り付く島がないとの印象が広がっている。組織内で広がるこの分断、断絶は大いに懸念すべきものだ。

在外から何か頼もうとして話しかけるたびに本省幹部から帰ってくるセリフは、得てして「今、バタバタしているんです」といったものだ。「独りで勝手にバタバタしていろ」と嘆息するのが在外公館長の受け止め方であっても不思議ではない。

より深刻な問題がある。多くの同僚大使から指摘されてきたことだが、本省から公館長に寄せられる連絡・指示の殆どが、人脈構築、情報収集、対外発信といった外交の本旨に関わるものではなく、庶務的事項や館内運営、殊に「セクハラ、パワハラに気をつけましょう」といった次元のメッセージに偏っていることなのだ。

ワシントンや北京等、常時高い緊張感を維持しなければならない多忙な大使館、或いはアフリカや太平洋島嶼国等の大使館にあって、恒常的に人員不足の不自由な勤務態勢や厳しい生活環境に直面しながらもパフォーマンスを上げるべく日夜心を砕いている同輩に対して、モチベーションを高め、積極的に打って出ていく外交姿勢を助長するものにはなっていないのである。

ある他省庁出身の大使は、自らの属してきた組織から任じられた初めての特命全権大使として、大いに意気込んで生活環境の厳しい途上国に赴任した。ところが、仕事熱心な同氏は、部下に手取り足取り指示を出し、指導を重ねてきた結果、途上国での旧態依然としたスタイルに慣れきった館員から「パワハラ」との反発を浴び、大いに悩み苦しんだという。その同人をさらに驚かせたのは、一時帰国時に外務省幹部と対応を相談した際、「部下の指導など、しなくて良い。大使は一人で好きなように動けば良いんです」と真顔で諭されたことだという。誠に病根は深いのである。

私にも同様の経験がある。次官の森と長時間議論した際のことだった。組織の地盤沈下を憂い、教育・指導の重要性をいくら訴えたところで、この次官には馬耳東風だった。同人は徹頭徹尾、館内融和の重要性のみを訴えるにとどまり、人脈構築・情報収集・対外発信の重要性について真剣に理解しようとする姿勢さえ見受けられなかった。大使どころか総領事、さらには次席ですらやったことがなく、かつ、その後公館長を一切務めることなく退官していった人物。在外公館長の苦労など理解させようとしたところで、所詮は無理な相談だったのかもしれない。

「一体、大使館の対外的パフォーマンスを向上させることと館内で仲良しクラブを作ることの、どちらが日本国にとって重要だと考えているのでしょうか?」と尋ねる私に対して、もごもごと口を動かすにとどまり、確たる答えは聞かせてもらえなかった。

のみならず、早々に私を異動させたかったためか、しまいに口走った言葉が、「豪州はさほど重要ではない」の一言だった。

こんな有様では、在外の士気が上がるわけはなかろう。

ちなみに、この人物は、「はじめに」で記述したとおり、退官の際に「在外公館ポストをオファーされたが、家庭の事情で赴任できない」と周囲の者に憚ることなく告げて去っていった。「家庭の事情」を言えば、誰しもが親の介護、配偶者のキャリア、子供の教育といった問題を抱えている。そうした中で何とかやりくりして厳しい任地にも進んで赴任するのが外交官の使命感だったはずだ。

私事で恐縮だが、豪州赴任に臨み、九十代の年老いた両親と家内の八十代の両親のいずれも、それぞれの実家に残したまま赴任できるような健康状態にはなかった。明らかに気が進まない老親を説得して介護ホームに預けて赴任したのは、今も苦い思い出だ。「何があってもよいように」との気持ちからだったが、赴任前には義父が亡くなり、もはや親の死に目には会えないだろうと悟ると、身が引き裂かれる思いがした。赴任する私たち夫婦を目を潤ませながら見送ってくれ、帰朝するまで長生きして待ってくれていた両親と義母。下げる頭がない。そして、父親、義母の二人とも、私たちの豪州からの帰国を待ちわびていたかのように、帰国後ほどなく相次いで他界した。

そして、多くの外交官の家庭で同様の旅立ちと離別が繰り返されてきたかと思うと、胸が重くなる。

かたや、四十年の長きにわたって外交当局に籍を置きながらも、理由は何であれ、人事への影響力を行使して在外勤務を敬遠し続け、一度も大使を務めずに退官していく者たちがいる。これが今の外務省幹部の在外勤務に対する姿勢を示すものだとすれば、これほど危機的なことはないだろう。

## 認証官軽視の人事政策

公務員の世界にあって、天皇陛下の認証をいただいて赴任するポストは限られている。検察であれば、高検検事長以上である。各省庁の事務次官は認証官ではない。ところが、外務省では在外の大使はすべて認証官である。

だから偉いというような話ではない。問題は、外務省は折角多くの認証官を抱えながらも、十分に活用できておらず、却って機能を損なってしまっているのではないかという点である。

具体的には、あまたに及ぶ認証官たる大使をマイクロマネージする（細かく管理する）ことなど、可能でもないし、適切でもない。地域課長でさえ、所管しているすべての国を任期中に訪問することなど到底困難との実態がある。そうであれば、公館長の識見と裁量に委ね、適時適切に支援を提供し、のびのびと積極的な外交活動に従事できるような環境作りに努めるべきだろう。しかし、実態はそうなっていない。

前述したように、「本省は何を言っても聞いてくれない」、「自分たちのことなど関心がない」といった認識が、特に小規模公館の間で顕著になっている傾向を見るにつけ、心配が尽きない。

こうした本省と在外との乖離、より直截に言えば、「在外軽視」が横行しているのは、人事政策の影響が大きい。

見識と心ある外務省ＯＢからは、「十年前、二十年前に比べて次官、官房長に昇任するような人物に公館長（大使、総領事）経験者が極めて少なくなっている」として憂慮の声が上がっている。公館長経験なくして、在外の苦労、やり甲斐など、説得力を持って語れないからである。

また、次官を務めた後に大使をやらない例も増えてきている。民主党政権下の河相周夫《ちかお》次官に始まり、以降五人に及んだ元次官のうち、次官ポストの後に大使を務めたのは杉山晋輔のみにとどまる（河相周夫は宮内庁式部官長を経て侍従長。斎木昭隆は三菱商事顧問から社外取締役。秋葉剛男は国家安全保障局長。森健良は三菱商事顧問に内定したと周囲に吹聴している）。在外公館こそが外交の主戦場であるとの問題意識に戻れば異様である。ここまで大使ポストが軽んじられているのは、主要国の外交当局にあって日本ぐらいではなかろうか。

これでは、大手商社の高給に惹かれて離職する若手を引き止めようとしたところで、何ら説得力を持たない状態である。

## 「内交官」の横行

大使ポストだけではない。四十年前後にわたる外務省生活を送りながらも、在外公館勤務を一度か二度しかやらない幹部まで出てきているのが昨今の外務省だ。

私の二期上にはその手合いが散見される。例えば、研修所長で退官した斎木尚子など、四十年近い外務省生活の中で僅かジュネーブ一回しか在外公館勤務をしなかったことで知られている。こうなると、外務官僚ではあっても外交官ではなくなる。

外務省、首相官邸双方の事情に詳しい卓見の有識者がかつてこう吐露したことがある。

「外交官の少なからずは『外交』をせずに内向的に『内交』ばかりしている。在外研修明けにピークを打った語学力は、どんどん錆びついていく。皮肉にも、霞が関、永田町とその周辺二キロメートル以内の内交に長けている人ばかりが出世して、在外には『飛ばされる』人しか行かない」

まさに今の外務省の実態、そして外務官僚の生態をズバリと衝いた金言ではないだろうか。

歴史を振り返れば、大東亜戦争の惨憺たる敗戦を受け戦後長らく指摘されてきたのは、旧帝国陸海軍の、現場を知らない頭でっかちの参謀たちの失敗の数々だった。同じような轍を踏まないよう、細心の注意をする必要がある。
進行中の劣化は、ここまで来ているのだ。

# 第八章　規律の弛緩・士気の低下



## ゴルフやワイン三昧の大使

第一部で論じたように、中国やロシアを巡り日本外交が直面する大きな政策課題への対応を検討するに当たって判断、対応を誤ることは、プロ集団として重大な失態だ。だが、そもそもそれ以前の問題として、規律が弛緩し、士気が低下しているのであれば、遥かに深刻で根が深い。今の外務省の本当の危機はそこにあると見ている。

二〇二一年四月、コロナ禍の真っ最中にもかかわらずバンコクの歓楽街に出向きコロナに罹患して自己隔離を余儀なくされ、厳しく指弾されたのが駐タイ大使の梨田和也だった。かつて官房総務課長を務め、組織全体の綱紀を引き締める立場にあっただけに、その脇の甘さと緊張感の欠落は周囲を驚愕させた。

だが、問題は梨田だけに限られない。そこに病状と闇の深さがある。

駐豪大使としてキャンベラに着任してまず気づいたことは、これ以上はない規律の弛緩だった。

南半球の陽光が燦々と降り注ぐ土地柄、さらには一九九〇年代後半に駐豪大使を務めた佐藤行雄大使を最後にして、それ以降は基本的にキャンベラは「上がりポスト」になったせいか、ゴルフやワイン三昧に明け暮れた先輩大使の話を大使館の現地スタッフや在留邦人の方々から繰り返し聞かされることになった。

のみならず、豪州在勤中、ケアンズの出張駐在官事務所の男性幹部が部下の女性職員にセクハラを働いた咎で懲戒免職となる、誠に恥ずべき事態まで生じてしまった。この問題の実相を間近で観察していた在留邦人社会の幹部からは、「ケアンズ事務所の男女双方の振る舞いによって日本人社会の風紀が乱れてしまう」との強い苦情まで寄せられるに至った。

より重大な問題は、こうした「劣化」が足元で進行しているにもかかわらず、外務本省にあっては、「セクハラに気をつけましょう、パワハラに気をつけましょう」という型どおりのお題目を繰り返して諒としていることである。

言い換えれば、目の前の事案への対処に汲々としているだけで、諸問題の根源にある組織全体の規律の弛緩や士気の低下に対する有効な対処策を打ち出せていないのである。

## 警察組織との大きな落差

二〇〇四年から条約課長を三年間務めた後、前述したように二〇〇七年に警察庁に出向し、茨城県警で二年間警務部長ポストを務めた。警務部長とは、人事、会計、広報、留置管理といった部門を所管するとともに、本部長に次ぐ県警のナンバー2として警察行政の諸事万端についても目配りを要するポジションである。

水戸に赴任する前、警察本庁で総務課長から心構えについて訓示を受けた際、背筋がピンと伸びるようなくだりがあった。いざ事件が起きた時にただちに県警本部に駆け付けられるよう、在任中はゴルフ、山登り、海釣りの三つはご法度《はっと》であるというのだ。

実際、警察業務の性格上、深夜であれ週末であれ、いったんことあれば報告、連絡、相談の「報連相」を受けることは当然として、本部に駆け付ける、本部長や警察本庁の指示を仰ぐ、又は部下に指示を下さなければならないことは常だった。在任中に茨城県を離れることについては、本庁や関東管区での会議を除けば、よほどの事情がない限り憚られる雰囲気があった。それだけに、任期を終えて利根川を越え、茨城を後にして千葉に入った途端、たとえようもない安堵と解放感に包まれた。つい昨日のことのように覚えている。

ところが、外務省はどうか。

第一部第五章でアフガニスタン撤退に関連して記したとおり、ことが起きた時に、大使が休暇中であった、或いは一時帰国中であったという「間の悪さ」は枚挙にいとまがない。外交と治安では事務の性格が違うとは言え、警察とは緊張感が全く違うのだ。

世界を揺るがすような大きな事件が発生した際に現地の日本大使が不在にしていることへの批判が、特に警察出身者から多く寄せられる背景には、上記のような落差があるからだ。

## 次官メールの愚

そんな大甘な外務省の勤務環境の中、二〇二二年末に驚くべきメールが全世界を駆け巡った。件名は「【事務次官より省員の皆様へ】外交実施体制の強化、業務合理化、働き方改革」、差出人は次官の森健良だった。

そもそも次官がすべての省員に宛ててメールを出すというのは、外務省では前代未聞のことだった。その手段の選択もさることながら、もっと大きな驚きを呼んだのはそのメールに記された内容だった。メールに書かれた「今やらねば、この組織は再生できない所まで劣化してしまうことを恐れる」という現状認識に多くの省員は異論がないとしても、メールに提示された解決方法はおよそ理解不能だった。

森は、こう書いた。

「外交の要諦は『人』。職員一人一人を大事にする外務省にしたい」

まるで介護施設のセールス文句のような掛け声をかけた上で、こう続けた。

「これまでの外務省の組織文化においては、多くの場合に、『外交政策』や『事業』が『人』に優先されてきた。私が若い頃、『ODA増額』か『足腰強化』かという議論があり、当時の次官室で『足腰はしばらく我慢しよう』と言う結論が出るのを見て衝撃を受けた」

「自分は職員の福利厚生を第一に考えています」という阿《おもね》りだった。

のみならず、任期末が近付きつつあったこの次官は、自らのなした具体的成果として次のように誇示した。

「そもそも公務である出張に法律の基準を下回るクラスでは行かせない、予算が年度途中で足りなくなったら出張も行かせない、という覚悟で取り組んできた。その結果、航空便の搭乗クラスの件はすでに大幅に改善していると承知している」

開いた口が塞がらないとはこのことだった。

一定の等級以上の者は長距離フライトになればビジネスクラスに乗る資格を有するとの制度に依拠して、「ビジネスクラスに乗れずにエコノミークラスに乗るくらいなら出張に行かなくて良い」と次官自らが大号令を発したと得々と語ったのだ。

事務当局の最高幹部である次官がここまで部下や若手に阿った例を私は寡聞にして知らない。しかも列挙した成果は、飛行機の搭乗クラスの他に、超過勤務手当等の諸手当を充実させていますといった次元の話だった。およそ外務省の外にこのメールの内容が出た場合に、一般社会の共感を得られるとは到底思えなかった。

## 問題提起にも無反応

重ねて言う。外務次官の省員全員に対する呼びかけなのだ。ここまで内向きな姿勢に堕してしまったのかと情けなく思ったのは私だけではなかったようだ。このメールを読んだ何人もの世界中の同僚が大きな違和感を覚えたと私に伝えてきた。また、次官メールは省員の意見を求めていた。

そこで、キャンベラから意見具申をすることとした。

出張については、「『行くな』というよりも、『なんとかして行かせる』本省であってほしい」としつつ、「本当に重要で必要な出張であるなら、エコノミークラスであっても駆け付ける、それが国家の外交を司る外務省員に期待されている『ノブレス・オブリージュ』ではなかろうか？陸奥（宗光）、小村（寿太郎）以来の外務省員の使命感を想起すべき時である。また、そうした対応こそが国民や納税者の外務省に対する期待に応える道であると信じている」と論じた。

そして、そもそもこのような次元の話は「事務的な話であり、本来は官房長や担当課長のレベルの通知で足りる話である。外交課題が山積している今、事務方の長である次官には、直面する大きな政策課題について自らの見解を開陳し、沈滞しがちな省員に対して大きなモチベーションを与えて組織を束ねることが期待されているのではなかろうか」と問題提起した。

また、「ウクライナ情勢、台湾情勢を踏まえ、冷戦後の曖昧な状況が終わったこと、安保3文書に見られるとおり、今こそ日本の大きな出番であること、特に、戦後長らく日本外交を拘束してきた歴史問題の呪縛が漸く解かれつつあることなどを指摘し、今の時代に外交当局に身を置くことのやり甲斐と幸せを各員に染み渡らせるような講話こそ、年末にしていただきたかった」と論じた。

私の次官に対する意見具申は全在外公館長に供覧されていたため、これまで面識がなかった人も含め、在外の何人もの同僚から、賛同し激励してくれるメッセージが寄せられた。

だが、肝心の次官や本省からの反応は皆無だった。

今になって振り返ってみれば、逆鱗に触れたのは明らかだった。

だが、組織の将来、さらには日本外交の在り方に関わる問題であっただけに、個人的感情はともかくとして、議論にさえ応じずに黙殺した狭量な対応は甚だ残念だった。

## 「下からの評価」の弊害

事務当局の最高責任者がここまでの対応に出た一因は、若手や部下の評価を気にしているからである。まさに、近年の外務省を組織として弱くしてきたのが、この「下からの評価」という制度の導入なのである。

二〇〇一年に発覚したいわゆる「松尾事件」（要人外国訪問支援室長だった松尾克俊による外交機密費流用事件）への反省を受けて実施された外務省改革の一環として導入されたのがこの制度だった。三百六十度の人事評価の重要性が強調されている時代の流れの一環ともいえるかもしれない。とりわけ外務省では、あまたある在外の公館長が「お山の大将」になってしまい、パワハラ・セクハラ、公金の流用等の不祥事が起きてきた経緯もある。こうした問題の再発を予防しようとした制度導入の動機自体は、理解できないものではない。

肝心なのは、その制度設計と運用の仕方だ。

ちなみに、外務省にあっては、上司による勤務評定は記名制で、部下の希望次第でいかなる評価を付したか情報の開示を求められ、本人に面談して告げなければならない。

これに対して、部下が上司のパフォーマンスを評価する「下からの評価」は匿名制であり、評価された上司本人には部下全員が下した評価の平均点が伝えられるだけにとどまり、誰が何を理由に自分を高く、或いは低く評価しているかは知る由もないこととなる。そうした上司が部下から受ける評価が、五点満点で三点未満だと人事当局から「指導」を受けることとなり、事後の昇進・異動に影響を与えかねない。

こうした制度導入の成果は、むろんある。かつて散見された「カリギュラ」の如き専制君主的上司が絶滅の危機に瀕していることは間違いない。同時に、その反動として外務省で起きている深刻かつ重大な現象は、良い意味での仕事に「厳しい」上司が激減し、部下を指導しようとしない、さらには部下と極力関わらないようにする上司が増えてしまったことである。

換言すれば、苦労して部下を鍛えようとした結果、疎まれ恨まれて低い評価を付けられ、自分の昇進に悪影響が出るのであれば、誰が部下を指導する気になるか、という上司が増えたわけである。

極めて異様な現象が起きている。希望者への情報開示を求められる記名制の勤務評定では、上司は部下の心情や、やる気に配慮して「優秀」との高い評価（人事評価の「上振れ」）を濫発し、その一方で「下からの評価」は匿名性のベールをかぶったまま、蜂の一刺し以上の効果を持っている。これでは精強な組織運営など、できるわけがない。切磋琢磨するプロ集団とは程遠い、耳触りの良いことを言って馴れ合い慰め合う仲良しサークルに堕していくことは必至である。それが今の外務省だ。劣化に歯止めがかかるわけがないのだ。

ちなみに、「上からの評価」（勤務評定）については、私は上司と面談する際に自分の評価を聞くことは敢えて希望しなかった。上司の勤務評定をやりづらくしたくなかったし、仮に自分の期待値どおりの評価が得られていない場合の失望に直面したくなかったからでもある。「下からの評価」については、どのポストにあっても、総じて省内幹部の平均点以上だったが、唯一、弛緩し切っていたオーストラリアの大使館時代だけは、後述するように話が違った。

この関連で、経済局長時代に部下の課長たちの上下からの評価を見ていて、興味深い傾向に着目した。局長の私から見てよく頑張ってくれている課長たちの下からの評価が意外なほど低い一方、パフォーマンスがいまいちな課の課長たちの評価が時として異様なまでに高かったことだ。気をつけないと外務省が切磋琢磨を重ねる匠の集団でなくなり、「お花畑のピクニック」に興じて質の低い成果しか出せない集団になりかねないことを端的に示していたように受け止めている。

## 諫言と讒言

「下からの評価」を役立てられるかは使いようだろう。

要は、人事権者、人事当局による使い方次第なのである。厳しい指導とパワハラは別物であり、「諫言《かんげん》と讒言《ざんげん》を見分ける」眼力が求められるのである。

諫言と讒言を見分けるとは、外務省の初代監察査察官であった北田幹直《みきなお》氏（後の大阪高検検事長）の名言だ。その下で監察査察室長を務めた私が、色々な在外公館の査察業務を行う中で、実際の数々の事例を通じてその重要性を痛感した教えでもあった。

実際、讒言に依拠して人事を断行するような場合には、人事権の不当な行使であるのみならず、大切な人材を殺し、組織の活力を危殆に瀕させることとなる。国家や世間が外務省や在外公館に期待している仕事をできるようにしたいとの一心で、甘えと妥協を戒めている上司が、「厳しい」とだけレッテル貼りされて排斥されていく場合、そして仕事をする人間が非難され、仕事をせずにいる人間の声が重用されていく場合、外務省の劣化は底無し沼となろう。

一例を挙げよう。

私が着任した時のキャンベラの大使館は、前記のとおり、目を覆うばかりの弛緩振り、パフォーマンスの低さだった。

前任の大使は、豪州ワインを楽しみ、公邸に憩う鳥と親しむ生活を満喫している有様を自らフェイスブックで公開、自慢し、日本の月刊誌に叩かれていた。現地職員や在留邦人の間では、当該大使は週に四日はゴルフをし、執務室でプレイ・ステーションに勤しんでいたことまで話題になっていた。

次席公使に至っては、毎日執務室で足を組んで新聞を読むだけで、滅多に外に出て行かない。ましてや一等地の広い官舎に住みながらも自宅設宴など決してやらないことを周囲は知っていた。

このような状態では、政治家や納税者から見れば「税金泥棒」と非難されても仕方ないだろう。そういう訓示を館内会議でしたら、一部から「パワハラ」と指弾された。あたかも、豪州での生活を満喫しに来たのに、仕事をせよと指示されるのは迷惑千万と言わんばかりだった。

のみならず、当時の次官からは、「大使がそのような訓示をすると館員の反発を買い館内融和を損なうので、館内会議に出るな」とまで指図される始末。これでは、部下の指導など、とても覚束なくなる。

その昔、「ベンチがアホやから野球でけへん」と喝破した阪神タイガースのエース投手がいた。こんな状態だと、「本省がアホやから外交でけへん」と在外の仕事熱心な大使連中から言われてしまうのではないだろうか。

上昇志向にとらわれて本省勤務に固執し、部下の懐柔に明け暮れる外務官僚。

生き馬の目を抜く外交最前線で匠の仕事を追求する在外の外交官。

両者の間には、埋めがたい懸隔が生じている。

## リーダーシップの欠如

若手や後輩に阿ることとは別に、果たして幹部が使命感ややり甲斐を示せているのかが、もうひとつの大きな問題として横たわっている。残念ながら、この点に関しては、近年の次官はことごとく成功してこなかったと言って差し支えないと思う。

外務省の先輩方と話していて意見の一致を見る大きなトレンドがある。

最近五代の次官（河相、斎木、杉山、秋葉、森）をそれ以前の五代の次官（野上義二、竹内行夫、谷内正太郎、薮中三十二《みとじ》、佐々江賢一郎）と比べて見た場合、明らかに小粒で軽量化しているという指摘だ。この点は、長年にわたり日本外交を観察してきた政治記者などの事情通も指摘するところである。

具体的な差異として指摘されていることを幾つか記しておこう。

第一には、むろん個人差が大きくあるにせよ、かつては事務処理能力は当然として、部下を鍛えようとする意欲や組織全体を率いるリーダーシップを兼ね備えた人物が多かった。ニュート・ギングリッチ元米国下院議長をして「『七人の侍』(黒澤明監督の映画)の一人のようだ」と言わしめたほどのオーラを放っていた野上義二元次官は、その筆頭だろう。また、「千本ノック」や「瞬間湯沸かし器」といった有り難くない形容を受けながら、部下に対する指導に特段の意を用いて後進を育ててきた次官も多かった。

それと比較すると、最近の次官について言えば、部下を育てる意欲やリーダーシップは、まずうかがわれない。それだけでなく、事務処理能力にも疑問符が付けられてきた人間まで散見される。その中には、かつて仕えた上司から、「とても局長は務まらないだろう」と評されてきた人物もいるような状況だ。

第二に、かつては、歴史観、国家観、外交観や政治的立ち位置がうかがえるのが大半だった。「センターライト」(中道右)や保守派を自認する人物がいるかと思えば、宏池会寄りやリベラル気質を前面に出す人物もいた。

しかるに、最近の五次官は、そうした点で中道右か中道左かさえ、およそ不鮮明になった。一時は自民党の経世会や宏池会のリベラルな政治家に極めて近かったかと思えば、清和会の保守色の強い首相が登場すると率先垂範して忠勤に励むなど、むしろ誰にでも合わせられるタイプが大半と言えよう。時の政権への忠義心を前面にアピールし、言葉は悪いが尻尾を振るケースが目立ってきている。

第三に、政と官との関係の劇的な変化だ。かつては、仕える首相から、「君たちは俺のことを馬鹿にしているんだろう」と面と向かって言われた次官もいたと聞く。政が官をコントロールしきれていない一種の緊張関係、官側の自負や矜持をうかがわせる逸話でもある。最近の首相と次官との間柄では、まずあり得ないやりとりだろう。

## 大量離職への右往左往

こうなると、組織の中で何が変わるのか?

事務方トップである次官の威厳や威信など、今は昔ということだ。

後輩や若手が次官をロール・モデルとして見上げることなど、もはや期待できないこととなる。上昇志向の強い若手は、最近の次官が辿ってきた軌跡をなぞり、自分を引き立ててくれる政治家を二、三人見出しておこうとする。そんな状態では、組織全体のモラルが維持されるわけもない。城山三郎が描いた『官僚たちの夏』（新潮文庫）の姿は遥か遠くに去ってしまったのだ。

ちなみに、いつの頃からか外務省若手の間では、首相を「会長」と呼び、大臣を「社長」と呼ぶ隠語が定着している。次官こそが社長だと思っていた私の世代にはショッキングな表現だ。だが、それこそが政と官との移りゆく関係、その中での官僚の地位の低下とモラルの沈滞を如実に示していると言えよう。

前記の次官メールのように本省幹部が部下の歓心を買うことに躍起となっている背景には、離職者の急増がある。かつては、湾岸危機などの大きな外交問題が生じ、残業が驚異的に増えて勤務環境が悪化した時、又は世論の外務省批判が高まった時に離職者が増える傾向があった。しかし、今は恒常的にかつ絶え間なく若手が辞めていく。

部外者からは、しばしば国会対応の多忙さが問題として挙げられる。問題の大きな一部であることは間違いないものの、中にいた人間に言わせると、それだけがすべてではない。責任あるポストに就いて政策に影響力を行使できるようになるまで、十〜二十年かけて地道に鍛錬を重ねることに我慢できない若手が増えている。また、上司や先輩の有様を見て、仕事にやり甲斐や将来性を感じられない省員が増えている。これらが相まって離職につながっているように思える。

こうした傾向は、二〇〇一年に外交官試験が廃止されて国家公務員試験に統合されてから入省してきた若手の間で加速されてきたことは間違いない。「外交をやりたくて入ってきたんじゃないのか」と翻意を促された若手の何人もが、「別に外務省じゃなくても良かったんです」と応じるのが典型だ。かつてと比べ、外交に対する関心と思い入れが薄まっているとも言えよう。

だからといって、彼らを腫れ物に触れるように扱ったり、指導・教育さえしないということではないはずだ。ところが、今の外務省ではそのあたりが柔で脆弱になってしまっている。私が出向して経験した警察組織との組織文化や対応の大きな差異でもある。

職種は異なるが、ある理髪店の店長によれば、見習いで来る若手理髪師が店になかなか居つかないという。少しでも指導しようものなら、「モラハラ」、「パワハラ」、「ブラック」などと口にして去っていく人間が相次いでいるそうだ。この店長は、「ゆとり教育」を受けた世代あたりから変わってきたと観察している。ことは外務省のみならず日本社会全体に関わる話でもあるのだろう。

## 現職次官との一対一の議論

二〇二三年九月、森の後任の次官に就任した三年後輩の岡野と次官室で一対一で議論した時だった。私からは、在外をはじめとする省内の規律の弛緩の深刻さを訴え、組織全体として「締める」こと、特に上司が部下を指導し教育していくことの重要性を指摘した。でも、この点は森ばかりでなく岡野にも全く響かなかった。

「山上さん、今年になってキャリアがもう九人も辞めていったんです。時代は変わったんです。省員の気質も変わったんです。山上さんのようなやり方に賛同する省員はごく少数しかいないんですよ」

在外の公館長や本省幹部が自ら率先して八面六臂の活躍をし、そうした活躍を通じてひとつのベンチマークを設定していく、そして後輩や若手にやり甲斐を示し、目指すべき目標や指針を与えていく、という発想はそこには全くなかった。前任者と同じく小心翼々とし、仲良しサークルの幹事を務めて若手の機嫌を取ることに甘んじているかの如くだった。

外務省の将来を憂い、暗澹たる気持ちで次官室を後にした。

「時代は変わったかもしれない。省員の気質も変わったかもしれない。しかし、外交の本質、外交官に求められる資質と研鑽は、時代を越えても変わらない」

これが四十年間の外交官生活で得た私の信念だった。

この信念を、声を大にして伝え続けていかなければならないとの決意を新たにした。

# 第九章　無責任体質

## 公電文化の弊害

外務省に在職して最後まで違和感を覚えていたことのひとつが、ことがうまく進まなかった時の責任の取り方である。

国境や時代を越えても変わらない外交当局の在り方として、仕事・人員が本省と在外公館とで二分化され、コミュニケーションの基本的手段は外交公電という実態がある。ことがうまく進んでいる時は良いのだが、往々にして緊張度が高まると、在外にあっては本省からの訓令の存否や一言一句に執心し、本省にあっては在外の情報収集や訓令の執行の仕方について不満を漏らすのがしばしばだ。いずれの側も、相手側との認識ギャップや温度差を嘆く局面が絶えない。

換言すれば、「公電文化」の弊害でもある。外交公電がないと動かない、電報を打ってしまえば自分の手元を離れて責任が相手側に移るといった発想が往々にして看取される。事態の進行を脇に置いて何らアクションが取られることなく、本省と在外公館との間でまるでキャッチボールのように公電の往復が続くことも珍しくない。Eメールや電話等、他の手段によるコミュニケーションが格段に増えた現代にあっても、正式な指示、情報伝達の手段が外交公電であるという基本的構図は変わっていない。そうした組織文化の中に身を置いていると、独特の弊害に気がつく。

一九四一年十二月の真珠湾攻撃の際に露呈した開戦通告の遅れ――。

近現代の日本外交最大の失態とも評されてきた問題を巡る長年の外務省関係者の議論は、そうした弊害を反映した最たるものかもしれない。当時の本省関係者は、開戦通告を公電で伝えるに当たっては事前にパイロット電を打って注意喚起をしていたはずだとして、ワシントンの大使館側の危機感・切迫感の不足、規律の弛緩を大いに責めた。かたや、大使館側は本省とのコミュニケーションギャップ、情報不足、指示の遅れを嘆いた。

このような公電のキャッチボールならぬ責任転嫁のキャッチボールを見てきた国民は辟易したことと思う。

当時の在米大使館の勤務姿勢や当該訓令を処理する態勢に問題があったことは間違いない。同時に、本省関係者が公電を打って開戦通告は処理済みと考えていたのだとすれば、それこそが安易すぎたと言えよう。当時の野村吉三郎駐米大使のパフォーマンスは以前から問題視されていた。そうであれば、なぜ東郷茂徳外務大臣は本省に真夜中であってもグルー駐日米大使を呼びつけて宣戦布告をするという確実な手立てを講じなかったのだろうか？　歴史的にこれほど重要な通告はワシントンと東京の両方で同時にやって何らおかしくないのだ。実際、攻撃の翌朝、米国大使と英国大使は外務大臣に招致されていたのである。

こうした歴史の教訓こそ、謙虚に受け止め、日本外交の厳しい反省材料としなくてはならない。しかし、実際はどうか？

通信手段としての公電に過度に依拠するだけでなく、問題が生じた場合に、公電での指示の有無に拘泥し、責任の所在を曖昧にする、乃至責任を回避する、こうした組織文化は変わっていないように見受けられる。

## 経済局長時代の「敗訴」という痛恨

自分が経済局長を務めていた時代に経験した話である。苦く辛い経験だが、後世のために触れておくこととしたい。

二〇一九年四月のことだった。

東日本大震災の後、福島第一原発事故による放射能の影響を懸念した韓国政府は、被災地等からの水産物のみならず食品一般の輸入を全面的に禁止していた。これに対し、その範囲があまりにも大きいことを問題視し、第三国へ及ぼしかねない影響を強く懸念した日本政府は、韓国による輸入規制は科学的根拠に基づかないWTO協定違反の貿易制限措置であるとして、WTOでの紛争解決手続きに持ち込んでいた（いわゆるWTO提訴）。日韓二国間で協議を行ったところで、韓国側が全く取り付く島がなかったからだ。

一審に当たるパネル段階では、ほぼ日本の主張が認められ「勝訴」した。しかしながら、二審にあたる上級委員会では、日本、第三国関係者、さらには韓国側もの予想を裏切る結果に暗転した。パネルの判断は「法的分析が不十分である」として入り口論で退けられ、パネルの判断が維持されなくなってしまったのだ。結果として、いわば差し戻し状態となり、差し戻し審理が認められていないWTO紛争解決手続きの下では、韓国の措置の違法性を確認すべく提訴した日本が勝つことができなくなった。つまり、実質的には「敗訴」することとなってしまったのだ。その敗訴が発表された二〇一九年四月に外務省経済局長の任にあったのが、前年の夏からそのポストに就いていた私だった。

今も鮮明な記憶は、この時の外務省関係者の反応だった。

予想外の大逆転に、多くの人間が周章狼狽し、直接の当事者である私たちから距離を置こうとした。

上級委員会がジュネーブで下そうとしていた二審判断について事前の情報収集が全くできておらず兆候さえ摑めなかったジュネーブ代表部大使、そもそもWTOでは食品の安全性事案では規制導入国（本件では、韓国がそれに当たる）が有利に取り扱われてきた傾向があるにもかかわらず、それでも本件事案をWTOに持ち込むとの決断をした際の経済局長、上級委員会による判断の重要な基礎となった日本政府提出書面を作成した際の経済局長。いずれも「敗訴」は自分の問題ではないと言わんばかりの態度だった。

今でも忘れられないことがある。実は、敗訴が判明した翌日の早朝、河野太郎外務大臣室で対応を相談するための会議が急遽行われることとなった。しかしながら、当時一時帰国中であった伊原純一ジュネーブ代表部大使は、早朝の外務大臣室の会議への出席さえ、先約を理由として出席を拒んできたのだった。あくまでも自分は無関係と言いたかったのだろうか。

　上級委員会の報告書発表を受け、当時の外務省（むろん、外務省が単独で進めたわけではなく、水産庁、資源エネルギー庁との協働作業だった）における主管局長であった私は、正面から受け止めた。当事者である以上、当たり前だ。責任を回避する選択肢など、私にはなかったし、そんな役人に堕する気もなかった。むろん、首相官邸、自民党、マスコミなど各方面から集中砲火を浴び、何をやっていたのかと厳しく叩かれた。

　勝訴できなかったことは事実であり、冷徹な現実だ。被災地の漁民、食品製造・輸出業者の胸中、経済的苦境を考えれば、自分が叩かれることは経済局長としての職責であると言い聞かせた。

　後日、外務省では、部外の有識者の意見を聞きつつ、「敗訴」の原因分析が綿密に行われた。その一環として、南シナ海についての仲裁裁判でフィリピンを中国に勝たせる等、国際訴訟で数々の輝かしい業績を残してきた高名な米国人弁護士の意見も求められた。その際、同人は、日本政府、なかんずく外務省はやるべき訴訟準備を十分に行い、敗訴は同人にとっても全くの予想外であったとの分析を提示した。

　だが、時の官房長官は納得しなかったと聞かされた。その結果、夏の人事で予定され、既に次官から本人に対して内々に伝えられていた私の昇進は、取り消されることとなった。

　しかしながら、そんな個人の実現せずに終わった昇進よりも残念だったのは、本来本件に携わってきた当事者である先輩や前任者たちが、一斉に潮が引くように身をかわしたことだった。後任の当事者である私に対して声をかけてくれる関係者は誰もいなかった。優れて外務省的、外務官僚的な対応だった。

## 敗訴からの巻き返し

ただし、救いもあった。自民党執行部は、私を招致してことの顛末を聴取するや否や、その場で二階俊博幹事長（当時）の指示の下、「問題は日本政府の訴訟対応ではない。紛争解決能力を欠いた上級委員会こそが問題だ」とする自民党声明を真っ先に出すこととしたのだ。

さらに、上級委員会の予想外の判定に義憤を感じ、奮起した同僚と後輩（その中心で引っ張ってくれたのは、当時の横地晃経済局政策課長だった）が一丸となって、その後長きにわたり、韓国以外の国が導入した輸入規制措置の外交的働きかけによる撤廃に奔走してくれた。

具体的には、ＷＴＯの中途半端な判断が下った以上、これ以上司法的解決を追求しても仕方ないとあきらめ、その後は外交努力による関係国の説得しかないとギアを入れ替えたのだ。そして、農水省、厚生労働省と協力・連携の上、被災地からの食品の規制措置を維持している国々（多くは、東南アジア、中東諸国）の大使を順番に一人ずつ外務省経済局長室に招致し、浪花節を交えて規制撤廃の必要性を強く訴えかけることとした。

ＷＴＯ提訴によって韓国の措置はＷＴＯ協定違反というお墨付きを得て各国の措置撤廃につなげようというのが、日本政府の当初のもくろみだった。しかし、そうしたお墨付きがもはや得られない以上、訴訟以外の外交的手段で韓国以外の国を動かしていくしかないという発想に立ち、懸命に働きかけることとしたのだ。この過程では、首相、外務大臣、現地大使による働きかけが大きく功を奏した。

来る日も来る日も重層的に繰り返し説得を重ねた結果、お蔭様で幾つもの国が徐々に規制を撤廃していってくれた。震災後十三年以上も経た今なお、韓国、中国等、日本の近隣諸国が規制を維持していることは、誠に遺憾の極みだ。同時に、外交努力をともに重ねてくれた同僚、後輩の身を挺した努力を思い出すにつけ、熱いものがこみ上げてくる。

## 幹部会の議事録は自画自賛ばかり

無責任体質と並んで気になる外務省の体質が、自画自賛する風潮の蔓延だ。

原則として毎週、次官その他の事務方幹部が揃って本省で実施される外務省幹部会の模様は、議事録となってすべての在外公館に送付される。世界各地に散らばった在外の大使や総領事にとっては、本省幹部の関心の所在、大型外交行事の模様やその背景にある関係者の意図や苦労を知る恰好の情報源だ。

ところが、駐豪大使時代、ある時期から幹部会議事録を真剣に読むことを止めた。既に公開情報や配付資料等で知らされていること以上の付加価値が殆ど無いのが一因だった。だが、より顕著だったのは、例えば、大きな国際会議や首相・外相の外国出張についての関係局長からの報告を読むにつけ、かつての大本営発表的な自画自賛が鼻につき、反省点、今後に向けた改善点の指摘が殆どない点だった。

「多忙を極めたにもかかわらず、良くできました」

「人員が少ない中で、何とか乗り切りました」

「関係公館には大変お世話になり、この場を借りて御礼申し上げます」

式の報告のオンパレードだ。

それに対して報告を受けた次官などは、

「お疲れ様でした」（部下に言うべき「ご苦労様」ではない）

「よくやっていただいた」

などと、へつらい阿る言辞に終始する。

如何なる会議、外国訪問を行うにせよ、うまくいった点とうまくいかなかった点の双方がある。それを率直に自省し、開陳、共有してこそ、次の行事に臨む際の教訓となるはずだ。そうしたプロセスを重ねてこそ、組織の士気と練度は上がっていくものだ。

ところが、今の外務省にはそうしたプロフェッショナリズムと仕事への厳しさが決定的に欠けている。「難局を何とか乗り切り、疲れ果てている仲間に厳しい注文をつけるべきでない」という空気が漲っている。これでは、「仲良しサークル」と揶揄されても致し方あるまい。ねぎらいと叱咤激励は両立するはずなのだ。

ことは、一外務省にとどまらない日本の組織全体、日本人の心の持ちようの問題なのかもしれない。失敗した時の猛省と将来に向けた戦略・戦術の見直し。これこそが、外務省のこれ以上の劣化を食い止める方途であると信じてやまない。

# 第十章　いびつな人事

## 秘書官経験者の優遇

外務省の劣化を論じる際に人事が大きく作用していることはこれまでも随所で触れてきた。

そうした最近の外務省においてひときわ顕著になっているのが、秘書官人事の重視と秘書官経験者の優遇である。

省内にあっては大臣、副大臣二名、政務官三名の秘書官がいる。官邸に行けば、首相、官房長官、三名の官房副長官に外務省から秘書官がつく。これらは、いずれもキャリアの秘書官だ。さらにはその担務によっては、首相補佐官にも外務省出身の秘書官が付くこともある。

「政治主導」の掛け声の下、秘書官ポストはその数のみならず、仕事の内容でも重みを増してきた感がある。秘書官業務が重要なことに異論を唱える者はいないだろう。

外交においては、首相、大臣といった高いレベルで重要な意思疎通、交渉、決定が行われることを踏まえれば、そうした首脳外交を支える黒子としての秘書官は、仕える首相や大臣を支えるだけでなく、外交全般を円滑に進めるためにも極めて重要な役割を負っている。

問題は、そうした秘書官ポストが増え、重要性も増すにつれ、過去に秘書官を務めた経験者が、仕えた政治家の「応援」のお蔭もあって良いポストに就きやすい傾向が如実に出てきていることだ。換言すれば、そのような人事の傾向を通じて、組織全体にわたって秘書官に求められる資質が過度に重視され、良き外交官に求められる資質が軽視されかねないという問題でもある。

良き秘書官に求められる資質とは、いわゆる「報連相」がしっかりしており、フットワークが軽いことだろう。秘書官自身は決して前面に出たり、ましてやボスのお株を奪うような所作は許されない。裏で支え続ける忍耐と献身が必須だ。また、政治家と役所組織の接点になるため、ボスとなる政治家にきちんと仕えると同時に、しばしば組織の視点や立場を臆さずにかつ巧妙にインプットする胆力と能力も必要となる。同時に、ボスの「虎の威」を借りて、組織を混乱させる指示を出しまくるようなタイプであってもいけない。

これらの資質は、良き外交官に必要な資質、条件でもあるが、十分条件ではない。特に在外公館長となる時には、現地には仕えるボスなどいない。本省には訓令を発する上司としての外務大臣がいるが、在外にあって大使は一国一城の主。日々発生する種々の問題に対して、基本的には対応を自ら考え、決めて、実施することが求められる。

同時に、任国にとっての「日本の顔」である。もはや、ボスを支える黒子ではない。自ら人と会い、メディア・インタビューを受け、講演をし、発信をしなくてはならない。

だからこそ、「良き秘書官」であった者が「良き幹部」、ましてや「良き大使」になれるかは、全く別問題である。たとえて言えば、外務省に必要なのは森蘭丸や石田三成型ばかりではない。徳川家康、柴田勝家、加藤清正型もいて良いだろう。そうした種々のタイプが切磋琢磨してこそ、精強な外交が実施できるはずだ。組織としてのいっそうの配意と各人の意識的な研鑽が必要なゆえんである。

## 次官が後任を自分で決められない

秘書官は負荷の高いポストだ。滅私奉公が求められることもしばしばである。役所の同僚には決して打ち明けられない苦労をすることもあるだろう。

であるから、秘書官経験者をきちんと処遇することが組織として大事なのは理解できる。

しかるに、昨今の人事を見ていると、秘書官経験者が、その職務についてあまり知見や経験を有していない重要ポストに抜擢されるケースが増えている。この背景には、当該人物を秘書官として擁した政治家の後押しがあるとされることもあれば、そうした政治家の意向や「受け」を忖度した事務方の配慮があるとされることもある。

ちなみに、私の同期では、二十五人中「局長」と名のつくポストに昇進したのは六名だった。そのうち、四名は首相秘書官、官房長官秘書官、外務大臣秘書官、又は外務副大臣秘書官いずれかの経験者だった。こんな有様を見て、私と同じく秘書官業務を経ずに局長に昇進していた同期がこう述懐したことがある。

「山上さんと私には守ってくれる政治家がいないですね」

政治音痴の私はそういう見方もあるものかと当時は訝しく思ったが、そうした発言が省内の受け止め方を代弁していたことは間違いない。

こうした人事は、「政治主導」の名の下、二〇一四年に設置された内閣人事局が霞が関の省庁全体の幹部人事を統括するようになってからいっそう顕著になった印象がある。端的に言えば、外務省は幹部人事を自分の役所だけでは決められないということである。

霞が関の主要省庁の中にあって、長らく外務省は、事務次官が後任を自分で決められない役所と見なされてきた。外交が首脳と直結し、首相が行う首脳外交を支える役割が事務次官以下の外務省事務方に益々期待されるようになるにつれ、時の政権や首相の意に沿わない人物は昇進の道が絶たれる宿命にある。

現役時代、佐々江、河相、斎木、杉山という、近年の次官の交代式に省員の一人として列席して気づいたことがある。いずれの交代式においても、前任が後任を信頼できる男と持ち上げ、後任が前任の業績に敬意を表するという、普通の組織であれば当然に行われる「リップ・サービス」が行われなかったのだ。民間企業では、よく社長の最大の仕事は次の社長を選ぶことと言われる。しかしながら、外務省では事務次官といえども、自分の後任を選べないのである。外務次官人事が官邸主導で、去りゆく次官の意に沿わない人物が就任してしまうからこそ、交代式が上記の次第となるように感じた。

最近では、次官であった森が、自衛官ＯＢの大使任用など、前任者の秋葉が導入してきたイニシアティブの踏襲に消極的な一方で、前任の次官たちに対する批判から組織改革に熱心に乗り出したことを自ら喧伝していた。また、後任の岡野の就任に極めて批判的であったと省内外で受け止められている。

## 秘書官的次官

次官になる人間の器の変化については先述した。

小粒で軽量級になってきたトレンドに加えて、明確な特徴は、ほぼ全員が秘書官経験者だということだ。最近の歴代次官では、斎木が首相秘書官、河相、斎木、森が外務大臣秘書官、杉山、秋葉が次官秘書官経験者だ。

さらに言えば、次官自らが、外務省事務方のトップとして組織を束ねるというよりも、むしろ総理大臣、官房長官、外務大臣と外務省とのつなぎ役と化し、それに徹している感がある。

そうなると、役所の理屈や事情を前面に押し立てて政治に物申すことなど期待できないし、そうする気など持ち合わせていないことになる。そんな例が身の周りでも起こった。

二〇二〇年五月二十五日のことだった。外務事務次官室の大きな会議机に次官の秋葉剛男と私の二人だけが向かい合って座っていた。

次官は、呼び出しに応じて出頭した私を前に、テーブルに頭を擦り付けんばかりに深々と下げて、こう言った。

「山上君、君の人事だけど。申し訳ない、在外に行ってくれ。これから先は、大使二回だ」

「君を外審（注：外務審議官）にして次官を退こうと思っていたんだけど……、できなかった。

申し訳ない」

「(安倍)総理は秘書官のSを外審にしたいんだ。総理を恨まないでくれ。総理は君のことを評価している」

Sは局長や審議官どころか、「課長」と名のつくポストに就いた経験もなかった。八年近く首相秘書官を務めたことをもって事務次官に次ぐポストである外務審議官に就任するわけであった。

外務省では、夏の人事異動で在外に転出する者への内示は、ゴールデンウィーク前後に行われることが多い。経済局長としての任期も二年近くとなり、夏には異動があるかもしれないと薄々覚悟はしていた。

しかしながら、事務方の最高責任者から内示に加えて言い訳めいた釈明を聞かされ、世も末と思った。

「役人の人事は三十五年余の積み重ねで決まるべきものと思っていました。でも、そういう次元で決まるなら、何をかいわんや、です。喜んで在外に行きます」

とのみ、応じた。

そんな私に、次官は続けた。

「もちろん、能力は間違いなく君が上だ。総理と話し、『本来外審になるべき人なら』ということで、オーストラリアに行ってもらうことにした」

これに対して、組織人としての規範、個人として守るべき矜持が、私にこう言わせた。

「オーストラリアで歴代最高の日本大使と言われるよう、頑張ってきます」

## 政治家へのすり寄り

東郷和彦元オランダ大使は、大東亜戦争開戦・敗戦時の外相を祖父に、駐米大使を父に持つサラブレッドの三世外交官だった。条約局長、欧亜局長、オランダ大使等の要職を務めた。そうしたメインストリートを歩んだ人物が、二〇〇二年に厳重訓戒処分を受けて外務省を去っていった。国会審議で当時の川口順子外務大臣から説明された理由は、

「鈴木（宗男）議員や特定の外務省職員の役割を過度に重視をしたため、省内のロシア関係専門家を事実上分断をし、彼らの士気を低下させた。また、その過程で同僚や部下に対して外務省幹部としてふさわしくない言動があった、さらに、対露外交の推進に係る省内の政策決定のラインを混乱させた」

というものであり、ひいては、外務公務員の信用を著しく失墜させたというものだった。

要は、特定の政治家に対する過度の配慮から、組織人としてあるまじき行動をし、組織の混乱を招いたという咎だった。

その東郷を評して、ある大先輩がかつてこう評したことがある。

「東郷の間違いは、次官になるためには政治家の後ろ盾が必要だと思ったことだ。林貞行、野上義二など、政治家の後ろ盾などなくても次官になった人間もいるのだから」

仮に、そういう発想で特定の政治家に近づき、自身の立身出世を実現しようとした上、国策まで歪めたのであれば、言語道断である。

よく覚えていることがある。一九九七年に私が中国課首席事務官だった時、当時国会担当の総括審議官の任にあった東郷からせわしない声でしばしば電話がかかってきたものだ。

「○○先生が怒っているから、すぐ謝りに行け」

自身の立身出世のためと思いたくはないが、政治家相手に臆病と言えるほど過剰な配慮を欠かさない人物だった。こんな状態では、下で働く者からすれば、役所の仕事に幻滅してしまうのは必至だったろう。

## 生かされない「東郷事件」の教訓

だが、外務省の悲劇は、このような事件が特定の一人の人物で完結するわけではなく、今や拡大再生産されていることだ。上昇志向の強い人間が、役人としての政策実現という目的を超え、自己の立身出世を図る個人的目的のために有力政治家にすり寄る図式は変わっていない。

それどころか、「政治主導」の世の中で強化されている感がある。

そんな空気があるからだろうか。最近の次官の中には若い役人時代から「政治家回り」を励行してきた、特定の政治家と親密な関係を築いてきたと見られている人間が少なくない。

官邸、自民党本部、外務省を担当し、そうした姿勢を目にしてきた政治記者、さらにはこれらの外務官僚の仕事上のカウンターパートであった他省庁の官僚たちは、こうした生態を冷徹に観察している。

彼らの間では、最近の歴代次官について、

「課長になるよりも前の若い時分から、なぜか経世会を熱心に回っていた」

「宴席で歓心を買うために、下品な芸でもなんでもやる」

「総理相手に、『できなかったら首にしてください』などと、役人としては考えられない啖呵を切っていた」

「課長時代から、役所にいるよりも議員会館にいた時間の方が長かった」

「役所の同期や後輩には不機嫌、無愛想と見られているが、これと見た上司や政治家には子犬のようにじゃれつく」

「政治家相手のゴルフには喜んでついていく」

などという評がささやかれてきた。

役所で同僚や後輩には決して見せないような顔を特定の政治家には向けてきたのだろうか。

特段の昇進を遂げてきた背景には、少数の政治家の引きがあったのだろうか。

こうした点こそ、日本外交の未来を担う若手がつぶさに見聞すべきものではないだろう。だが、前記のような風評は若い省員にも伝わり、そして彼らの行動様式に影響を与えていくことになる。

# 第三部

# 再生への道

# 第一章　精強な組織づくり

## 解体的出直しの必要性

第一部で見てきた日本外交の劣化を象徴する具体的事案、そして第二部で見てきた、劣化の背景にある様々な要因や実態を踏まえると、再生のために何をしなければならないかが見えてくるのではないだろうか。

これだけ症状が深刻だと、単一の万能薬などない。積年の膿《うみ》を出すだけでは不十分だ。「ドブさらい」をすれば片付くという次元ではなく、むしろ解体的出直し、ガラガラポンこそ必要だろう。そして、諸方面で重層的に対応策を講じる必要がある。

第一に、古くは真珠湾攻撃の際の開戦通告の遅滞、近年ではアフガニスタンやスーダンからの退避活動の際に見られたような本省と在外との間の連携の不足・欠如は誠に重大で、貴重な人命に関わるだけでなく、国益を大きく損なうものである。さらに言えば、事態がうまくいかなかった場合に責任のなすりつけ合いをしているという体たらくで、これほど見苦しい醜態はない。

組織が置かれた状況を改善し、こうした事態の再発を防止するためには、本省と在外公館との間の意思疎通を改善し、組織全体で一丸となって外交に臨む体制づくりが急務だ。それが外交当局全体を組織として強化し、ひいては日本外交を精強なものとすることにつながるだろう。

喫緊の課題は本省と在外公館との連携を強化していくことだ。

そのためには、まず意識の改革が必須だろう。人脈構築、情報収集、対外発信という三大重要業務において在外こそが外交の主戦場であるとの意識を本省幹部が自ら持ち、在外に出た同僚と共有することから始めなければならない。

すべての方針・政策は本省が立て、在外は本省が打ち出す方針や政策の単なる実施機関とのみ位置付けている限り、在外のリソースは十分に活用できないし、士気も上がらない。ひいては力強い外交を展開できないことになる。

そのためにまず大事なことは、外務省の人事政策において、有為の人材であればこそ、在外勤務をキャリア・パスの中に不可欠のピースとして組み込むことではないだろうか。

かつては、そういう時代があった。例えば、二十年くらい前までは、同期のエース級の人材が重要な課長、審議官ポストをこなした後に、香港、サンフランシスコ、ロスアンジェルス、シカゴ、ボストン等の総領事ポストを経験してから主要局長に就くのが常態だった。このように在外公館長ポストを一度経験してから本省に戻って局長ポストをこなすキャリア・パスができ上がっていたのである。

ところが、ある時点から、そのような人材は本省に留め置くか、或いは在外に出ても、ワシントン、北京などの大きな大使館の次席公使を務めることが多くなり、結果として総領事ポストの重みが甚だしく軽んじられてきた。

例えば、歴代のボストン総領事を観察してきた現地の米国人学者は、「日本の総領事が年々軽量化してきた」と漏らしているという。部外の人にそう言われてしまうほど、外務省の人事方針の変化が周囲から深刻に受け止められてきたことに思いを致さなければなるまい。

私自身も、審議官ポストを終えて米国のある総領事ポストを非公式に打診された際、相談した先輩方から、「局長になるためには東京にずっといた方が良い」とのアドバイスをもらった経験がある。かつての花形ポストをこのように軽視する雰囲気の下では、折角の公館長ポストで一国一城の主を務めようとも、その士気が上がるわけがなかろう。

## 在外は「おバカ天国」なのか？

今の外務省で痛切に感じるのは、在外で公館長が人脈構築、情報収集、対外発信をどれだけ頑張ろうが、それは人事評価を行う本省側の関心事ではないとの印象が広く共有されていることだ。すなわち、外交官としての資質や外交官の本来業務での実績は人事評価に当たって重視されていないと受け止められているのだ。

もともと「在外では、仕事はほどほどで良い」、「在外はゆっくりするところ」といった考え方が根強いことは間違いない。こうした状態を受けて、かつてある大先輩が在外公館を「おバカ天国」(fool’s paradise) と形容したと聞かされたことがある。言い得て妙かもしれないと受け止められてしまう実態があるのだ。

そういう認識が広がると、仕事に励みたいと思っている仕事師や強い上昇志向の持ち主は益々在外勤務から遠のき、その結果として組織の中での在外公館の重みはさらに低下してしまうことになる。

これは外務省という組織が自らの手足を縛るような行為であり、外交当局としての存在意義の否定に等しい自殺行為だろう。しかも、先述したとおり、最近では次官を務める人間が大使ポストを一度もやらずに役人人生を終えていくことが常態となりつつあることを考えると、杞憂として退けるわけにはいかない。こうした在外軽視は確実に組織をむしばんでいる。

主要国広しと言えど、こんな国は珍しい。私が在勤した米、英、豪では、外交官の誇りと勲章は本省でどのポストに就いていたかよりも、在外でどの大使ポストを務め上げたかに拠っていた。この意味で、日本の外務省はグローバル・スタンダードからもかけ離れてしまっている。

在外公館は、仕事をする意欲がある人間にとっては、決して「おバカ天国」などではない。特に、大使、総領事といった公館長ポストは、一国一城の主として日の丸を背負うやり甲斐に溢れている。私自身の経験を振り返ってみても、四十年間に及ぶ外務省生活でどのポストが一番充実していたかと問われれば、躊躇なくキャンベラの大使ポストと答える。しかしながら、そのポストに到達するまでに三十六年以上もの年月を要したことも事実だ。

そうであれば、そうしたやり甲斐あるポストをできるだけ若いうちからやらせてはどうだろうか。米、英等の主要国では四十代前半の大使も珍しくない。しかし、日本の場合は、どうしても退官間際のシニア層の役人が殆どだ。

ロンドンに駐在していた頃、英国外務大臣の特別補佐官から、「なぜ日本は退官間際の外交官ばかりを駐英大使として送り続けてくるのか」と真顔で詰問されたことがある。日本の外務省の基準では次官級の高位にあった大物を英国だからこそ送り込んでいるつもりだったのだが、相手方にはそうした姿勢が評価されていなかったのである。当時の駐英大使の英語力が流暢と言うには程遠く、かつ、在留邦人とのゴルフ以外にはあまり動かない「静」の人であったことが彼らの評価に影響したのかもしれない。しかしながら、彼我の認識の差には強いショックを受けた。英国のような国ですらそういう受け止め方があるのであれば、「若さ」が評価されやすい国では、年次とか年齢にとらわれない発想があってよいだろう。

今の外務省にあっては、若い省員のこらえ性がなくなり、在外研修直後の本省勤務に耐え切れずに辞めていく人間が後を絶たない。入省年次によっては同期の三分の一以上が辞めた期もあるという。こうした若い世代が三十年間も下積み生活を続けるのが我慢できないと言うなら、優秀な人間を四十代で、課長を務めた後にでも総領事や小国の大使に抜擢してはどうだろうか。若さや粋のよさが重宝される国が少なからずある中、こうした抜擢は大きな反響を呼び、良い効果をもたらすことだろう。抜擢が女性であれば、もっと話題を集めるだろう。

一時、アフリカ諸国の大使を若手にやらせたことがあったが、そうした取り組みをアフリカに限らずにもっと広めていくべき時期に来ていると思う。

## オールジャパンの意識の徹底

在外公館に配属されている東京からのいわゆる「本官」の中には、他省庁出身者もいる。問題は、外務省出身者とそうでない者との間に得てして溝が生じてしまい、大使館が一体となって仕事をする姿勢、気風が弱いことである。すなわち、オールジャパンで大事に臨む体制が確立されていないのだ。

問題の考えられる原因は、以下のいずれかであることが多い。

ひとつは、大使や大使館側が外務省出身者だけを重用し、他省庁出身者は情報共有、イベント参加など、種々の点で蚊帳の外に置かれ、疎外感を覚えるケースだ。もうひとつは出向者側に問題があるケースで、自分の出身省庁の仕事ばかりを優先し、外務省に出向していながらも大使館員としての職務に正面から取り組まない場合だ。

大方の他省庁出身者にとっては最初で最後の在外生活となる。そうなると、語学のハンデもあれば、海外生活に本人や家族が順応していかなければならない負担も出てくる。どうせ東京に帰ればまた残業続きの生活が待っていると考え、まさに一回限りの在外の「おバカ天国」生活を謳歌しようとする者も珍しくない。その意味では、「おバカ」は外務省出身者だけには限られないというのも、またひとつの真実だ。

このような問題は、古くからある問題でもある。また、国の違いを越えて、各国の大使館でも、程度の差こそあれ共通に見られる問題でもある。

言い換えれば、出身母体の違いというセクショナリズムを乗り越え、チームジャパンの一員としてどれだけ邦家に貢献できるかが問題なのだ。

その意味では、優れて出向者一人一人の心構えにかかっているとも言える。

私の駐豪大使時代も、警察、内調など他省庁出身者であっても大使への「報連相」に特段の意を用いてくれる館員がいた。また、従来は外務省出身者が中心になって担ってきた首相・外務大臣来訪の際のロジ業務を率先して受け持ち、大活躍してくれた国土交通省出身の館員もいた。夜間、週末にかかわらず献身的に警備業務に取り組んでくれた陸上自衛隊出身者もいた。

他方で、縄張り意識の虜となり、「館内会議には出ない」「外務省の仕事はしない」などと上司に対して昂然と発言する館員もいたと聞いた。

そもそもそんな人間は在外に来るべきではないというのが大前提だが、こうした精神風土をどう改善していけばよいのか。そのためには赴任前の外務省研修所での研修も重要だろうし、親元の官庁からの指導も不可欠だ。

本書で詳述してきたとおり、激動の国際情勢の渦中にある今の外務省、在外公館には、各省アタッシェが親元の仕事だけをしに来て、あとはゆっくりと休暇を満喫していられるような余裕は一切ない。何よりも日本外交を取り巻く環境は待ったなしなのである。

# 第二章　情報収集力の強化

## 外務省は情報音痴？

外務省に対する国内からの批判として、「致命的に情報収集が弱い」、「どうしようもなく情報音痴で、とにかく動きが鈍い」というものが根強い。第一部で言及したプーチン政権に対する見立て、アフガニスタン情勢についての読みの誤りは、そうした印象に拍車をかけるものだろう。

他方、そもそも外交の世界での「情報」の中には、そのことを知っていることさえ部外者に対しては口外してはならないものがあるので、反論を許されない政府関係者の中には切歯扼腕している者も多いだろう。したがって、物事を断片的に捉えて断罪すれば済む性格の話ではない。

では、なぜこうした評価が「定着」しているのだろうか？

在外の外交官が年々内向きになっている現状にあって、現在の外務省の情報収集能力が優れているなどと弁護する気持ちは、さらさらない。他方、語学力の問題と同様に、ここにも日本人、とりわけ一部のメディア関係者の自画像がメガネを曇らせている面がある気がしてならない。例えば、自分自身がうまくできないので、同じ日本人の外務省員がうまくやれるわけがない、との先入観に左右されている面がなくはないだろうか。

情報収集に関連して、鮮明に覚えている事案がある。

一九九七年二月に中国共産党指導者の鄧小平が亡くなった時の話だ。人民解放軍の医療施設に入院していた鄧の病状悪化が公知の事実となり、あとはXデーがいつ来るか、というのが西側各国の外交当局やメディアの最大の関心事となった。当局による情報管理が厳しい北京にあって、日本を含めて各国の大使館、メディア関係者ともに、一片の兆候さえ逃すまいと躍起になって情報収集に当たっていた。

実は、この時の北京の日本大使館の動きは早かった。当時、中国課首席事務官であった私は丁度北京に出張をしていたので、現場の動静が手に取るようにわかった。大使館は某筋から死去を暗示する情報を摑むと、いち早くその情報を公電で東京の外務本省を通じて日本政府中枢に伝えていたのだ。

興味深いのは、その時の日本のメディアの反応だった。親中的な報道姿勢で有名な某大手新聞社も必死に追いかけていたが、確証は取れなかったようだ。その一方で、北京の日本大使館がそれらしい情報を得て東京に報告しているのではないかとの感触を得た。そこで、同紙は一面トップで大きく報じた。だが、その内容は、「鄧小平死去」を摑んだということではなく、「鄧小平氏死去か、外務省が首相に報告」というものだった。これでも大したスクープだとされて、社長賞につながったと聞いている。

この件は、情報源へのアクセスをひときわ重視し、かつ、政府批判を表看板とすることで知られている大手新聞社であっても、往々にして政府当局の情報収集力に頼らざるを得ない実態を示している。

このように見てくればよく理解できることだが、問題は一外務省にとどまらない。国全体としてどうやって能力を向上させていくかという大きな絵柄を見なければならない。情報収集力のみならず、語学力、交渉力しかり。外務省は国、国民全体の総合力を象徴する「公器」である。敢えて刺激的なことを言えば、国民の民度や知的成熟度にふさわしい外務省、外交官しか得られないものだ。一外務省の問題としてあげつらうのではなく、日本の外務省の弱みは日本国全体の弱みであるという発想に立たないと、打開策は見えてこないのではないだろうか。

## 対外情報庁設置の必要性

外交当局の情報収集の弱さ、そして外交当局では取れないような情報を取る必要性への認識がひとつの要因となって、しばしば議論されてきた問題がある。対外情報庁設置問題だ。日本にもアメリカのＣＩＡ（中央情報局）、英国のＳＩＳ（秘密情報庁、通称ＭＩ６）、豪州のＡＳＩＳ（秘密情報庁）、ドイツのＢＮＤ（連邦情報庁）に類似した対外情報の収集に特化した機関を設置し、外交当局とは別ルートで国際情勢についての諸情報を収集、分析すべきだとの指摘である。

かつて、長年親交を結んできたファイブ・アイズ（米、英、豪、加、ニュージーランドの五か国）の某メンバー国の情報機関最高幹部であった人物から、こう言われたことがある。

「これからの日本にとって、安全保障上の最大の脅威は中国。であれば、日本政府は北京の指導者たちが中南海で話している会話の内容を摑んでいるのか？」

「拉致が国家的課題というなら、北朝鮮内で生存している拉致被害者全員の居場所を摑んでいるのか？」

「この二つが満足にできていないのであれば、日本は是非とも対外情報庁を作らなければならない」

反論の余地を許さない至言ではなかろうか。

長年、外務省は外交一元化の観点から、警察・公安関係者が推進している対外情報庁の設置には反対している、或いは消極的であったと指摘されてきた。

確かに、大東亜戦争の経験からの反省であるとして、軍事、情報当局が手綱の効かない形で「暴走」することへの警戒感を隠さない外務官僚が少なからずいたことは事実だ。対象地域や語学の専門家としての自負もあったろう。しかしながら、主要国のスタンダードを踏まえて考えれば、民主的な制度の下、法令に基づいて職務を遂行する情報当局が存在することに対して外交当局が今更異を唱えるべきではないと考える。

さらに、今の外務省の情報収集・分析の力量を踏まえれば、現状をよしとしてこれを継続しようなどという発想自体が僭越の極みであり、国益を害するものに他ならない。

問題の本質は、対外情報の収集という業務の複雑な性格、課題の難易度の高さにかんがみれば、警察官、外交官、公安調査官、自衛官のいずれも、ピッタリとその役割に当てはまらないことだ。

やはり、対外情報機関を担う情報官（インテリジェンス・オフィサー）を、国を挙げて育てていかなければならないと思う。換言すれば、対外情報庁を作る場合、警察庁であれ、外務省であれ、特定の既存の役所の「出島」にしてはならない。

インテリジェンス・オフィサーの、インテリジェンス・オフィサーによる、インテリジェンス・オフィサーのための対外情報庁を作らなければならない。つまり、省益ではなく国益を考えなければならないという話だ。だからこそ政治が動かなければいけないのに、関係者一般の情報への感度と関心が極度に低いために、戦後何十年経っても物事が遅々として進んでいない。国家として、誠に嘆かわしい体たらくだ。

もっとはっきり言おう。

外交官がそのままやっても駄目だが、警察官僚がそのままやっても駄目な仕事なのだ。

主要国との協議で、日本の警察出身官僚が発言要領やプレゼン資料を読み上げるだけの有様を何度も目の当たりにしてきた主要国の情報機関幹部は、率直に言って辟易している。何人もの人間が私にそう伝えてきた。

情報力強化に熱心な方面からは、「日本こそがファイブ・アイズに入るべし」と血気盛んな議論もしばしば聞かれる。ファイブ・アイズ側関係者の本音を読み解けば、日本が持っている中国情報、中国についての知見や人脈は羨望の的だ。言語、歴史、肌の色からして、中国は彼らが入り込みにくい国の最たるものだからだ。その一方で、日本の対外情報収集・分析の体制、人材、秘密保護法制などを見渡した場合、果たして日本はファイブ・アイズに入る準備が整っているのかね？　と彼らが斜に構えて見ているのも事実なのだ。

だからこそ、新しい機関を作って人材を各機関から集め、オールジャパンで始める必要がある。その際、秘密保護法制を強化し、サイバーアタックへの防御態勢を充実させていくことは必須だ。

## 人材はいるか？

このように体制を整えて、自らの能力を伸ばしていければ、米ＣＩＡ、英ＳＩＳ、豪ＡＳＩＳ、独ＢＮＤ、仏ＤＧＳＥ（対外治安総局）等の主要国の対外情報機関と丁々発止のやりとりができるようになる。そうすることによって、真の意味で国家に貢献し、国益を増進できる組織となるだろう。遅きに失しつつあるものの、そうした器を何とか作り上げ、そこで活躍できるような人材を育てていくことは日本の急務と痛感している。

余談だが、外務省のインテリジェンス部門のヘッドである国際情報統括官時代、私は西側主要各国、アジア、中東諸国にしばしば出向き、それらの国々の情報当局幹部との国際情勢についての情報や分析の交換に精力を傾けた。イスラエル、サウジアラビア、トルコ、イランなどの情報当局長官から贈られた記念品は、今なお拙宅の小さな書斎の棚を占有している。奥歯にものが挟まった言い方が習わしである外交の世界と違い、単刀直入に課題に切り込み黒白をはっきりさせようとする情報の世界は、非常に新鮮で刺激的だった。

そんな日々の中、人事異動の希望を次官から問われた際に私はこう答えたことがある。

「インテリジェンスは凄くやり甲斐があります。国情統括官を二年どころか、三年でも四年でもやらせてください。そして対外情報庁ができる際には、一方通行で良いから出してください。是が非でも大使になりたいとは思っていませんから」

しかしながら、次官の答えはつれなかった。

「外務省にそんな余裕はないから」

そして僅か一年で経済局長に異動になった。

「作戦重視、情報軽視」は、大東亜戦争の反省であったはずだ。しかし、八十年近く経った今もなお、反省は生かされていないように思えてくる。

インテリジェンスに携わった経験から自信を持って言えることがある。

外務省だけでなく、内調、警察庁、公安調査庁、防衛省をはじめ日本には、良きインテリジェンス・オフィサーたり得る資質を有した人材は相当数いる。だが、まだまだ足りない。足りないのは数もさることながら、質もそうだ。したがって、しっかりした独立の器（機関）を作って、そこに人を集めて訓練を施し、量・質の両面で主要国に追いつかなければならない。

七年八か月もの長期間続いた安倍政権が、本当に標榜してきたような保守政権であったのであれば、憲法改正もさることながら、より身近で緊急性の高い対外情報庁設置にもっと力を注いでもらいたかったと思う。第一次政権時に防衛庁の省への昇格にあれだけ熱心に取り組み実現した実績があるからである。二〇一三年に特定秘密保護法案が直面した強い反対に腰が引けてしまったのだろうか。誠に残念なことに、期待は淡い夢と終わってしまった。そしてその点に関する米、英、豪等の友邦の失望は泥のように深い。彼らの落胆を決して過小評価してはならない。

## ギブ・アンド・テイクの関係構築

情報収集という際、気になることがある。

情報を収集したことが一度でもある人間ならただちに理解できるはずだが、本来、情報というものは「ギブ・アンド・テイク」でなければ取れないものだ。日本外務省の人間だからといって、日本警察庁の人間だからといって、或いは「日本対外情報庁」の人間だからといって、情報提供者のところに行って「教えてください」の一言で情報が得られるような甘い話ではない。民間のビジネスでも同じだろう。一方通行の情報収集などあり得ない。

ところが外務省にいてしばしば在外での情報収集のやり方を見るにつけ、この手の輩が散見される。本省側に問題があることも多い。日本政府の立場や考え方を何ら示さない一方で、任国から ある問題についての情報収集をしてこいという訓令を何度も見た。これではギブ・アンド・テイクはできない。情報収集に当たってのセンスの問題でもある。また、人から情報を取る情報収集だけにとらわれており、人に情報を与える対外発信の重要性に思いが至っていない典型例でもある。

もっとひどいのは、調査ミッションで東京から外国に派遣される関係省庁の一団だ。得てして、次から次へと相手国政府の担当者に質問をしまくる「質問魔」で終わってしまう。英語での質問票(クエスチョネア)を事前に提示しておけばまだしも、それがない場合も多く、質問に対する満足のいく回答を得られず、質問側も回答側もフラストレーションを溜める結果となりかねない。

国際情報統括官時代、海外の情報当局と協議を行った際に私が相手方に質問をすると、しばしばこう言われた。

「お前の前に来た日本の○○からも同じことを聞かれた。その時はただ単純に聞かれただけなので、お座なりの答えをしておいた。だが、お前は日本の見方を開陳してくれた。だから、きちんと話そうと思う」

大森義夫元内閣情報調査室長が『日本のインテリジェンス機関』（文春新書）という著書で興味深いことを書いている。

「警察では偉大な凡人に徹することが良き頭領である。時速一○○キロの能力を持ちながら四○キロで安全運転をしているのである。情報の世界は異なる。即日、米国やイスラエルのベスト・アンド・ブライテストと丁々発止わたりあわなくてはならない。（中略）知識人、学者、マスコミなど当代一流の人たちと自分の言葉で意見交換しなくてはならない。代理は効かないのである」

そのとおりだと思う。わかる人はわかっているのである。

## 情報の同業者からの賛辞

情報収集と並んで大事なのは分析力だ。断片的な情報を集めただけではジグソーパズルのピースを集めただけに等しい。ピースをつなぎ合わせて大きな絵を見なければならない。

政治家やメディアを含め日本人一般が不得手で惑わされるのは、このあたりでもある。「Aの腹心はB」「CはDと男女の仲にある」等々の具体的ではあるが断片的な情報に目を輝かせる向きが引きも切らない。大事な情報ではあるが、それが政策決定の過程にいかなる影響を及ぼし、日本にとっていかなる意味を持つかを分析しなければ、単なるゴシップで終わってしまう。

嬉しかったのは、国際情報統括官として外務省国際情報統括官組織（IAS）の精強なチームを率いてワシントンを訪問し、米国の情報機関幹部と協議をした時のことである。中国情勢、朝鮮半島情勢など、日頃から数々の分析資料を交換し、意見交換を重ねてきていることへの評価が示された。本来歯の浮くようなお世辞とは無縁の猛禽類のような厳しい目をした女性高官が優しい笑みをたたえながら、こう言った。

「IAS代表団をお迎えできて非常に嬉しく思う。自分たちの見るところ、IASは分析能力にかけては、当該地域では抜群の存在である（second to none in the region）」

情報収集、分析の世界にあっては、公の場で自らの業績を語ることなく口をつぐむことが行動規範でもある。そして、政治家や評論家から気まぐれなお世辞に接することもあれば、無知と偏見に基づく故なき批判にさらされることもしばしばだ。そんな中で何よりも嬉しいのは、海千山千の世界でしのぎを削る同業者から偽りのない賛辞を受けた時である。

## コロナ禍の影響

そんな情報分野で仕事をした経験があるだけに、駐豪大使として赴任した後の大使館の最近の仕事ぶりには愕然とした。働き盛りの年代の大使館員が内に籠もり、外に出て行かないのである。

在外公館の大きな役割は、任国の関係者と人的関係を構築し、情報を収集するとともに、日本の立場を伝えて互いに理解を深めていくことにある。そのためには、オフィスの中にいては足りず、積極的に外に出て行くことが求められる。会食や設宴が大事なことは何度も述べてきたとおりだ。そして、そのための予算は付けられている。

しかしながら、コロナ禍で引っ込み思案になったせいか、或いはそうした言い訳ができたせいか、一部の幹部は別として、多くの若手館員は執務室に閉じ籠もって現地紙の報道ぶりを東京に報告し、東京からの訓令に従って豪州政府のカウンターパートにメールで照会して処理し、仕事をした気になっている。そんな仕事なら、東京にいてもできる。わざわざ在外勤務手当をもらって在外にいる必要はなかろう。情報収集力以前の意欲と姿勢の問題として、強く憂慮される。日本の外交官の劣化、外務省の沈滞の最たるものではないだろうか。

前述のとおり、いわゆる「内話」電がほぼ絶滅状態にあることも、こうした傾向の帰結だろう。昔は、世界各地の大使から、自らが築いた情報源から得た機微な話が、「内話」として百花繚乱の如く続々と本省に伝えられてきた。今の状況がなんと寂しいことか！

外交当局がこんな沈滞ぶりだからこそ、前述したように対外情報庁を設置して、「我こそは」と思う情報専門家、匠の仕事師を糾合し、オールジャパンで力を発揮させてはどうだろうか。情報の重要性について政府全体での感度を上げていく効用も期待できるのではないだろうか。

# 第三章　対外発信力の強化

## スピーチライターの重要性

　第一部の慰安婦問題への対応で言及した点であるが、情報収集力と並んで、対外発信力の貧困さも今の外務省の残念な特徴であるとともに、日本社会全体の問題でもある。

　端的に言って、外務省であろうが、他の省庁であろうが、一般企業であろうが、それぞれの組織内で対外発信に対して高い優先順位が与えられてこなかったのだ。その結果、人材や予算の配分と言ったリソース面で軽視されてきただけでなく、要路の人間がきちんとした尺度を持って対外発信のパフォーマンスを評価することさえできてこなかったのではないだろうか。

　少なくとも外務省はその権化である。「発信が重要」などと一般論では繰り返しお経のように唱えながらも、その実は本腰を入れて取り組もうとはしてこなかったことは否定できない。中枢の人間が広報の重要性をわかっていないのだ。

　良い例は、首相や外務大臣のスピーチだ。

およそ欧米諸国のスタンダードとは異なり、日本には長らく総理大臣であれ、外務大臣であれ、スピーチライターと称する役回りは存在しなかった。

国会での首相の施政方針演説や外務大臣の外交演説が好例だが、各関係省庁や部局から上がってくる発言ラインをホチキス止めしてガッチャンコするのがスピーチ担当者の主要な仕事だった。漸く麻生太郎外務大臣、安倍晋三総理大臣の時代に谷口智彦氏という稀有な人材が活躍の場を得、パンチ力と含蓄のあるスピーチを日本の政治家が展開できるようになったのだ。

安倍首相時代の米国議会、豪州議会での名演説こそ、谷口氏の溢れるような才能のなせる技である。

例えば、二〇一四年七月の豪州議会での演説では、大東亜戦争中にシドニー湾に突入して戦死した特殊潜航艇乗組員の松尾敬宇《けいう》中佐の母親が戦後豪州に招かれたことや、東日本大震災の際に救援活動のために南三陸に駆け付けた豪州人消防士ロバート・マクニール氏に言及するなど、臨場感をもって具体的事例に言及しつつ、日豪の絆の深さを並み居る聴衆に強く焼き付けた。そして、日豪間に打ち立てられた「特別な戦略的パートナーシップ」の重要性と今後の日豪協力の必要性を雄弁に訴えてみせたのである。

まさに聴衆の心の琴線に触れるスピーチであり、このスピーチが豪州における安倍首相への評価をさらに高めたことは間違いない。官僚機構から上がってくるものに任せていては、とてものレベルの発信はできなかったろう。

## 眠気を催す岸田スピーチ

嘆かわしいことに菅、岸田政権になってからは、スピーチライティングは従来式に戻ってしまった。二〇二三年九月の国連総会での演説など、好例だ。

国際社会が複合的危機に直面し、分断を深めているとしつつ、人類全体で語れる共通の言葉として「人間の尊厳」に改めて光を当てるべきとし、国々の体制や価値観の違いを乗り越えて、「人間中心の国際協力」を着実に進めていくべき旨訴えた。

如何にも役人の作文で、誰しもが反対しない主張だった。しかしながら、抽象的な総論にとどまった印象を与え、目に見えたインパクトはなかった。厳しい批評眼を備えた何人ものジャーナリストから、眠気を催すだけの平板な内容との感想が寄せられた。

こうした反省が、本来あるべき発信についての道筋を示している。

すなわち、下手な鉄砲数撃ちゃ当たる、であってはならないのだ。

本当に効果的な発信をするためには、そのメッセージの内容、メッセージを発信する際の時期、場所、聴衆や目的など、すべての要素を綿密に考慮に入れ、適時適切に明確な発信をしなければならない。センスがない人間にやらせても、碌なことにならない。というのも、センスがない人間は、往々にして、自分にセンスがないことさえ自覚できていないからだ。

ここのところの認識が日本の社会、組織では決定的に欠けている。

発信の担い手は、社長や広報部長といった肩書きで自動的に決まるのではなく、素質に恵まれ、しかるべく訓練を積んだ適任者にやらせた方が遥かに効果的なのである。否、そうでなければならないのだ。

他の国では、長年の試行錯誤を経て、そういう感覚が研ぎ澄まされているように受け止めている。

具体例を挙げよう。

一九八〇年代後半、米国ニューヨークで外交問題についてのテレビ討論番組を見るたび、イスラエルはネタニヤフ国連大使（現首相）、ソ連は故チュルキン国連代表部二等書記官（のちのロシア国連大使）という強力な論客の「連投」に次ぐ「連投」だった。

大使であったネタニヤフはまだしも、当時のチュルキンはたかだか二等書記官だ。だが、自信を持って流暢な英語を早口でまくしたて、ソ連の立場を効果的に発信していた。

発信力に秀でた人間を選び、場数を踏ませ、国家のメッセージの伝達役とする。そうした発想をイスラエルもソ連も鋭敏に持っていることをうかがわせた。翻って、日本はその点でまだまだである。肩書きが外務大臣だろうが、外務報道官だろうが、不向きな人は不向きなのだ。そこを判断する能力が中枢にないところが致命的だろう。

## 日本の見方を常にインプットしていく

日本からの発信を本当に効果的なものとし国益の実現を図っていくためには、事案が生じるたびに短期的視点からのみ対応していたのでは立ちいかない。近視眼、場当たりのそしりを免れない。

第一部でトランプとの関係でも言及したが、常日頃から日本のものの見方や主張をインプットしておき、いざ大きな問題が生じた際に日本の国益が損なわれることがないような「頭作り」を進めておくことが重要となる。

このためには、職業外交官のレベルだけではなく、国政を司る政治家のレベルでも不断の努力が払われるべきである。「首脳外交」の重要性が喧伝されている時代であれば尚更だ。

率直に言って、この点での日本からの発信は、情けなくなるくらい貧弱だと思う。

欧米の政治家の回想録等を読むと、長年アジア諸国の政治家の中で、アジア情勢の「指南役」として大きな発信の役割を担ってきた人物は、シンガポールのリー・クアンユー元首相（在任一九五九〜九〇年）であったことがうかがえる。その後は、驚くなかれ、ケビン・ラッド元豪首相（在任二〇〇七〜一〇年、及び一三年。現駐米大使）であろうか。

センターレフトのリベラル、中国に甘かったという政治的・外交的立ち位置を勘案し、往々にして割り引いて受け止める必要があるが、このような同人であっても、中国語能力、中国についての知見を武器に貴重な「情報源」として機能してきた模様である。

両人とも知的な英語で欧米の政治家と丁々発止の意見交換ができたことが大きく役立っていた。しかるに、日本の政治レベルでそういう役割を担ってきた、又は、これから担っていき得る人材が果たしているのだろうか。語学力と見識、戦略眼の双方が必要となる。残念ながら、世界で認められているほどの人材は見当たらない。まだまだ頑張って国全体で発信しなければならないのだ。

ちなみに、トランプ米大統領の安全保障担当補佐官を務めたボルトンの前述の回想録を読むと、トランプと最も緊密な個人的関係を築けた外国の首脳は日本の安倍首相（英国のジョンソン首相と並んで）という評価だ。トランプという極めて特異な大統領が誕生した状況にあっても、政府を挙げての日米関係のマネジメントが良好に進んできたことを裏付ける証言であり、それ自体は結構なことだ。であれば、こうした個人的関係を利用して日本の主張（ナラティブ）を、仮にトランプが聞きたくなかったものだとしてもきちんと米側に伝える好機だったことは間違いない。この点は第一部で考察したとおりだ。

外交官の語学力、プレゼンテーション能力にとどまらず、政治家の発信力も飛躍的に伸長させる必要があるゆえんだ。単にテクニックにとどまる問題ではない。人間力、胆力が問われているとも言えよう。

不思議かつ残念なのは、官僚出身政治家が主流でなくなり、二世、三世議員が要職を占め続ける時世にあって、幼少期から恵まれた政治環境で育ち、青年期に海外留学させてもらった経験を有する者が増えながらも、国全体としての発信力が上がっているようには見えないことだ。「民度」が高いことを売り物にしているはずの日本でなぜこうなるのか？

留学ではなく、単に箔付けのための遊学が多いのだろうか。英語の習得や現地に溶け込む努力をするよりも、ゴルフや日本人同士の付き合いに忙しかったのだろうか。

# 第四章　歴史戦に強くなる

## 「積極的広報」への抵抗

第一部、第二部で詳述したように、外務省だけでなく自民党や警察組織を含めた日本全体の空気やマスコミの論調を踏まえると、歴史問題でなかなか効果的な反論ができていない事情が理解できるだろう。

反論ができていない好例を挙げよう。

中国共産党が歴史戦で日本を批判する際に用いるカードのひとつとして、いわゆる「南京虐殺」がある。日本軍が三十万人に及ぶ中国人を南京で虐殺したというのが、中国側の主張だ。この問題について長年維持され、今なお使われている政府の応答要領を見てみよう。

「一九三七年十二月の旧日本軍による南京入城後、非戦闘員の殺害又は略奪行為があったことは否定できないと考えているが、その具体的な数については、様々な議論があることもあり、政府として断定することは困難である」

要は、殺害、略奪行為は否定しないが、中国側が主張している三十万人という被害者数には与しないとの趣旨と解せられる。

「虐殺などなかった」と主張する日本の保守派からの声に配慮して、「虐殺」があったとは認めない一方、「非戦闘員の殺害又は略奪行為」の発生を明示的に認めることで、左派、外国勢力に配慮し、かつ、市民が亡くなったことへの哀悼と反省の気持ちも表現するものである。換言すれば、日本国内の右と左のバランスをとった、優れて国会答弁的なラインと言えよう。

問題は、国際場裡では、この奥歯にものが挟まったようなラインでは何を言っているのかが不明瞭であり、「大虐殺」があったとして声高に喧伝して回っている中国側のキャンペーンに対する有効な反論には到底ならないことなのだ。これでは歴史戦に勝てるわけがない。

専門家が累次にわたり明らかにしてきたとおり、南京で悲劇があったとすれば、虐殺と称するような平時の逸脱行為ではなく、混乱を極めた戦地の市街地での戦闘行為に基づくものである。市街地での戦闘行為が民間人（シビリアン）を巻き込みかねないことは、古今東西共通の問題である。一例として、二〇〇三年に起きたイラク戦争で反乱勢力と闘った米軍が市街戦で如何に苦労したかは、マティス元国防長官の回想録がよく伝えるところである。

さらに南京では、攻め手の日本軍による度重なる降伏勧告にもかかわらず、中国側司令官の唐生智が降伏することなく、兵を残して自ら首都から敵前逃亡し、中国側に大混乱が生じたという、軍人として極めて恥ずべき特異な事情があった。そうした事情を受けて、多くの中国兵が日本軍に投降せずに軍服を市民服に着替えて逃げたり、抵抗を続けた問題（いわゆる「便衣兵」）がある。

戦線から離脱しようとする中国側兵士を中国の督戦隊が後ろから銃撃する問題もあった。このような現場の状況を踏まえた上でこそ、漸く何が起きたかをよく理解できるようになるのではないか。

そもそも、当時の南京の人口が二十万人に過ぎなかったということも、三十万人虐殺説への有効な反論として提起されてきたところである。

こうした点を含めて、本来は、ＴＰＯに慎重に配意しつつ、対外発信の最前線に立つ外交官が効果的なインプットを試みるべきではないか。こうした発想から、二〇一四年、総合外交政策局審議官の時に音頭を取って、歴史問題について、受け身で終わらない積極的な発信のラインを作って在外公館とも共有した。

この中では、「南京大虐殺三十万人説」に対する反論、「慰安婦強制連行二十万人説」に対する反論、「戦後処理日独比較」など、現場の外交官がしばしば接する批判に対する応答要領が初めて組織的に示されたのである。

その後、この資料がどのように活用されたか、寡聞にして知らない。おそらくは今の外務省にあってはお蔵入りし、殆ど活用されていないことだろう。しかしながら、歴史問題への対処に当たってのこうした視点、反論の必要性は年月を越えて変わらないはずだ。

誤解しないでほしいが、なにも居丈高に自国の立場だけを正当化せよ、ということでは毛頭ない。後述するように歴史問題のパラダイムシフトが起きつつある現在であるからこそ、相手方や反日勢力が今なお執拗に振りかざしてくる「歴史カード」を無力化し、戦後の日本外交を呪縛してきた制約要因を根気強く排除していく必要があるということなのだ。

## シンクタンクの役割

先述した外務省、警察組織の実態を見ると、歴史問題についてそれぞれの内部に様々な見解があり、国全体としての発信が統一されていない有様が理解されたと思う。また、歴史学者の間でも決着がついていない問題について、政府の人間が「有権的解釈」を下すのは困難であるというのも、歴史問題の特徴かもしれない。まさに、国内の分断が相手方に付け入る余地を与えているのである。

そうした中、シンクタンクの役割は重要である。政府として断定的に言えない問題や、現役の人間が発言すると差し障りがあるようなことについて発信する場として、シンクタンクは最適である。

日本の外交官であった人間が「敗戦国は歴史を語る立場にない」と語るのは、さすがに自虐がすぎるが、「歴史は勝者によって書かれてきた」ことは一面の真実であろう。であれば、「勝者の歴史」にはとどまらない視点や見方を提示して、議論に広がりと深みを持たせることは是非とも必要だろう。「勝者の正義」（victor's justice）に多くの問題があることは、リチャード・マイニア教授の著書『東京裁判―勝者の裁き』（福村出版）を引くまでもなく、多くの心ある日本人、そして他国の人間も感じてきた問題であるからだ。

その意味で、政治のイニシアティブの下、兼原信克内閣官房副長官補（当時）がリーダーシップを取り、年間の政府予算五億円も投じて五年間余にわたって日本国際問題研究所が担ってきた歴史、領土問題について日本の立場を発信するプロジェクトは画期的だったと今も思う。私も同研究所にいた際に深く関わったが、とりわけ、日本人の史観やものの見方を英訳して欧米の有識者に提示するという作業は、今まで日本に欠けていた努力であり、非常に貴重なものである。

そうした作業のお蔭で、江藤淳氏の『占領軍の検閲と戦後日本 閉された言語空間』（文春文庫）や岡崎久彦氏のいわゆる五巻本（『陸奥宗光とその時代』（ＰＨＰ研究所）に始まる日本の近現代の政治外交史）、呉善花《オソンファ》氏の『侮日論 「韓国人」はなぜ日本を憎むのか』『韓国併合への道』（いずれも文春新書）といった書籍が次々と英訳され、欧米等の有識者に提供されていくことの意義は強調してもしきれないと思う。

同時に、歴史問題については日本人自身の歴史認識が割れていて日本社会の中で深い断層があることを踏まえれば、どうやってこの問題が日本外交の手かせ足かせとならないようにするかを恒常的に考え、知恵を出していかなければならない。

まさに、歴史問題は国内問題でもある。相手国勢力が日本社会の断裂を奇貨として、二国間関係で譲歩を迫り、かつ、国際社会で日本の足を引っ張る材料として歴史カードを利用し続ける限り、我々もこれに対する備えを片時も揺るがせにしてはならない。

歴史問題が取り上げられた際のひとつの有効な反論は、民主主義、人権尊重、法の支配、市場経済といった基本的価値を欧米と共有する平和愛好国家としての日本の戦後の歩みを強調し、さらには経済成長、経済協力を通じた国際社会への貢献をハイライトしていくことである。歴史カードを振りかざす中国や韓国の勢力との差別化でもある。

約八十年前に何をしたか、何があったかという議論よりも、今の日本がどうであるかが重要という論点であり、特に第三国との関係では最も有効な議論となり得る。国内での政治的立ち位置が右であろうが左であろうが、賛同を得やすい議論でもある。

個人的には賛同できかねるところも多いが、Wokeカルチャー（社会的正義を強調する動き）やＢＬＭ運動（Black Lives Matter. 白人中心の世界観、歴史観への異議を表明）が昂じて既成のものの考え方に異議を呈する動きが出てきていることも、注目に値する。今後の展開を注意深く見ていく必要はあるが、「修正主義」というレッテル貼りを恐れることなく、発信すべきメッセージを発信できる余地が広がっていることを意味するのかもしれない。

畢竟、歴史戦とは、ナラティブ（言説）の勝負なのである。今の時代に、今を生きる聴衆に対して、説得力ある形で日本の立場や考え方をインプットする。この戦いこそ、歴史戦の本質であり、日本の効果的な対外発信が期待されるのである。

## パラダイムの転換

時代の流れを鳥瞰すれば、ロシアによるウクライナの侵略によって、歴史問題のパラダイムは大きく変わったとも言えよう。すなわち、グローバル化を標榜していた冷戦後の曖昧な時代が終わった。思えば冷戦崩壊後、ロシアや中国のＷＴＯ加盟、ロシアを入れたＧ７のＧ８への拡大など、法の支配に基づく国際社会に中露を取り込もうとする西側諸国の善意かつ懸命の努力が重ねられた。にもかかわらず、結局のところ、ロシアも中国も、力と脅迫により現状を一方的に変更しようとするのみならず、第二次大戦後の国際社会の基本原則とルールを一顧だにしない行動が明らかとなってきた次第である。

このような状況下で、得てして歴史問題を取り上げて日本批判を展開してきたのが、韓国は別として中国、北朝鮮、ロシアといった強権的な独裁国家であることは何を物語るのか？ との問いかけは有効だろう。米国、英国、豪州といった実際に日本が激しく干戈を交えた国々とは和解が達成されてきたこととの対比も際立つ。

まさに、八十年前に何が起きたかよりも、今目の前にある喫緊の課題に対して如何に対応すべきかが問われているとのナラティブこそが強力であり、かつ、説得力に富んでいる。

本来、こうしたナラティブは、国際潮流に通暁している職業外交官こそが先頭に立って打ち出すべき話だ。歴史問題で日本が数々の煮え湯を飲まされ、対応に追われることとなった責任の大きな一端が外務省にあったことは間違いない。今こそ、敗戦の呪縛から日本、そして日本外交を解放すべく、能動的な働きを期待したい。

この観点で注意すべきは、二〇二五年の戦後八十年だ。

戦後五十年の村山談話、戦後七十年の安倍談話に続いて余計な談話を出さない、それに尽きる。

東京裁判史観に立つリベラルな首相を抱えた時期だからこそ、ナイーブな一部の外務官僚が図に乗って謝罪主義のパンドラの箱を再び開けてしまい、歴史問題が息を吹き返すことがないよう、強く祈っている。

# 第五章　個の底上げⅠ――語学力

## 語学力の拡充

外交という営みの性格、例えば、人脈構築、情報収集、対外発信のそれぞれにおいても最後は誰がやるかが成否を左右し、組織力だけでは乗り切れないことにかんがみると、どうしても取り組まなければならないのは「個」の強化である。

日米同盟を強化するにせよ、中国による「戦狼外交」に対処するにせよ、慰安婦問題で反論するにせよ、最後は個々の外交官にかかってくる。

だから、一対一の闘いに強い外交官を育てていく必要があるのだ。

この点では、野球やサッカーといった団体競技でも、選手一人一人の力量の向上を図らないとチームの成績が向上しないのと同じことだ。個々の外交官の足腰を強化する、いわば「バック・トゥ・ベーシックス」といった地道な鍛錬が不可欠だと思う。

そして今や外交は職業外交官だけが密室で行う時代でないことを踏まえれば、外交に携わる政治家をどう育成していくか、外交政策を理解し支持する広範な基盤を作るべく、国民がどう関わっていくべきかという視点も併せて考える必要がある。

元野球少年として言えば、なぜ、イチローや大谷翔平といった世界に誇れるような日本人選手が野球の世界で次々に生まれているのに、日本の政治家や外交官でそうした存在が稀有なのか？というのは、まっとうな問いかけだと思う。

独断で言えば、「世界を相手に勝負していない」からではないだろうか？　だからこそ、日本社会の外に出て、他流試合を重ねる必要があるのだ。それでこそ、「個の底上げ」が初めて可能になるのだと思う。

日本の外交官の個としての底上げのためにまずもって取り組むべき課題が語学力の強化であることは間違いない。外交官が語学の達人であることを期待されるのは仕事の性格上当然であるにもかかわらず、現状は第二部第六章で説明したとおりだからだ。

ただし、語学、とりわけ英語力のレベルが高くないのは外務省のみの問題ではない。日本社会全体のレベルが高くないことは、日本人大学生のＴＯＥＦＬやＴＯＥＩＣのスコアを諸外国学生のそれと比較すれば、明白である。そのような環境で育った人間の中から、どのようにして世界に通じる人材を育てていくかは生易しいことではない。この問題は外務官僚だけにとどまる話ではないのだ。

## 国際機関の壁

わかりやすい例を挙げよう。

経済局長を務めていた際、世界貿易機関（ＷＴＯ）、経済協力開発機構（ＯＥＣＤ）という経済関係の主要国際機関のトップの交代があった。加盟国から候補を選出する中で日本からも候補を出してはどうかという声もあったが、結局は候補を出すことさえできずに終わった。

なぜか？　英語力が最大のネックになったからだ。

国際原子力機関（ＩＡＥＡ）や国連高等難民弁務官（ＵＮＨＣＲ）など、外交官、学者出身の日本人トップが活躍した国際機関と違って、ＷＴＯ、ＯＥＣＤクラスの重量級国際機関となると、通常は各国とも本国で閣僚経験を有する政治家を候補として立ててくる。この背景には、せめて閣僚経験がないと、米国その他の加盟国の首脳とやり合えないだろうとの思惑もある。そうなると日本の場合は候補が極めて限られてしまう。特に、ＷＴＯ事務局長のように貿易交渉の取りまとめに当たって枢要な役割を果たすポストとなると、英語で大量の交渉文書を読み込んだ上で、海千山千の各国の貿易担当大臣と丁々発止の駆け引きをしなければならない。

ここに大きな誤解がある。日本社会ではハーバード大ロースクールで学んだとか、スタンフォード大で経営学修士（ＭＢＡ）を取りましたとか言うと大きな顔ができるが、その程度の資格を持った者は国際社会には掃いて捨てるほどいる。

国際機関の長クラスになると、欧米の大学や大学院に一、二年留学した程度の英語力では、とても太刀打ちできるものではないのだ。留学経験はもちろんとして、日常的に英語を使う勤務環境で五年、できれば十年程度は揉まれていないと立ち行かない。このように見てくると、七百名を超える日本の国会議員にあっても、有資格者は両手の指どころか、片手の指にも足らないと指摘される理由が理解されるだろう。

実際、WTO事務局長には、自民党の一部から、河野太郎元外相あたりを立ててはどうかという声があった。外務大臣を経験したことに加え、極めて強い米国アクセントが英国人や豪州人を当惑させる面はあるものの、通訳を交えずに英語で突っ込んだ意思疎通ができる稀有な日本の政治家だからだ。だが、「総理総裁を目指している政治家がバッジを外すわけがない」（某元経産大臣）という一言が象徴するように、その実現可能性は低かった。

国全体としての抜本的対応が急がれる次第だ。そして官僚だけでなく、政治家の世界においても、国際社会に胸を張って出せるような人材を育てる必要もある。そのためには、政務官、副大臣、大臣等のポストを関連付け、若い時分から外交・国際問題を繰り返し担当、通暁させ、かつ、顔を売りながら人脈を作っていく必要がある。

そのための大前提として、政治家として国を代表するような立場に立つことを目指しているのであれば、日本の受験競争から逃避するための安易な遊学ではなく、真剣な留学をしておく必要がある。

同時に、政治の世界でのこうした面での人材不足を踏まえれば、官界、財界、学界の国際畑で顕著な活躍をしたような人材に、例えば閣僚ポストを経験させ、箔をつけた上で重要な国際機関に送り込むといった工夫も国家としては必要不可欠だろう。

## 「大人は子供をいじめてはいけません」

日本の政治家や外交官の英語力の問題に加え、それに劣らず大事な問題がある。国際場裡で行う発言の内容だ。

一九八〇年代後半のことだった。

駆け出しの外交官として在米大使館に勤務していた頃（一九八七〜九〇年）、日本のコメ、牛肉市場の開放に反対する農林族一行がワシントンを訪問した。米国政府・議会関係者に対する陳情が目的だった。このうちのある議員の米国側への発言内容を知らされて心底驚いた。

「アメリカは大人。日本は子供。大人は子供をいじめてはいけません」

こう述べて、市場開放を迫る米側に再考を迫ろうとしたというのだ。

相手方の米国人が説得されるどころか、呆れた表情を浮かべたであろうことは容易に想像できた。通訳を通じてのやりとりだったが、こんなことを英語で言っていたら、笑い者にされるか、罵声を浴びるかのどちらかだったろう。

見方を変えれば、米国相手に果敢に干戈を交えた大東亜戦争で散華した英霊は、草葉の陰で泣いていたことだろう。

こうした問題は政治家だけではない。

外国人との会話にこなれている立場にある外務官僚でも驚くべき発言をする人間が散見される。

穴があったら入りたかったような経験だった。

ＧＡＴＴ、ＷＴＯ関係の事務を担当していた三十代の頃だ。口八丁手八丁で知られた小倉和夫経済局長（当時）の指示により、この分野での経験が皆無であった新任の国際貿易担当大使の鞄持ちでカナダ他を回ることとなった。

根が正直な人だったのだろう。カナダ政府のカウンターパートを前にして、自分がこの分野で経験のないことを正直に説明した上で、こう言ってしまったのだ。

「プリーズ・ティーチ・ミー」

僭越ながら若輩の同席者としても、顔から火が出るほど恥ずかしかった。

どの専門分野でも似たり寄ったりだろうが、ＧＡＴＴ専門家の常識と慣行としては、自分がどの交渉を担当してまとめたかという過去の経歴を披瀝しながら、優位な立場に立とうとする、そして相手を説得乃至は論破していく面がある。いわば、「かまし合う」のだ。

そんな百戦錬磨の連中を相手に、「私は素人です。教えてください」とやって何の効果があるのか。相手から見れば、赤子の手をひねるようなものだ。さもなければ、「こんなド素人とはやっていられない。ものがわかった奴を寄越せ」といった反応さえあり得る。日本式のへりくだりが通じる世界ではないのだ。

語学力のみならず、話す内容が重要であることは言を俟たない。

だが、今の外務官僚がこうした茶番を世界各地で演じていても驚かない。

**「一に語学、二に語学、三、四が無くて五に語学」**

語学能力には天賦の才能という面が確かにある。数は極めて限られているが、日本の外務省にも語学の天才はいる。

故千葉一夫元駐英大使は、機関銃のように攻撃的に流暢な英語を操る外交官として英国人の間でもよく知られていた。その息子の千葉明駐バチカン大使は、私の同期だ。父親譲りの語学力を発揮し、担当の中国語はおろか、英語、仏語等、実に多彩な言語を操る、まさに語学の天才だ。

同時に、語学力は、どれだけ努力を重ねてきたかを着実にかつ残酷に反映するものでもある。同じ日本に生まれても勉強次第で日本語力、特に話す力や書く力に大きな差が生じるのと同じことだ。

北米二課長時代、米国研修に飛び立つ若手の語学指導官を務めた。その際、外交官にとっての語学の研鑽を野球選手の走り込みにたとえ、大投手・金田正一が「走れ、走れ、走れ！　ピッチャーは走り込みが肝心」と言ったように、外交官は、「一に語学、二に語学、三、四が無くて五に語学」と自戒の念を込めて呼びかけていた。

故西宮伸一元中国大使は、外務省で私が最初に配属された北米二課で指導に当たってくれた先輩である。二世外交官で、首相通訳を務めた英語の達人だったが、常に勉強を怠らない努力の人でもあった。通訳を務める傍ら、大学ノートで単語帳を作っていたことをよく覚えている。その単語帳には、一九八〇年代半ばに流行した「エリマキトカゲ」の英語名まであったことなどはご愛嬌だったが、その努力を怠らない姿には強く印象付けられた。

問題は、こうした努力の大切さを今の外務官僚たちがどれだけ認識しているかということだ。

大方の省員は、入省後の在外研修を終えた時点で語学力のピークを迎えているのではないだろうか。ひととおりのコミュニケーションができたくらいで満足してしまい、遥かな高みを目指しつつキャリアを通じて継続的な努力を重ねている人間の方が少ないのではないだろうか。

英語圏の外国に行けば英語の習得に役立つことは確かだが、英語圏に行かないと英語の習得が不可能というわけでは決してない。日本にいながらも教材はいたるところにあるからだ。先輩方から受け継がれてきた教えでもある。長く本省生活を続ける外務官僚が増えているだけに、重要性を増しているとも言える。

いまやネットには英語の情報が溢れている。ロックやポップスの歌詞はすぐに参照できるし、映画好きならDVDやネットフリックスなどの動画配信サービスを見る際に音声と字幕を英語にしておけば、楽しみながら英語の言い回しやスラングの勉強ができる。

慣れ親しんだ日本の小説の英訳を読むことも、洗練された知的表現を学ぶ有益な方法だ。夏目漱石の『こころ』（新潮文庫など）のエドウィン・マクレラン訳や三島由紀夫の『豊饒の海』四部作（新潮文庫）のエドワード・サイデンスティッカー等の英訳には、何度読んでも尽きない魅力と味わいがある。外国人と接した場合に日本の事象を英語でどう説明するか、適切な英語が出てこない場合がよくあるが、こうした教材はそういう面でも極めて有用だ。

日本でもそうだが、特に英語圏に赴任した場合には、しっかりした家庭教師を付けることも有益だ。諸先輩の行いに倣い、ロンドン勤務時代に英国人の家庭教師を付けて、発音の矯正、英国式のスピーチや詩の勉強をしたが、今でも役立っている。

発音について言えば、別に日本の外交官全員がネイティブ・スピーカーのような発音を目指すべきだとは思わないし、可能でもない。その意味では「ジャパングリッシュ」（日本風英語）で何ら構わないだろう。目指すべきは、FM放送のDJのような軽いノリの英語を話すことではないからだ。大事なのは、訥々とではあっても、自己の主張を理路整然と明確に相手に伝える知的英語を身につけていくことなのである。だが、その面でも改善の余地は限りなく大きい。

四十年間の外務省生活を振り返って周囲を見回して得た教訓のひとつは、強い問題意識を持って前記のような方法を自分に合った形で五年、十年、さらには二十年、三十年と続けていけば大きな差が出てくるということだ。まさに継続は力なり、なのだ。

むしろ、こうした努力をしていなかったが故に、帰国子女という語学取得では恵まれた出発点に立っていたのに、その後さしたる上達も遂げられなかった例が溢れている。イソップ童話の「うさぎとかめ」は、ここにも当てはまる。

## 首相通訳の活躍

首相や大臣の英語通訳は、要求水準の極めて高い作業である。

外交上の機微なやりとりについて細大漏らさず正確に訳出することが求められる。英語の発音、語彙といった語学力のみならず、発声、日本語力、外交政策の理解、瞬時の機転・反射神経、担当する政治家との相性がすべて揃って、初めて名通訳となれる。

安倍元首相の英語通訳を長年務めた高尾直《すなお》在中国大使館参事官の活躍は傑出していた。

特に、総理大臣の発言を正確に訳出するだけでなく、その聞きやすさ、声の張り、テンポが秀逸だった。首相が話す日本語と通訳が話す英語の双方を比較すれば、違いは歴然としていた。率直に言えば、滑舌の良くない日本語よりも、小気味の良い英語の方が遥かに立派に聞こえたものである。まさに、首脳外交を支えた縁の下の力持ちとは、彼のことだった。

駐豪大使時代には安倍元首相と親交を深めてきたアボット元首相から安倍氏とのやりとりの思い出をたびたび聞く機会があったが、通訳を務めた高尾参事官への高い評価が印象的だった。こうした優秀な通訳を輩出してきた伝統が外務省にはある。これをしっかりと維持していかなければならない。

通訳業務は肉体的、時間的負担も重い。そのため、本来は通訳業務に携わるのは本省担当官時代に限られてきた。しかしながら、高尾通訳の場合には、安倍首相の高い評価と強い要請もあり、首席事務官になってからも引き続き首相通訳であり続けた。逆に言えば、このクラスの通訳を組織として如何に継続的、恒常的に養成していくかが大きな課題でもあるのだ。

## 英語以外の語学の問題

私の担当言語であった英語にまつわる話だけではなく、他の語学についても一言述べておきたい。

一九八四年に外務省の門をくぐった上級職の同期は二十五人いた。そのうち、担当語学は、私を含む十二人が英語、フランス語四人、ドイツ語二人、スペイン語二人、ロシア語二人、中国語二人、アラビア語一人であった。

　中学校以来勉強を重ねてきたはずの英語でさえも外交の現場で使えるレベルに達するまでは相当な努力が必要なことは既述のとおりである。それがロシア語、中国語、アラビア語などの特殊語になった大変さは、筆舌に尽くしがたい。同僚の努力には、頭が下がる思いだ。同時に、当該語学の力が研修直後にピークを打った後に下降一筋とならないよう、継続的な努力がいっそう大切であることも事実だ。

　ただし、総理大臣や外務大臣の通訳をする場合、英語と違って周りにその言葉を解する人間が限られているので、ミスが見つけられにくく、心理的プレッシャーはいささか軽減される。他方、ロシア外務省、中国外交部には相当な日本語の使い手が引きも切らないので、同業者の眼と耳は厳しいと言わなければならない。

　インテリジェンス担当の国際情報統括官を務めた経験に照らし、こうした特殊語を自在に扱い、相手国の人心に肌身に接し、また、一次文献に接して行間を読み込める人材こそ、外務省の財産であると確信している。幸い日本の外務省はその面では明確な目的意識を持って人材を育ててきている。ロシア語、中国語、朝鮮語、アラビア語に限られず、ヒンディー語、ペルシャ語、トルコ語、ヘブライ語、ウルドゥー語、カンボジア語など、数は決して多くはないが要所に特殊語の専門家を配置して情報収集、対外発信を行っている。このことは日本外交の広がりと深みを表すものでもある。

　第一部で記した事例を見ても、英語だけでは、とてもやりおおせない。ロシア語、中国語、韓国語、アラビア語、ヘブライ語などを自在に操る人材がいてこそ、初めて日本外交は難局に対応できるのである。

ところが、そうした貴重な人材がキャリアの途中で処遇に幻滅して離職していくケースがまま見られるのだ。多大な損失である。だからこそ、匠にとっての充実したキャリア・パスの設定、公正な人事が求められることになる。

## 中国の問題を英語で語る必要性

特殊語の重要性は強調してもしきれないが、同時に忘れてならないのは、グローバリゼーション、インターネットの流通の中で英語の汎用性と重要性が年々高まってきたことだ。一昔前は国際機関では英語だけでなく仏語も必須とされてきた。国連でもＷＴＯでも、引き続き仏語も公用語である。しかし、外交の世界で使われる言語という基準に立てば、英語と仏語の争いは英語の圧倒的勝利に終わりつつあるのが実態である。

むろん、特にフランスに所在するユネスコやＯＥＣＤ等はもちろんのこと、国際機関で仕事や交渉をする場合、仏語ができるのに越したことはない。他方、仏語圏のジュネーブに所在するＷＴＯで仕事をした私の経験に照らせば、拙い仏語を話そうと努めるよりも、仕事や交渉で使える高度な英語力を磨いた方が役に立つことも確かである。

特殊語の習得を命じられた外務省員、特に上級職で英語圏でも勤務することがある人間にとっては、どうやってこの英語力を身に付けるかが恒常的な課題である。この面でも今の外務省は心寒い状況であり、個々人、組織全体の努力を倍加する必要がある。

重要なテーマがある。昨今、日本の外交官がどこに赴任しようが常に投げかけられる質問は、「これから中国はどうなるのか？　中国とどう付き合うべきか？」というものだ。

残念ながら、日本外務省のチャイナスクールの人間で、この設問について英語で欧米の知識人を唸らせるくらいの質の高いプレゼンを行える人間は、率直に言って極めて限られている。少数の顕著な例外を別にすれば、英語で知的発信ができる人材が十分に育っていないのだ。

日本語や中国語で日中関係をマネージするのが、チャイナスクールの仕事のすべてではない。英語まで駆使して中国の擡頭が提起する機会と挑戦について国際社会に対して知的で説得力ある説明ができること、それこそ今の日本外交に求められている喫緊の課題だろう。チャイナスクールの英語力を伸長する必要が大なのだ。

同時に、組織としてはチャイナスクールだけに頼るわけにはいかない。米国・英国スクールで育った英語の使い手に中国問題を語らせるといった連携も肝要となる。そうした努力があってこそ、国際社会における認識、論調に目に見えた影響を及ぼすことができるようになるのである。

私の経験でも、駐豪大使としての一番大事な仕事は、日本と基本的価値、戦略的利益を共有する、インド太平洋地域の最重要同志国である豪州に対して、中国問題についての日本の知見や経験の共有を図り、対中認識の摺り合わせをすることだった。そこで必要なのは、中国語の素養や古典についての造詣や中国史についての知識であるよりも、オージーの理解する言葉遣いとロジックを駆使して、中国の擡頭によってもたらされている挑戦についての危機意識を高め、日本との協力の重要性を納得させせることだった。このように、欧米社会をはじめとする第三国での中国問題についてのプレゼンは、中国問題についての長年の経験と素養を有する日本の外交官こそが説得力を持って展開できるし、しなければならないはずである。

そのように考えれば、チャイナスクールの人間にとっても、英語圏での在勤期間を「骨休め」などとして息を抜く暇など、本来ないはずだ。また、米英スクールの人間も、「私は中国を担当したことがありませんから」などと言って中国問題についての議論から腰を引いてはならないのだ。

# 第六章　個の底上げⅡ——知的好奇心の伸長

## 「喧嘩をせよ、恋をせよ」

内向き志向が根強い今の外務官僚、外交官、特に若い世代に問われるべきは、果たして「知的好奇心」が十分にあるのか？　ということではないだろうか。

国内にあっては要人往来の際の大型ロジに追われ、在外公館に転出しても大使館の自室オフィスに籠もって任国の人と交わるべく外に出て行かない、そうした傾向が顕著だからだ。

だが、外交官はそのキャリアの半分近くは海外の在外公館で過ごし、平均二～三年で次から次へと色々な任地に赴くこととなる。いかなる国に行って、いかなるポストに就くにせよ、そこでは新たな勉強が始まる。旺盛な知的好奇心なくして、到底やりおおせない。

その観点で、今も大切にしている言葉がある。

一九八四年に入省し、北米第二課での本省研修を経て、八五年夏に在外研修（米国留学）に出発する直前だった。若き外交官の卵の旅立ちに先立って、怖い上司として知られた七尾清彦北米二課長（当時）が餞にくれた言葉だ。

それは「喧嘩をせよ、恋をせよ」というものだった。

七尾課長の話を聞き、その後自分で実体験を重ねるにつれ、だんだんとおぼろげながらその言葉の含蓄をかみしめることができるようになった。そして、この教えこそ、今の外務官僚たちが在外に出る時に座右の銘としなければならないものではないかと受け止めている。

喧嘩とは、もちろん、ストリート・ファイトを好んでせよ、などという趣旨ではない。アメリカでそんなことをしたらボコボコにされるのが落ちであり、下手をしたら撃ち殺されてしまう。課長が言わんとしたところは、色々と愉快でないこと、意見の食い違いなどがあった時に、「仕方がない」として黙って引き下がってしまうのではなく、しっかりと自分の意見や感情を伝える、そうした努力を意識的に重ねることによってこそ表現力、語学力が伸び、相手に理解されやすい言い回し、表現手法で主張する力が身に付いていくということだった。

実際、アメリカ生活は「喧嘩」の種には事欠かない。

卑近な例を挙げれば、買い物や修繕に当たって日本人の求めるサービスのレベルが実現されないことなど、常態だ。ワイシャツをクリーニングに出しても、襟の汚れが落ちていない、ボタンが外れて帰ってくることなど、珍しくない。そんな時、あきらめずに店員にきちんとクレームをつけ、もう一度クリーニングさせる、ボタン外れの分の料金を引かせる。こうしたやりとりが、ここでいう「喧嘩」の一例である。日本人の多くにとって面倒くさく億劫この上ないのだが、ここであきらめてはいけない。

もっと深刻な次元の「喧嘩」もある。

一九八〇年代半ばの在外研修中、サンフランシスコの空港で、レンタカーを借りようと列に並んでいた時のことだ。

カウンターには制服を着た店員の女性がいて、その横には、ボーイフレンドと思しき、くだけた私服の男性がいた。すると、「早く仕事を片付けてデートに行こう」とボーイフレンドから執拗に誘われたカウンターの女性店員が、驚愕の問題発言をした。順番を待って列にじれったそうに立っている私の視線が気になったのか、ボーイフレンドに対して、「この東洋人（蔑称）を片付けなければいけない」と小声でささやいたのである。

日本の英語教育ではまず教わることがないgookという蔑称だった。たまたま私は、留学先のコロンビア大学で親しくなったイタリア系米国人の学友からこの蔑称を聞き知らされていたので、怒髪天を衝いた。ただ、現場で目にした男の柄があまりにも悪かったので、その場で口論になることを意図的に避けた。そこで事後、私の憤りを共有してくれたコロンビア大学ロースクールのヒスパニック系米国人学友のアドバイスに従い、ただちにこのレンタカー会社に抗議の手紙を送った。これに対し先方からは、責任者と当該店員の双方から、丁重な謝罪と釈明の書簡が送られてきた。

国際標準に照らしてみれば、日本社会は同質性が極めて高い。そうした世界で育った大方の日本人は、海外に出て初めて自分が差別される側に立つ。差別されることに驚くばかりで、対処の仕方もわからず、戸惑うこととなる。その上、基本的には目の前の相手との融和を重んじる性向も強い。言葉の不自由もある。したがって、このような不愉快な事案に直面した時にさえ、そもそも差別に遭ったことを認識し得ない、或いは認識したとしても声を上げることに躊躇しがちである。だからこそ、冷静に、かつ、第三者が軍配を上げるような説得力を持った形で、「喧嘩」をしなければいけないのだと痛感している。

「喧嘩をせよ」という教えの含蓄をかみしめながら、果たしてこうした「喧嘩」を外務省の人間はしっかりと日本国を代表する外交官としてできているのだろうかと考えざるを得ない。それこそが問題だ。避けて通るわけにはいかない問題であり、何より、同胞が同じような目に遭うことがなくなるよう、努力していかなければならないからだ。

## 人種差別への及び腰

思い起こせば、日本の近現代外交は人種差別問題への不断の対応を強いられたものでもあった。幕末の開国時の西洋列強による不平等条約の押しつけ、国際連盟設立に当たって人種差別撤廃条項を提案したもののウィルソン米大統領の差配で葬り去られたこと、日本からアメリカへの移民が土地所有、入国などの面で数々の差別にさらされたこと等、枚挙にいとまがない。

そうした歴史を振り返って大局を見れば、欧米諸国と伍して数十年にわたって国際社会の主要メンバーとして確固とした地歩を築いてきた日本の外交官こそ、人種差別に対して毅然と戦うべき、そして戦える立場にいるのだ。だが、今の外務官僚がその面でのアンテナを高くしているだろうか？

ロンドン在勤時、英国社会の保守層が好む高級週刊誌と言われるスペクテイター誌で、コラムニストが「ＪＡＰ」なる表記を使ったことがある。当然、大使館の広報担当が猛烈に抗議すべき話だった。だが、広報担当に動きが見られなかったため、反論のイニシアティブをとったのは、私がいた政務班だった。

こんなこともあった。キャンベラ赴任後まもなく、豪外務貿易省の儀典長を訪ねた際、総督に対する信任状奉呈の準備状況につき説明を受けた。その際に豪州側から手交された資料を良く見てみると、日本大使の整理番号であろうか、なんと数字の前に「ＪＡＰ」と記載されていた。「日本大使として、このようなものは受け取れない。せめてＪＰＮと書き直すべき」と主張したところ、その場は凍り付いた。同行していた館員は、自らは何も言わずうつむくだけだった。そして、後日、是正された。

「喧嘩」で思い出すのは、ロンドン在勤時代に出会った英国のシンクタンク関係者から聞かされた言葉だ。

「世界中で日本ほど怒らせるコストの低い国はない」

国際関係上、少々のことをしてもまず日本は怒らない、怒ったところで大して怖くない、と言いたかったようだ。一人一人の日本人が「喧嘩」をしないと、ここまで舐められる。舐められるだけではなく、そうした個人の所作が国全体の外交力を損ないかねない。これは、一外務省だけの問題ではないのである。胸に手を当てて受け止めるべき指摘ではないだろうか。

その観点で戒めるべきは、事なかれ主義と並んで、日本外交の八方美人的体質である。政治と同様、外交もすべての相手方を喜ばせることなどできない。「敵」を不必要に増やす必要は毛頭ないが、敵を作ることを恐れていては、「喧嘩」はおろか、日本の立場を理解させることなどできない。ましてや精強な外交を展開できるわけがないと知るべきなのである。諍《いさか》いを恐れるばかりに、主張すべきことも主張できていないようでは、何のための外務省、外交官か、厳しく指弾されてしかるべきだろう。

## 任国の歴史、社会、文化を知る努力

北米二課長による「恋をせよ」との訓示の意味するところについての説明は、実に直截だった。「異性に対する欲求をお金で処理してはいけない。くどけ。ピロートークを重ねろ。そうやってこそ、語学力は上達する」

旧世代の外務省員の間でよく語り伝えられてきた古典的な教えだ。

一面の真実ではある。一方、「恋仲の男女が話すことなど、たかが知れており、古今東西変わりはない。また、国籍を問わず、男女の仲はある段階から以心伝心の境地に入る。したがって、高いレベルの語学力の向上にはあまり資さない」との意見もある。

ちなみに、日本語が実に達者な欧米人男性の中に、女性言葉を多用する人が散見される。これなどは、語学習得の手段と道筋が露見してしまい、あまり感心できたものではない。

真面目な話をすれば、私は「恋」の意味を広げて解釈すべきだと考えた。

すなわち、特定の個人に対する恋愛感情を越え、相手国の歴史、社会、文化に恋の対象を広げていく「拡大解釈」こそが外交官の取るべき道というものだ。

現実のアメリカ留学は厳しかった。

ニューヨークで通い始めたコロンビアの大学院の授業ごとの課題図書の量（リーディング・アサインメント）は、聞きしに勝るものだった。英語を母語としない遅読の外国人学生が読み切れる量では到底なかった。

多感な日本での高校生時代以来、心象風景の中で勝手に偶像化されてきた初代チャーリーズ・エンジェルのジャクリーン・スミスやファラ・フォーセットのような存在は、コロンビアにあっては、夢のまた夢。その意味では、一心不乱に勉学に打ち込むには、実にふさわしい環境が整っていたとも言えた。

そうした状況だからこそ、アメリカを知る努力を怠ってはならないとの職業的責任感が余計に持続されたのかもしれない。歴史、社会、文化のどれひとつをとっても学ぶこと、知っておくべきことは山とある。その中には感心、賛同できないことも無論あるが、魅力に富み、深く探求すべき題材にも事欠かない。振り返って見ても、こうした学びの努力を常日頃からしておくことは、外交官として大切なことだと思う。

## 『ゴッドファーザー』の効用

国際関係論を学ぶ大学院では、ハードな学業の毎日だった。ただし、修士号の学位を取ること自体は、東大や京大のような日本の一流大学で学んだ経験を有する者にとっては、乗り越えられない困難な課題ではない。学校、図書館、下宿の三角形を地道に行き来する生活を修行僧のように我慢強く重ねていけば、最後には報われるものだ。

だが、このような生活に浸かりきってしまうと、アメリカを学ぶ、アメリカ人を知ることが疎かになりかねない。その意味で、外務省である時期から顕著になった学位取得を強く奨励する傾向には、私は必ずしも賛同できない。

むろん、将来の国際機関での勤務などを考えれば、学士号のみならず修士号の取得は必須である。転職の際にも有利だろう。

同時に、外務省を志し、本省で一～二年の実務経験を有するような人間には、米国の大学の国際関係論の授業で教えられていることは決して難しい話ではない。しかし、それでアメリカの歴史、政治、社会がわかったと言えるのだろうか？　授業の英語は、二、三か月も経てば大体何を話しているかは見当がつく。でもそれで、書く力や話す力はついたと言えるのだろうか？

こうした問題意識を持てば、学位取得を目指して大学院での既成のメニューをそのままこなすよりもむしろ、例えば学部学生用の米国史や英作文の授業を取った方が格段に有用ではないだろうか。さらに言えば、単調なカリキュラムをひたすらにこなすよりも、グリニッジビレッジの映画館で『ゴッドファーザー』三部作を鑑賞した方が、アメリカの歴史、社会と英語を学ぶ上で遥かに実があるかもしれない。

脱線するが、映画『ゴッドファーザー』については、私が米国人の友人から力説されてきたとおり、アメリカを知る上で必見の映画だと思う。イタリア系移民の歴史のみならず、ワスプ、アイルランド系、ユダヤ系との相克が端的に描かれている。日本ではあまり注目されなかったが、主役のマイケル・コルレオーネ役を演じたアル・パチーノが真珠湾攻撃を巡って兄役のジェームズ・カーンと議論すらしている。ことほど左様に毎回見るたびに新たな発見がある。研修中に限らず、その後も語学の習得を兼ねて繰り返し見たものである。

諸先輩から申し伝えられたとおり、外交官として必要な資質は何か、その資質を備えるためには留学生活をどう活用するのか、こうした意識を持って絶えず試行錯誤を重ねていかないと、二年の留学生活などあっという間に終わってしまう。そのような問題意識を有することなく、たかだか二年間程度の生活で身についた英語力で海千山千の外交の世界を泳ぎ切ろうというのは虫のよすぎる話である。留学は始まりに過ぎない。その後の継続的な努力が肝心なのである。

## 英国人家庭教師から学んだこと

「恋」の重要性は、留学時に限られる話ではない。外交官はその後、色々な任地を転々とする運命にある。新たな任国に行くたびにその国の歴史、政治、社会、文化を知る努力を重ねることは外交官として必須だ。こうした努力を重ねない人間に対しては、得てして任国は通り一遍の対応しかしてくれないものであり、任国関係者の信も得られない。

山崎豊子の『沈まぬ太陽』（新潮文庫）という名著がある。海外勤務のサラリーマンの悲哀をよく描写している。けれども、外交の最前線にいた人間としてどうしても納得がいかないのは、パキスタンのカラチやイランのテヘラン、ケニアのナイロビへの転勤を「左遷」というカテゴリーで括ってしまっている点である。日本外交の観点からは、いずれも重要な任地である。

そもそも「左遷」との形容は、相手国の人にとって礼を欠くし、現地で生活し、活躍している在留邦人に対する配慮と敬意にも欠ける。ただ、それよりもここで強調しておきたいのは、例えばアフリカへの転勤に腐ってサファリでの狩猟に明け暮れることよりも、もっとやっておくべきことはなかったのだろうか、という真摯な問いかけである。

二〇〇九年から丸三年間、私はロンドンの日本大使館で政務担当公使を務めた。一般的には、多くの人に羨まれるゴールデン・ポストだ。仕事は充実していた。しかしながら、灰色の空の下で心にカビが生えてくるような英国の気候、特に冬場の湿った暗さ、また、日本や日本人に対する無関心はともかくとして、時として一部の英国人から示される尊大かつ傲慢な姿勢は、愉快なものではなかった。夏目漱石や江藤淳のような近現代を代表する日本のインテリがいずれも体験し、メンタルに変調をきたした原因でもある。そうした先人たちの苦労に思いを致したこともある。

しかしながら、その程度のハードルに直面したくらいで英国を知る努力を怠るわけにはいかないという職業的責任感も強まった。英国人の友人の勧めに従い、英国政治についての主だった評論、代表的な古典文芸作品を読み漁ってみることとした。同時に、英語力、特に発音と表現力を改善するため、前述したように、日本に滞在したこともある英国外交官夫人を家庭教師に招いた。そして、英国知識人であれば当然読んでいるような詩やスピーチを朗読しながら、発音を矯正してもらうこととした。結果として、英国に対する理解を深め、「恋」を大きく育むことにつながった。

こうした経験は、オーストラリアに赴任した際にも非常に役立った。キャンベラ赴任の内示を受けた後、リチャード・コート駐日豪州大使（当時）や在京豪州大使館関係者、豪州人の知人に対して、「オーストラリアの歴史、社会、政治、そして国民性を知るために読んだ方が良い本と、見たら良い映画を全部教えてください」と頼んで回った。嬉しいことに、何人もの豪州人が自ら詳細なリストを作って寄越してくれた。日本の書店に行けばオーストラリア関係の本は数冊にも満たないが、こうして得た情報は、本でも映画でも二十を優に超えた。まさに求めれば与えられる、を実感した。

## 任国の人々からの視線

しばしば指摘されることだが、外交官であっても駐在員であっても絶対に避けるべき事態は、任国の人々から「（その任国のことを）嫌いなんだな」と思われてしまうことだろう。殊に、友好国に赴任した場合は、尚更である。

村田良平元駐米大使は、尊敬すべき外交官だった。私がニューヨークでの研修を終えてワシントンの日本大使館に勤めていた頃、雲の上のような存在の大使だった。当時の駐米大使はマーシャル諸島、ミクロネシアという太平洋島嶼国の大使も兼轄していた。村田大使による信任状奉呈のため、ワシントンから鞄持ちとして大使夫妻に同行して遥か太平洋の島々に赴いたことは、今も忘れがたい思い出だ。

ちなみに、同大使の『村田良平回想録』（ミネルヴァ書房）は、狭い井戸の中で泳いでみせただけの外交官が自分の限られた経験談を強調、自慢しがちな日本の外交官のメモワールの中にあって、出色の深みと内容の濃さを誇っている。陸奥宗光の『蹇蹇録《けんけん》』（岩波文庫）と並んで、日本外交の在り方を学ぶ上での必読書だと認識している。

知的巨人とも評されていた村田大使。だが、駐米大使として不幸だったことは、もともとドイツ語研修であり、かつ、元経済局長として日米経済紛争で米国と激しい交渉を重ねたせいだろうか、米国の社会や政策に対して批判的とのレッテルを一部から貼られてしまったことである。

次元は違うが、私自身の経験でも、ロンドン在勤中、一部の英国外務省関係者が私のことを「嫌英派」（Anglophobe）と位置付けて敬遠しようとした傾向を感じることがあった。キャメロン政権下で中国との関係改善を「英中関係の黄金時代」などと称して浮かれていたこと、さらには、ブレグジットで迷走し始めたことに対し、英国政府の耳に痛いことを何度も言ってきた。むろん、それは日英関係を日本の国益に沿った形で発展させたいという日本の外交官としての動機に基づくもので、「好き嫌い」というような次元の話ではなかった。このことは、秘密情報庁（ＳＩＳ）やテレグラフ、エコノミスト、ＢＢＣといったメディア関係者の方が良く理解してくれていたと思う。だからこそ、今も英国の友人との親交は脈々と続いている。

また、駐豪大使時代、キャンベラで「最も活動的」で「物言う大使」として好意的評価を受ける一方、労働党や豪外務貿易省の一部には、私が中国問題について発信することを歓迎しない向きがあることも感じていた。実際、中国問題について「発言を控えるべし」との牽制球を豪州政府内外の関係者から投げられたことも一度ならずあった。

要は、任国嫌いとのイメージを持たれることは避けなければならないが、任国の万人を満足させようなどと考えていては、外交官としての仕事を進めることなど到底できないという教訓となった。時には「喧嘩」をしなければならないし、さらには洗練された形で耳に痛いことを言う必要も出てくるのだ。

## 「ゴーイング・ネイティブ」の危険

むしろ、日本の外交官にとっての落とし穴は、任国に批判的であると敬遠されることを強く恐れるため、過度に宥和的に流れ、イエスマンに堕してしまう、さらには任国の代弁者であるかのように本国で受け止められてしまうことではないだろうか。

かつて永田町やマスコミで悪名高かった「チャイナスクール」も、第一部で説明したとおり、最近は随分と変わってきた。「戦狼外交」を典型とする、過度に攻撃的な外交・安全保障政策を打ち出した中国側のオウン・ゴールの結果でもある。だが、昔ながらの根っこが残っていると感じる時もある。

日本国際問題研究所という日本を代表するシンクタンクに出向していた際、何人かの日本人学者と一緒に北京の日本大使館を訪れ、駐中国大使と懇談したことがある。チャイナスクールとして最高ポストである大使に収まっていた矜持と責任感からなのだろうか、昔ながらの中国礼賛が相次いだ。

「自分が研修（留学）していた時代の中国と今の中国とは様変わり。様々な点で日本の先を行っている」と具体例を挙げ続けた。

さすがに白けきった学者の一人から、「そうはおっしゃっても、この大気汚染はどうにかなりませんかね」と切り返される始末。

その日の代表団内輪の夕食会の席上、くだんの学者たちから外務省より出向していた私に対し、批判とも皮肉とも聞こえる指摘が相次いだ。

「チャイナスクールは、皆あんなものですか？」

さすがの私も困り切って、援護射撃をしておいた。

「多分中国側に盗聴されていると思って、精一杯好意的な発言をしておいたのでしょう」

英国外務省では、任国に過度に同情的になるこのような性癖を「ゴーイング・ネイティブ（going native）」と呼んで戒めている。問題は日本外務省だけではないということでもある。また、日本でも、チャイナスクールなど、一部の語学や地域の専門家に限られた話でもない。

## 好き嫌いではなく日本の国益を考える

ある時、本省でインドネシアを担当していた優秀な後輩が、インドに赴任する際に外務省内関係者に一斉に発出した挨拶メールを見て唖然とした。

「自分はインドネシアをこよなく愛しており」「（インドネシアの）友人たちとの関係が絶たれてしまうような喪失感すら味わっています」とあり、最後に「インドが大好きになるように頑張ってくるつもりです！」と記されていた。

インドネシア人やインド人に宛てたメールではなく、日本人に宛てた日本語メールでの文面だ。単に人が良いだけなのかもしれないが、そうした姿勢が「ゴーイング・ネイティブ」と捉えられかねないという自覚がないのだろうか。

日本の外交官にとって大事なのは、好き嫌いではなく、日本の代表として日本の国益を増進するように、任国との関係を発展させ活用していくことだろう。

もちろん、胸の内でのリアリストとしての心がけは別として、外交官として公の場で相手国にどういうメッセージを送るかは、細心の工夫を要する問題でもある。

豪州に赴任した際、多くの豪州人から、「豪州はどうですか？」と聞かれた。私は判で押したように、「米国や英国で勤務し、長年赴任したいと思っていた国だったので、夢が叶った気分です。豪州滞在のありとあらゆる時間を満喫しています」と答えてきた。「この大使は豪州が好きなのだ」という第一印象があってこそ、次のドアが開いてくるからである。実際に、私の反応を聞いたほぼすべてのオージーが満足そうに頷いてくれた。

その一方で、「恋をすること」とは、すべてを好きになることでは毛頭ない。「アバタもえくぼ」というような態度などは、生き馬の目を抜くような外交の世界で匠の職業外交官が取るべき姿勢ではないだろう。相手の国の優れた点、長所を十分に認識しつつ、冷徹な頭で日本の国益を計算し、それを増進するように相手国との関係を日本にとって役立てることが最も重要なはずである。むろん、自分の都合だけで相手を利用しているとの印象を決して持たれることのないよう、繊細な配慮と中長期的な信頼関係の構築が重要であることは言を俟たない。

## 「なんでも見てやろう」

「恋」をするには、相手のことをよく知る努力が大事だ。その最たるもののひとつに旅があると思う。

いかなる国に赴任しようが、「どこにでも行ってやろう」「なんでも見てやろう」との気持ちが大切なゆえんである。隈なく見て回ることによって、その国の自然、地形、気候、名所がわかるだけでなく、それらを背景に繰り広げられてきた歴史、育まれてきた慣習、風俗、生活様式、そして文化、さらにはそれらを担ってきた人々の特性や気質に思いが至り、関心を高め、学びを深めることとなる。

アメリカ研修の頃だった。米国研修に当たっては、北村大《まさる》氏（現在、弁護士）、北米二課時代に手取り足取り指導してくれた故森賀晃氏、コロンビア大学大学院での先輩の佐藤地《くに》氏（その後、外務報道官、ハンガリー大使を歴任）といった素晴らしい先輩に恵まれた。彼らの助言に従い、全米五十州にできる限り足を運んでみようと思い、車での大陸横断（米国人が言うところの「クロス・カントリー」）を三回にわたって敢行した。

留学先の東海岸やサマースクール先の西海岸だけでなく、中西部、南部、大平原、山岳部、砂漠地帯など縦横に走り回ってみた。時間と地理的制約のため、アラスカとノースダコタには足を延ばすことが叶わなかったが、残りの四十八州にはすべて足を踏み入れた。州と州とにまたがるインターステートのハイウェイだけでは変化が少なく、その土地ならではの地方色に触れることが難しいので、時間の許す限り、ローカルの道にもハンドルを進めた。

のみならず、アメリカ人が行く機会の多い、或いは、旅行で行きたがる近隣の国々（カナダのモントリオール、ケベック、バンクーバー。メキシコのカンクン。大西洋のバーミューダ、カリブ海のバハマ、ジャマイカ、バルバドス）を見ておくことも重要と思い、訪れた。

先輩方や自らの経験を振り返ってみるにつけ、「腰の軽さとフットワーク」こそ、外交官として必要な資質のひとつだと思う。そうした認識に立ち、その後赴任した香港、英国、豪州といった任地でも、できる限り首都や大使館・総領事館所在地だけではなく、地方や周辺にこまめに赴いて、見聞を深めることに努めた。駐豪大使時代は休暇の際でも日本に帰国することは我慢し、極力豪州にとどまって豪州国内を隈なく回るように努めた。

任国の良さを見出すだけでなく、そうした努力を重ねること自体が任国の人々から好印象を持って迎えられることを実感した。確かに、休暇のたびに本国にいそいそと帰る外交官など、任国が歓迎するだろうか？　しかしながら、実態はそういう日本の外交官が大勢ではないだろうか？

任国を見て回ることの利点は、諸外国から日本に外交官を迎える時に置き換えれば、容易に理解してもらえるだろう。始終東京の梅雨の湿気、夏の猛暑、朝夕の交通渋滞、住宅の狭さに愚痴を言い続ける外交官など、日本人は歓迎しないだろう。夏休みやクリスマス休暇に長期間本国に帰国してしまい、日本の地方を知る努力を払わない外交官にも、愛着や親近感を感じないだろう。

それよりも、東京の清潔さと利便性、大阪の活気、京都・奈良の伝統、軽井沢の気品と涼風、富士、阿蘇や日本アルプスのスケール、広島・長崎への思い、四国の渓流、北陸の鮮魚、東北の名湯、北海道のパウダースノーの魅力を語れる外交官こそ、歓迎されるのではないか。同じことである。要は、外交官には居心地の良いオフィスにばかり安住している時間などないのだ。

## 日本を知り、伝える力

知的好奇心の対象は、何も任国に限られるわけではない。海外生活を経験した日本人の中には、日本のことを聞かれた時にきちんと説明できず悔しい思いをした経験を有する人が多いだろう。海外にあって外国人と意見交換をする多くの日本人が、「あの時こう言えばよかった」「なぜ言えなかったのか」と思った経験を有するのではないだろうか。私もその一人だった。

ことは森羅万象に及ぶ。日本の外交、安保、経済、社会政策にとどまらず、文化、風習、流行、スポーツなど、なんでもある。しかしながら、日本人として、相手が理解しやすいような言い回しや論理を駆使してどれだけ説明できているだろうか？　日本を知り、伝えるための普段の努力が欠かせないのだ。

この点で、常に自戒の念が先立つのだが、今の外務官僚は果たしてどれだけ努力しているだろうか？

例えば、欧米知識人が日本を知るために必ず読むような評論（新渡戸稲造の『武士道』（岩波文庫など）、ルース・ベネディクトの『菊と刀』（社会思想社など）、ジョン・ダワーの『敗北を抱きしめて』（岩波書店）、エドウィン・O・ライシャワーの『ザ・ジャパニーズ』（文藝春秋）等）、小説（夏目漱石の『こころ』、川端康成の『雪国』（新潮文庫など）、三島由紀夫の『金閣寺』（新潮文庫）、『豊饒の海』四部作、村上春樹の『ノルウェイの森』（講談社文庫）、『海辺のカフカ』（新潮文庫）等）を英語で読んでおくことは必要かつ有益だろう。

しかも、受け売りではなく、そうした評論や小説の優れた点のみならず足らざる点、問題点等も含め、自分なりの付加価値をつけて説明できるかが重要である。そうでないと、既に巷間に流布している対日認識を上塗りするだけの結果となり、「相手（特に欧米人）の聞きたいことだけを言う」似非知識人で終わってしまうからである。遺憾ながら、これが日本の知識人の大多数ではないだろうか。

このように仔細に見てくると、外交官の仕事は、恒常的かつ意識的な勉強を必要とする知的営みだということが理解されるのではないだろうか。こうした意識付けこそ、本来、外務省が省員に対して徹底して行っていくべきことではないかと考えている。それでこそ、各国を代表する知的エリートと対等に伍していくことが可能となるのである。

だが、事務の合理化、省力化に執心している今の外務省の幹部には、馬耳東風でしかないようだ。

## 「ジャパン・ファースト」への衒いの払拭

外交官には、このように語学力を磨き知的好奇心を研ぎ澄ませた上で、各国の代表が熾烈な競争を繰り広げている国際社会において、日本の国益を増進するために身を粉にして日夜働くことが求められているのである。こう言ったら、私は「時代遅れ」として排斥されるのだろうか？

国際標準（グローバル・スタンダード）に照らせば、当たり前の期待値だと思う。日本の外交官は日本の国益を考え、アメリカの外交官はアメリカの国益を考え、中国の外交官は中国の国益を考える。どの国の外交官も自国の国益最優先であり、その意味では、当然に「自国ファースト」である。

「アメリカ・ファースト」と声を大にして回っていたトランプ大統領は、当然のことを言ったに過ぎない。外交のプロからすれば、本来、改めて口に出して確認する必要もないはずのことなのだ。むしろ、当たり前のことを強調したから周囲が鼻白んだと言うべきかもしれない。

ところが、日本の外務省では、「ジャパン・ファースト」という当たり前のことを言うのが憚られる雰囲気が未だにある。「そんなことを言うのは下品で愚劣」さらには、「右翼の言い分。教養ある人間が言うべきことではない」というような高踏的な空気が漂っている。

こうした空気が、かつて淵田海軍中佐が指摘した「しつこさ」の欠如につながるし、国益の実現にがむしゃらに取り組む同胞を遠巻きにして冷ややかに見下すような姿勢につながるのだ。外務省に根付いている岩盤のように堅い、このＥＱ（心の知能指数）と熱量の低い「冷血動物的」姿勢を叩き直していく必要があると痛感している。

# 第七章　個の底上げⅢ——挨拶と身だしなみ

## 守衛へのリスペクトの欠如

条約課長や条約担当の国際法局審議官を務めて国会を回る機会が多かった頃、よく国会関係者から言われたものだ。

「外務省の人間は挨拶ができない」

外交政策議論以前の次元の低い話だが、外務省の体質を物語る問題でもあり、無視できない話だ。

何が問題なのか？　「挨拶」をできるかできないかは、挨拶する側の問題であるとともに、挨拶される側の問題でもあることが往々にしてある。したがって、単純な一般化は戒めるべきではある。それでも、国会関係者の指摘にはもっともなところが多い。

外務省を去った今でも忘れられないシーンがある。

霞が関の外務省には正門、北門、南門の三つの門がある。毎朝、それぞれの門に配置された守衛（国家公務員ではなく、民間の警備会社から派遣されている警備員）は登庁する外務省員に対して、お辞儀をしつつ大きな声で「おはようございます！」と明るく挨拶してくれる。実に気持ちの良い挨拶だ。

ところが門を通過する省員は、挨拶を返すわけでもなく、「うん」とも「すん」とも言わず、会釈さえしない連中が大多数だ。若い省員にとっては父親のような年代の顔見知りの守衛が深々と頭を下げて声をかけてくれているにもかかわらず、である。

自分から率先して挨拶せよと求められているわけではなく、人からしてもらった挨拶を返すだけなのに、それさえも気恥ずかしいのだろうか？　それともプライドがあまりにも高く、守衛と自分は身分が違うとでも思い上がっているのだろうか？

頭を下げながらも無視されて通り過ぎられる側の気持ちを思うと、やり切れなくなる。そこで、局長時代、この問題に言及しつつ、よく局内の若手に訓示した。

「挨拶は外交の基本。挨拶なくして人間関係は築けない。ましてや人脈も。身近な守衛さんに挨拶ができない人間が、外交の場に出て諸外国の人間にちゃんとした挨拶ができるだろうか？　もし相手によって挨拶を仕分けているなら、そういう人格にこそ問題がある」

外交官の仕事の第一は、人脈の構築だ。そのための基本は、相手の眼を見て挨拶をすること。言い換えれば、きちんと相手と向き合う、ということである。人間関係の築き方について、国内と海外の違いなどない。挨拶ができない人間に人脈を築けるわけはないのだ。

この問題には実用的な側面もある。特に、治安の悪い途上国勤務になった際には、守衛の役回りを担う人々との人間関係がきちんとできているか否かは、重大な結果をもたらしかねない。例えば、守衛から任国の貴重な治安情報を得ることもあるだろうし、逆に極端な場合、大使館員に軽視されるなどして人間関係ができていない守衛が強盗団の手引きをすることは、決して珍しい話ではない。身近な外務省の守衛にさえ挨拶ができない省員が、途上国勤務になった途端に現地の守衛に挨拶ができるようになるとは到底思えないのだ。

実は、キャンベラで大使をしている時にも、同じ問題に直面した。

大使館の守衛を務めるトンガ人女性が気持ちよく「オハヨウゴザイマス」と片言の日本語で話しかけても、目さえ合わせない外交官が何人もいたと聞かされた。

また、大事な来客の設宴で活躍しただけでなく、コロナ禍で隔離中の大使館員の家族にまで和食を作って差し入れをして回っていたのが大使公邸の日本人料理人だった。だが、その料理人が挨拶をしようとも、その挨拶を返さない館員がいたという。

外務省出身者だけでなく、防衛省・自衛隊、経済産業省など、他省庁からの出向者にも見られたという。その意味では、挨拶もできず、相手へのリスペクトのかけらも示せない人間が増えているのは、日本社会全体をむしばみ始めている問題なのだろうか？　さしたる仕事もできていないのに、エリート意識だけは肥大化しているのだろうか？

## 「俺を避けるんだよ」

外務大臣を経験したある国会議員から聞かされた話がある。

「他の省庁の幹部は、国会議事堂や議員会館で俺の姿を見かけると、駆け寄ってきて挨拶する。だけど、外務省の幹部の多くは、俺の姿を見かけると避けるんだよな」

目に浮かぶような話だ。条約審議や予算の承認など、何か頼みごとがあってその議員が自分たちにとって必要な時ならともかく、そうでもない時には余計な注文や仕事を受け付けたくないという心境なのだろう。信頼に裏打ちされた中長期的な協力関係を築くことによってギブ・アンド・テイクが可能となるのに、もったいない話である。

むろん、正反対のタイプもいる。佐藤行雄元国連・駐豪大使（元北米局長、官房総務課長）など、自民党本部や国会議事堂に行くと、意識的にエレベーターを避けて階段を使ったと伝えられている。エレベーターの中では第三者が乗り合わせていることが多く会話をしにくいが、階段であれば出会った議員と挨拶をするだけではなく、会話を交わせるからだと聞かされた。

本省幹部時代、出張で海外に行くたびに当惑したことがある。

基本的には、出張先が大使館や総領事館などの在外公館所在地であれば、空港には現地の公館に配属された外交官や派遣員が出迎えに来てくれる。同じ外務省員とはいえ、六千人を超える組織で、本省と海外に分かれて仕事をしているので、初対面であることも多い。だが、「○○大使館の××です」と自ら進んで基本的な自己紹介の挨拶をきちんとしてくれる人間が如何に限られていたことか。

同じ外務省の中の「身内」同士なら、大目に見て済む話かもしれない。しかし、国会議員の視察団や経済団体等、外部からのお客さんを迎えるに当たっては論外である。よくあるのは、空港に出迎えに来た大使館員がプラカードを持っていればともかく、プラカードも自己紹介もなく、入国ゲートからやや離れたところにボーッと立っていて、到着した側も身元がわからずに声をかけにくいという光景である。

こんなことでは、折角出迎えたのに感謝されないどころか、却って苦情の種を作ってしまう。誠に残念な現象だ。最初の挨拶が肝心なゆえんである。

## 頑張れ、一年生！

経済局長時代、局内に新たに配属された入省一年目の総合職、専門職の若手約十名が揃って局長に挨拶に来る機会があった。通常であれば局長室で立ったままお辞儀をして済ませるだけだが、若手を試し、鍛えてやろうとの観点から、会議テーブルを囲む形で座らせて、一人ずつ自己紹介と抱負を述べてもらうこととした。

一番手の男性は、挨拶は立って行うべきものとの意識がない模様で、当然のように座ったまま挨拶を始めた。二番手の男性は立ち上がったのは良かったが、スーツの前ボタンを留めず、上着がはだけたまま。三番手の男性は、立ち姿は良かったものの、「私は……」ではなく「僕は……」と話し始める始末。

前述したように、外務省では数年前に「下からの評価」が導入されて以降、こうした「こまごまとしたこと」で若手や後輩を注意することが憚られる雰囲気がある。指導した部下から煩いと思われるリスクがあり、下手をすると恨まれて自分の評価を損なっては馬鹿らしいということなのだろう。しかし、本人たちの将来、そしてこうした立ち居振る舞いを通じて判断される外務省の世評を思い、いずれもこまめに注意した。

むろん、こんな初歩的なことを改めて指摘されるようでは、就活の過程で誰から一体どんなコーチングを受けてきたのかと不安になった。ただし、救いは、局長からの注意には素直に耳を傾ける姿勢がまだあったこと。また、何人かの新入省員、特に女性陣は、立て板に水の挨拶ができていたことだった。

霞が関での外務省の評判を悪くしている原因のひとつに、外務省員の多くが時間にだらしないとの指摘がある。否定できない側面であり、早急に改善されるべき問題だ。

外交交渉に臨むに当たっての国内調整の過程では、しばしば関係省庁の人間を外務省に集めて打ち合わせが行われる。その際によく見られる問題は、打ち合わせを主宰して他省庁をリードしてまとめるべき立場の外務省の人間が、往々にして時間に遅れて会議室に入ってくることだ。

他省庁の人間は、わざわざ足を運んで外務省に来ている。時間的には外務省内で部屋を移動するだけの外務省員よりも、時間と労力をかけて来ている。それなのに……という話である。

遅れる外務省員を弁護すれば、別にわざと遅れてきて、相手を威圧する、又は、相手に対して自分が格上だとの意識を刷り込もうとしているわけではないと思う。その意味では、遅刻の常習犯として有名なプーチン・クラスの筋悪は日本の外務省には残念ながら見当たらない。だが、確実に言えるのは、相手の時間を無駄にしているとの意識に欠け、自分たちだけが、或いは自分たちが一番忙しいという意識にとらわれていることである。

この点は、省内で会食や宴会の幹事を務めてみれば、非常に良く理解できる。外務省の人間ほど、平気で遅れてくる人間はいない。この点は私が出向していた警察組織とは別世界だ。茨城県警では、いつでもどこでも五分前、場合によっては十分前集合が徹底されていた。ナンバー2の警務部長がナンバー1の本部長より遅れて会食や会議室に入ってくるなど、あり得なかった。

外務省の組織文化は百八十度違う。歓送迎会に局長より課長が、課長よりも首席事務官が遅れてくることは、しばしばである。遅れて参加した若手が悪びれることはまずなく、「決裁がありましたから」などと発言し、先に着いていた上司の方が注意することも、まずない。「君たちは忙しいよな。俺は暇だから」などと、照れ隠しか皮肉か判然としない反応を示す。こんなことをやっているから、省外の人を待たせてもお詫びひとつ言えない組織文化が育ってしまう。

ひとつ外務省員の肩を持つ点があるとすれば、国際会議で時間どおりに始まるものなど稀有という実態がある。ジュネーブ在勤時代に担当していたＷＴＯ（世界貿易機関）も、会議開始時間が遅れることが常態だったが、国連となるともっとひどい。これが、外務省員が相手にしている世界だ。他方、国際社会の実態がそうだからと言って、国内での会議や行事がそれでよいということには毛頭ならない。「国際人である前に日本人たれ」と肝に銘じるべきだろう。

## ＴＰＯをわきまえない服装

一九九〇年代に書かれたテリー伊藤の『お笑い外務省機密情報』（飛鳥新社）を筆頭に、外務省の風俗を面白おかしく紹介したものには事欠かない。その中に、霞が関の他の省庁と比べて外務省に来るとピンクや黄色の色物のシャツを着ている人間、時には襟と身頃の色が異なるクレリック・シャツを着ている人間が多いとの記述がある。そのとおりだ。それだけでなく、最近はそういう「外務省ファッション」に感化された向きが他省庁や国会議員にも増えてきたように感じている。

お洒落、大いに結構。進学校としては斜陽の一途を転げ落ちているようだが、ことファッションにかけては、映画『ドライブ・マイ・カー』主演男優でジョルジオ アルマーニの広告モデルを務めた西島秀俊を含め、長年にわたって伊達者を輩出してきた桐朋学園出身者として、不肖小生も拘り大である。ただ声を大にして言うべきは、時間、場所、行事（ＴＰＯ）をわきまえよう、ということだ。

世の中にはドレス・コードがある。皇居で天皇陛下から大使として認証を受ける際はモーニング。東京の諸外国大使館からナショナル・デイ・レセプションに呼ばれた時は、基本はダークスーツ。米国の大統領も、議会で一般教書演説を読み上げる際には、濃紺のスーツ、無地の白いシャツ、赤色系のネクタイが定番だ。

外交官こそ、こうしたＴＰＯに応じたドレス・コードに最も敏感でなければいけない職業のはずだ。換言すれば、「お洒落は結構だが、コンサバに決めろ」ということでもある。例えば、自分が主役として講演をする場合や夕食会の主賓となる場合と、首脳会談や外相会談に黒子として同席する場合や国会で参考人として答弁する場合では、服装も違ってしかるべきである。ところが、そのあたりをわかっていない人間が実に多いように感じている。

一例を挙げよう。いささかリラックスした気分となりがちな金曜日の午後ではなく、普通の平日の午後だった。九州男児の保守的言動で鳴らす自民党国会議員の事務所に所掌事項の説明に赴いていたところ、外務省の某幹部が他の事案の説明に駆け付けてきた。その際の服装を見て、身内の私も目を丸くした。金ボタンの紺のブレザーに色物のシャツ、ベージュのチノパン。オリンピックの開会式やウィンブルドンでのテニス観戦ならまだしも、尖閣が日本の領土であると力説して外務省の対中弱腰姿勢を糾弾してきた議員に会う際にふさわしい服装ではあるまい。

なお、衆議院事務局では職員が国会議員の前に出る時はダークスーツ、白シャツ、黒靴と教えるそうである。外務省こそ、そうした教育が必要だろう。

## 行きすぎたカジュアル化

観察眼に富んだ心ある内外の関係者の指摘だが、大使で在外に出る人間のスーツが年々安っぽくみっともないものに劣化していると言われたことがある。高価なオーダーメイドに拘る必要など無かろうが、国を代表する立場にある者として、そうした目が光っていることも意識すべきだろう。

その関連で、靴も重要だ。日本では、電車通勤をしてアスファルトの上を歩く際に楽だからと、幅の広いゴム底のスニーカー的なウォーキングシューズが履きやすいことはわかっている。だからと言って、在外に大使として赴任した際に、同じような靴で社交行事に出席するのは如何なものだろうか？　お辞儀や挨拶をする際に相手の視線が行く着く先は、往々にして相手の足元であるのだ。この点は、キャンベラ在勤中に親しくなった邦人企業の方からも率直に指摘を受けた点である。

問題は男性職員だけではない。外務省の女性職員の服装のカジュアル化は霞が関の他省庁の間ではしばしば面白おかしく取り沙汰されてきた話だ。私自身閉口したことが、何度となくある。もちろん、今の時代にすべての部局、職種の人が毎朝スーツを着てハイヒールを履いてくるべきだなどと言うつもりはない。しかし、自宅近所のコンビニに牛乳を買いに行くようないで立ちでオフィスに来てほしくはない。タンクトップやスパッツは論外である。

こうしたカジュアル化は、コロナ禍のテレワークに加速された面もあるかもしれない。だが、外務省は、いつ何時、外国からの賓客や在京の各国大使館員などが廊下を歩いているかわからない職場だ。そうした外務省にあっては、廊下での男性のサンダル履きがアウトであると同様に、ストラップ無しのつっかけサンダルによる女性の接遇もアウトのはずである。

問題は、こうした点を「指導」すると、セクハラと言われかねない点だ。そこで年長の女性陣の出番なのだが、今の外務省には優しい人が多くあまり注意をしないきらいがある。であれば、新入省員に対する研修の中で、服装についてもしっかりと教育するべきだろう。

外交を司る当局に所属するということは、その服装を通じて当該本人だけでなく、同人が所属する組織、さらには国が判断される立場にある、ということでもある。であるからこそ、時と場所と行事に応じた適切な服装で臨む、これが外交や社交の要諦ではないかと思う。この点での意識が実に不十分だと思う。

本年年始から六本木ヒルズにオフィスを構える大手法律事務所に転職したところ、前記の諸点についての問題意識が外務省より明確に共有されていることを痛感している。

## 姿勢、容姿、立ち居振る舞い

外務省に限られない霞が関共通の問題だが、気になるのは今の官僚に姿勢が良くない人間が多いことだ。

特にひどいのは、お辞儀だ。経済局長の任を解かれた時、他の外務省幹部十余人と国会や自民党を一緒に挨拶で回ったことがある。その際の挨拶の仕方を見て、「この役所は駄目だ」と改めて思った。挨拶の言葉もお粗末だったが、それ以上に姿勢が悪いのだ。

大方の人間が、まず背筋を伸ばして立つことをしない。挨拶に出向いたのに、スーツの前ボタンを留めることさえ忘れている。お辞儀の際には両手を自らの太腿の前面に揃えて置く「番頭式」が殆どだ。にやけた顔でやるから、いかにも卑屈だ。体の両脇に指先に至るまでスッと腕を伸ばし、腰を過度に丸めない美しい基本形など、意識の片隅にさえない。

野球やサッカーの国際試合のたびに、侍ジャパンやサムライ・ブルーのアスリートたちの国歌斉唱の姿が注目されてきた。そうした目が光っていたせいか、当初は口パクさえしない選手が少なからずいたものの、だいぶ改善されてきたようだ。国際場裡で毎日日の丸を背負って立つ外交官こそ、胸を張り、背筋を伸ばし、腕を振って歩き、威厳と気品を持って立ち振る舞ってほしいと念じるのは求めすぎなのだろうか？

世間では、古今東西、外交官は容姿端麗であるべきという一種の期待感があるようだ。柴田翔の『されどわれらが日々』（文春文庫）でも、村上春樹の『ノルウェイの森』でも、そこに登場する外交官はスマートな印象に満ちている。

そんなことを期待できる時代ではなくなったことは確実だ。

在外公館勤務中に、在留邦人の方々から「あの人、あれで外交官ですか？」という苦情に近い指摘を受けることが少なからずあった。英語力や社交性に欠ける点を指していたこともあったが、容姿、服装、立ち居振る舞いを指して批判していることも多かった。

もちろん、容姿が良いに越したことはない。任国の耳目を集めやすい在外の大使ともなれば特にそうだ。歴代の駐豪大使で今なお豪州人の話題に上る一人は、故大河原良雄大使だ。一八五センチはあろうかという長身と元海軍士官ならではの背筋を伸ばした姿勢の美しいこと。しばしば、映画俳優のようだと言われた。

かつて私の上司だった西田芳弘条約課長も、「外務省のアラン・ドロン」と称されるハンサム振りだった。

近年では、斎木昭隆元次官などが、長身で堂々とした押し出し、端正な顔立ちで注目されていた。外交官として、まさに理想的な容姿だった。マスコミや民間人から大いに褒めそやされたものである。恵まれた容姿に助けられ、外務省の対外的イメージを好転させたことは間違いない。

こうなると、少々不正確なことを言っても、見逃してもらえる効用も期待できた。

自分の経験に照らしても、在外の大使に対しては、特に在留邦人社会の間で「見栄え」や「押し出し」を気にする声が強いことを指摘しておきたい。長年現地で苦労してきた人ほど、日本国を代表する大使には身なりをきちんとし、堂々と振るまってほしいとの声が強いことを肌身で感じた。

　ただし、敢えて付言すれば、容姿端麗だけが身を助けるわけではない。むしろ、メタボ体質で頭髪も薄れ、顔つきやしぐさに愛嬌のある方が、警戒感を持たれずに人の輪に入っていけるという利点もある。洋の東西を問わず、たちの悪い男の嫉妬の対象にもなりにくい。

　乱れがちな頭髪に着目されて、「落ち武者」や「さらし首」との綽名を後輩から献上されていた先輩もいる。また、国会議員から「湘南ボーイにはとても見えない、農家の三男坊だ」と面と向かって評され、周囲にいた部下が絶句した元次官もいた。容姿端麗でなくても、成功例はいくらでもあるのだ。

　人の顔は履歴書と言われる。端麗云々よりも、風格と味わいのある風貌こそ、重視すべきだろう。英国の外交官であり政治家でもあったハロルド・ニコルソンの名著『外交』（東京大学出版会）を引くまでもなく、端麗な容姿とか立派な風采は、理想的な外交官にとって不可欠の資質ではない。同書によれば不可欠な資質として、誠実、正確、平静、良い機嫌、忍耐、謙虚、忠誠が挙げられている。今の時代にも当てはまる指摘と考える。

　ひとつ心配なことは、昨今の外務省本省幹部の大多数が実にくたびれ果てた容貌をさらしていることだ。白髪が増える、頭髪が薄くなる、下腹が出てくるといった類いの話ではない。溌剌とした気概が感じられないのである。

政治の風に右顧左眄《うこさべん》し、頭は使わないが神経だけはすり減らす国会対応や根回しに追われている間に摩耗し、生気と覇気を失ってしまっているのだろうか。

これでは、若手のロール・モデルには到底なり得ない。

有為の人材を引っ張ってくるリクルートにも役立たないだろう。

## 「外務官僚」と「外交官」の切り替え

容姿、姿勢の問題に関連して、今の外務省の問題意識として完全に欠落している重要なことをひとつ指摘しておきたい。

それは外務官僚と外交官では明確なギアの切り替えが必要になることだ。

東京の外務官僚は、時の首相や外務大臣が推し進める首脳外交の黒子役が主となる。これに対して、外交官、特に、大使になれば、任国における「日本の顔」となり、東京の官僚にとってはあり得ないレベルの注目とスポットライトを浴びることとなる。

「軍人は偉くなればなるほど前線から遠ざかるが、外交官は偉くなればなるほど前線に立つ」という至言がある。いずれは日本国の代表として外交の最前線に立つ、そして一挙手一投足が注目される立場に立つ。そうであるが故に、官僚時代から、挨拶、時間厳守、姿勢、服装といった側面に余計に配慮する必要があるのだ。

ところが、外務省員の間に年々内向き志向が強まり、在外公館、特に大使ポストが軽視されつつある現状では、こうした意識が薄まってしまっている。

# 第八章　研修制度・勤務環境の改善

## 尻すぼみの研修制度

外務省の研修で比較的充実しているのは、入省直後の初任研修と在外研修だ。

官民や業界の違いを越えて、いかなる大きな組織でも、日本の寛大かつ安直すぎる大学教育で弛緩しきった初年兵を鍛え上げて組織の色に染め上げ、組織の一員として一人前にしていくため、多大な努力を払ってきている。

外務省の研修も、その一例だ。

初任研修では語学だけにとどまらず、外交史、国際法、マナー等、幅広く学ぶ機会が与えられる。また、在外研修では、担当の語学に応じて大学や大学院に留学し、二～三年をかけて任国の学生と肩を並べて勉強するという貴重な経験を得られる。職場で仕事をする必要から解放され、年に一回、日本大使館に呼ばれて語学の試験を受けるにとどまる。給料をもらいながら学生生活を送れるわけで、大方の省員にとっては人生で最高の時期となる。将来の伴侶や一生の友達に恵まれる者も多い。

他方で、そうした在外研修が所期の成果を上げるか否かは、もっぱら研修生の自己努力にかかっている。かつては在外研修に出る場合に、研修期間の最初の一年間は配偶者や婚約者を日本から帯同することは禁じられていた。日本語をしゃべらないような環境を自ら努力して作り、語学の勉強に専念すべしという動機付けだった。

それがある時期から緩和され、夫婦で行動すれば言葉の勉強にもなるという理屈で帯同が許されるようになった。むろん、今の時代にあっては、ズームやシグナルで会話できるし、ラインで連絡を取り合えるので、禁欲的な縛りを課したところで実効性は上がらないかもしれない。

ただし、かつての配偶者帯同禁止ルールは、在外研修の重要性と職業意識を植え付ける上で少なからず役割を果たした面もあると捉えている。

では、初任研修や在外研修は充実していたとしても、その後の研修はどうか？

端的に言えば、ここが弱すぎることは否定できないだろう。本来そうした研修がしっかりしていれば、前三章（第五章〜第七章）で詳述したような点は十分に叩き込まれているはずだからである。

私自身も、キャリアを積む過程で首席事務官研修、次席研修、在外公館長研修なるものを受けてきたが、それぞれが大きな課題を抱えているように思う。

ひとつは受ける側の姿勢だ。通常業務が忙しいと言ってそもそも研修自体を受講しない、或いは受講したところでしばしば欠席する人間が散見される。在外公館に赴任する前の他省庁出身者に対する研修も同様であり、財務省のように、省庁によっては外務省研修所での研修を無視して受けないところもあると聞くから呆れてしまう。全く重視されていないのだ。

片や、研修を施す側にも問題が多い。私が受けた公館長研修では、他省庁や民間企業出身の大使も一堂に揃っていたにもかかわらず、次官からも官房長からも訓示・挨拶すらなかった。のみならず、歴史問題での講義では、前述したように、着任後数週間しか経っていない三十代の若手首席事務官が並み居る大使たちに講義をする始末だ。

これらは、講義をする側、受ける側双方の研修に対する生半可な姿勢を如実に示している。

## 部外者に冷たい外務省研修

長年外務省に在籍するいわゆる「プロパー」の職員を対象にした研修については、職場でのオン・ザ・ジョブ・トレーニングで賄える点もあるので、その不備に伴う実害は致命的なほど大きくないという見方があるかもしれない。もっと深刻なのは、外務省以外の組織で育った後に外交に携わるようになった人々へ施す研修に大きな改善の余地があることである。右も左もわからないままに外交の最前線に投入されることになりかねないからだ。

私と同時期に在外公館の大使として赴任した他省庁出身者などからしばしば聞こえてきた苦情は、「外務省は何も教えてくれない」というものだった。

確かに、「在外公館長研修」では、数日間にわたって外務省出身の大使と同じ内容の研修を受けるが、他組織出身の人間には、例えば、外交公電の書き方、発出の仕方ひとつとってもわけがわからないことが多いものだ。

　そのような基本的事項のみならず、例えば、経済官庁や民間企業出身の大使に対しては、領土問題や歴史問題についての経緯や交渉の現状、さらには対外的に留意しておくべき事項をはじめ懇切丁寧に説明し、読んでおくべき書類や文献を提示する、警察や防衛省出身の大使に対しては、WTOルールをはじめ経済外交についての基本をインプットし、日本企業支援の具体的なノウハウを共有する。そういった個々の大使に応じたテーラーメイドの対応が必要だろう。

　にもかかわらず、当然になされるべき配慮と手当てが組織的になされておらず、その場に居合わせた各部署、各人に任されているのが外務省という組織なのである。

　では、その後の赴任先でのオン・ザ・ジョブ・トレーニングで補えているのか？

　そうした「外交初心者」の大使が赴任した先の公館にあっては、ナンバー2がきめ細かく支えてくれれば良さそうなものだ。だが、往々にしてこれら部外出身の大使が赴任する先は小規模公館であって、そのような意欲と能力を有している館員（本官）が周りに少ないというのが偽らざる実態である。そうなると、こうした大使経験者からは、「日本人の本官より現地職員の方が頼りになった」との述懐が寄せられることとなる。

　今後、部外出身の大使の数が確実に増えていくことを踏まえれば、抜本的な改善が必要な点である。

　外務省という組織に四十年間いて身に染みた傾向のひとつは、「教える」というマインドが年々、しかも圧倒的に弱くなりつつあることである。これは別に私が教師一家出身だから言うわけではなく、大方のコンセンサスだと受け止めている。

## 鍛えられなかった女性研修生

条約課担当官（課長補佐）の頃（一九九〇～九三年）、課長や首席事務官に命じられ、入省一年目の研修生の指導を三年間にわたり担当したことがある。

ある年、人目を引く魅力的な女性研修生が配属された。「ギャル」系の派手な見た目と、甘えるような口ぶりとは裏腹に、実に真面目に仕事に取り組み、鍛えれば必ずや大成するだろうと周囲に思わせる逸材だった。

だが、十二月八日の朝に「この日は日本外交にとって重要な日だ。かつて何があったか知っているかい？」と指導官に問われると、「（真珠湾攻撃に言及することなく）ジョン・レノンが殺された日ですよね」などと無邪気な「怪答」をしてくる若者でもあった。これからみっちりと鍛えなければならないと指導官としては痛感し、国会開会中の毎晩数時間に及ぶ質問待機の折には、無為に過ごすことなどないよう、前述した岡崎久彦氏のいわゆる「五巻本」や、過去の条約締結の実例から得られた教訓を部内でまとめた「先例集」を熟読するよう促していた。

ところが、それに水を差した先輩がいた。私の一期上で同じく条約課事務官のポジションにあった森健良（後の次官）だった。国会待機中に省外での会食やナイターテニスに声をかけるものだから、新入省員としては先輩の誘いを断って勉強に打ち込むことなどできなくなってしまった。その結果、私が企図していた指導は著しく損なわれてしまった。男性の研修生を迎えた年との森の対応の違いは露骨であからさまだった。

月日は流れ、あれから三十余年が経った。くだんの女性研修生は初老の国会議員と浮き名を流し、週刊誌に大きく報じられることとなってしまった。慚愧に堪えない。そして、「指導」を巡り私と立場を全く異にした森は、私に退官を迫っていた。

今となって振り返れば、指導や教育などより組織内融和を重んじる性向が当時から明確に出ていたということなのだろう。

しかし、このように鍛えるべき人材が配属先でちやほやされ、結果として大成させられない事例が多くの部署で見られる。だからこそ、組織全体として研修を充実させていくことが益々重要になると考えている。

研修で何を取り上げるかについては、日本の外交官の低レベルのプレゼンテーション能力を向上させることが喫緊の課題だろう。そのための第一歩として、身近なグッドプラクティスに学ぶことが早道であるように思う。

長年外交の場で世界を相手に修養を積んできた外交官の中には、霞が関の一般の官僚とは違った能力を伸ばして身に付けている人たちがいるものだ。口頭でのプレゼンに関連して言えば、外交官の腕の見せどころは、テーブル・スピーチである。大使公邸で夕食会を催す時の冒頭、客人を迎えて一言話すことは日常茶飯事。また、天皇陛下誕生日、自衛隊記念日などのレセプションや、ＪＥＴプログラム（外国青年招致事業）のＯＢ・ＯＧを迎えた会合での一言など、外交官としての経験と知識、任国に対する思いなどをちりばめて語り、日本への理解と共感を増進し、味方を増やしていく。これぞ、外交官冥利に尽きる仕事である。

## 野上元駐英大使の涙ぐむスピーチ

またとない勉強の機会に居合わせた経験がある。

二〇一八年に野上義二元駐英大使が英国女王からの勲章を授与された時のことだ。皇居の半蔵門脇にある英国大使館にご本人や夫人、家族、関係者が招かれて勲章の伝達式が行われた。圧巻は、野上氏による返礼のスピーチ。時間にすれば僅か二、三分の短いものだった。しかしながら、バッキンガム宮殿で信任状を奉呈した際の馬車による大使公邸への出迎え・見送りという英国ならではの行事の思い出を取り上げ、英国人が喜ぶような軽妙なジョークとユーモアをちりばめ、次々に笑いを誘った。そして、最後は神妙なトーンに一転、その場に居合わせた者一同が涙ぐむエンディングだった。

さびの部分を紹介しよう。

「自分がジェラルディン（夫人、当時は英国籍）と結婚しようとして外務省の許可を求めた際、時の外務省人事課長は『(英国人と結婚すると）決して英国在勤となることはない』と重々しく述べた。当時は誰も、そんな自分が英国大使となり、さらには、こうして勲章を授与されることになるとは想像できなかっただろう。まさに時代は変わりつつある（Times are changing.）」

外務公務員法上も、日本の外交官の配偶者は日本国籍でなければならないとの規定があった時代のことだ。東京の英国大使館に勤めていた英国外交官でありながら、野上氏と結婚するにあたり外交官としてのキャリアをあきらめただけでなく、国籍までも英国から日本に切り替えた夫人。往時の苦悩を想起したのだろうか、野上夫人がさりげなく目頭を押さえた。それを目にした列席者が日本人、英国人の区別なく、ひとしお大きな感慨に包まれた。そして、日英関係を支えている個人レベルでの絆、さらには国レベルでの紐帯に思いを致した。まさに、外交の現場における言葉の力をひしひしと感じた場面だった。

同時に、自分を含めて、これだけのスピーチができる人間がどれだけ日本の外務省に育っているのだろうか、と案じた。感動さめやらぬ私は、その場に同席していた秋葉剛男外務次官（当時）と斎木尚子研修所長（同）に歩み寄り、「こういうスピーチの訓練こそ、外務省は組織として研修所で施すべきではないでしょうか」と力説した。

次官は頷いていた一方、四十年にわたる外務省生活で在外勤務を一度しかしなかった研修所長は、全くピンと来ていない様子だった。結局、その後何ら手立てが講じられることはなかった。そして、この次官、研修所長のいずれも、大使ポストを経験することさえなく外務省を去っていった。先輩の培った手腕が引き継がれないとは、返す返すももったいないことである。

## プレゼン力を「個人芸」で終わらせるな

野上元大使とは別の意味で唸ったのは、安倍首相のスピーチライターだった谷口智彦元内閣官房参与と兼原信克元内閣官房副長官補のプレゼンテーション力である。

谷口氏には、私のロンドン駐在時代に駐英大使公邸での講演に来ていただいたことがある。東日本大震災から間もなかった頃であり、東北の復興の様子をスライド上映を交えて熱く語ってくれた。聴衆の誰しもが深く耳を傾けており、彼らを説得する才覚に溢れた話し手であった。特に、テンポの良い英語のリズムと切れ味鋭い表現力には唸らされた。お仕着せの対外応答要領とは無縁なプレゼンが英国人の琴線に触れ、聴衆の多くが目頭を熱くしていたことを今でも覚えている。

一方、兼原副長官補によるプレゼンの強みは、とにかく博覧強記。故事来歴が機関銃の如く口をついて出るさまは、まさに岡崎久彦元タイ大使以来の論客と呼ばれるにふさわしい。とりわけ、外交史、戦後のみならず戦前・戦中の日本外交の足跡についての該博な知識と国際法についての造詣に基づいた話には、余人にはおよそ到達できない広がりと深みがある。

こうした谷口、兼原レベルのプレゼンは、個人が持つそれぞれの強みを生かしつつ、訴求力に富んだプレゼンを追求していく上で、絶好の模範を提供してくれているのである。

まさに、このような高みを「個人芸」として終わらせるのではなく、組織として伝承して次の世代に引き継いでいくこと、そこに研修の意義があるのだと思う。

このように、研修をする以上は少しでも質が高いものを目指し、教える側はレベル、内容の双方につき今一度改善を図る必要がある。

殊に、今の外務省では上司と部下の関係が希薄となり、職場での指導・教育といった機能が極めて弱くなっていることに照らせば、こうした職場で求められている実践的な能力の伸長に役立つような研修こそが今まで以上に重要な意義を持つと考える。

警察組織では、警部補、警部、警視など、階級間の昇任には試験を受けることが必須となっている。このような試験制度を通じて、警察行政についての最新の情報・知識だけでなく、組織のエトスを何度も何度も刷り込む機会を提供している。こうした組織運営から外務省が学ぶべきことが多々あると痛感している。

## オフィス環境・待遇の改善

疲れ果てているのは外務官僚だけではない。

霞が関二丁目にある庁舎もそうだ。

北庁舎が一九六〇年築、中央庁舎と南庁舎が一九七〇年築と、半世紀以上前のレトロな建物だ。キャンベラから帰朝して外務省に登庁した際、その建物が入省時とほぼ変わらない古い構造と作りであることに今更ながら愕然とした。そして、その壁やタイル、カーペット、リノリウムの床などに染みついて取れない汚れとシミを目にするたび、もはやここで仕事をする気など湧かないと感じたものだ。

退官して何よりの喜びは、もうあの薄汚れた庁舎に寄り付かなくて済むことだと言ったら怒られるだろうか？

ひどく恥ずかしくみっともない話だが、経年劣化が進んだ外務省庁舎で一番感心できなかったのがトイレだった。さすがに外国要人が訪れる四階の大臣室近くのトイレだけは別格だが、通常の執務フロアにあるトイレは、来訪者に勧められるような状態にはなかった。今やＪＲや私鉄の駅のトイレの方が綺麗なくらいだ。

私が出向していた茨城県警では、こんなことはなかった。洗面所のシンクの奥にきちんと畳んだ綺麗な雑巾が常備されており、洗面台を使い終わった人間がその都度拭いておく習慣が定着していた。外務省では、そんな労を執る者など、まずいない。洗面台がそうした具合だから、便器や壁、床の清潔度は推して知るべし。本省勤務のたびに何度か問題提起をしたが、清掃業者に委ねるにとどまり、さしたる改善はなかった。すなわち古いだけでなく、使う側の使い方にも問題があるのだ。

来訪者も行き交う庁舎の階段にしばしば舞っている綿埃と併せ、勤務する者の心を荒んだものにしていたことは間違いない。その点で、丸の内、大手町、汐留、赤坂や虎の門の大手企業やメディアのオフィスを訪ねるたびに、霞が関の庁舎との勤務環境の決定的な「格差」に衝撃を受け、羨望の念にとらわれてきた。この点で、外務省を含む霞が関の官庁が大手企業オフィス、さらには永田町の議員会館と比べて「ブラック」であることは否定しようもない。

二十年ほど前、外務省は耐震工事を実施するためだけに、わざわざ芝の大門で相当期間仮住まいをしていたことがある。あの時に、防衛省や文科省のように全面的な改築を行っていれば勤務環境は見違えるように改善されていたことだろう。失われた機会が惜しまれる。

米国、香港、スイス、英国、豪州。私が勤務したどの任地においても、その国の外務省（乃至は行政当局）の建物は日本外務省より遥かに立派で風格に富んでいたことは間違いない。

霞が関にあっては、残業時間を含めれば一日の大半を過ごすことになるのが本省オフィスだ。バブリーで華美である必要など、毛頭無い。だが、清潔で快適なものであれば、どれだけ仕事の効率、そして士気が上がるだろうか。議員会館改築の恩恵に浴してきた国会議員こそが身に染みて理解している点ではないだろうか。

実用面でも問題は多い。

以前インテリジェンスを担当していた頃、海外から来日したカウンターパートが日本外務省の執務室と廊下が薄っぺらいベニヤ板で仕切られている有様を見て、「こんな状態ではインテリジェンスを共有できない」と吐露したことがある。実際、某報道機関が「壁耳」によって外交問題についてのスクープをものにした話にも接している。

士気や快適度だけにとどまらず、保秘といった外交当局に必須の実務面でも弊害が生じていることこそ、見逃すことができない話だろう。

まさに、庁舎にあっても、「ガラガラポン」が切望されるのだ。

# 第九章　あるべき政と官との関係

## 官僚を痛罵する国会議員

霞が関での役人生活を四十年にわたり務めた中で、最も解放感を感じたのは経済局長を務め上げて在外に大使として転出した時だった。

なぜか？

もう二度と国会に行かなくて済むと思ったからだ。

役人生活において課長以上、すなわち審議官、局長と昇進しながら仕事を進める上で、国会との関わりは避けて通ることができない。課長であれば、法案や条約の根回しという重要な仕事がある。審議官、局長になれば根回しに加えて、与野党の関連部会での説明、国会の関連委員会での答弁が必須となるからである。

国会関連業務は、知的作業としての難易度はさほど高くない。答弁を起案する役回りの担当官は別として、幹部にとっては、朝早いことを除けば、肉体的負荷も高くない。問題はむしろ精神的負荷だ。

推進しようとしている政策や措置について部会や委員会で大いに政策論議をするなら、我慢もできるし、堪えようもある。国会議員、さらにはその後ろにいるはずの国民に向かって政府の対応を平易に説明することは行政府の人間の職責でもあるからだ。ところが、しばしば直面するのは、政策を巡る議論ではなくて、ひたすらに長い拘束時間と部会での非難、叱責や、委員会審議での批判や野次である。

ＩＷＣ（国際捕鯨委員会）からの脱退と商業捕鯨の再開が議論の的となっていた頃、外務省経済局長だった私は、水産庁長官とともに自民党捕鯨議員連盟の会合にしばしば呼ばれた。反捕鯨国の執拗な反発を最小限に抑え、日本とＥＵの経済連携協定（ＥＰＡ）締結といったその当時の重要外交課題に支障がもたらされないようにするためには、政府の対応についての高度の秘密保全と慎重な答弁が必要とされた。

「水産庁と良く連携し、与党の先生方と一体となって進めていきたい」

こうした平場での私の説明が紋切り型の逃げ口上に聞こえたのだろう。出席していた与党幹事長から、マスコミや業界団体が居並ぶ席上でこう痛罵された。

「俺たちは捕鯨に命を懸けている。経済局長！　お前は命を懸けているのか。真面目にやれ！」

歴代の外務省経済局長がさらされてきた捕鯨問題での「責め苦」の一環だった。

捕鯨業に携わる業界関係者を前にした政治家の政治的計算に基づく発言として差し引くべきことは重々認識している。それにしても、である。このような屈辱的なことを面と向かって言われても、言いたいことを十分に反論できない状況に役人は置かれている。

また、ある捕鯨議連の幹部メンバーの事務所に水産庁幹部とともに説明に行った際のことだ。IWCから脱退する場合のリスクとして、国連海洋法条約には捕鯨は国際機関を通じて行わなければならないという規定があるため、反捕鯨国から異議、訴訟が提起される惧《おそ》れも否定できない点を私から説明したことがあった。これに対して、IWC脱退という自分たちの既定方針に対して水を差されたと感じたのか、この議員は突如激昂した。そして、声を張り上げて、こう言ったのだ。

「そんな説明は聞きたくない。出禁《できん》（出入り禁止の略）だ、出禁！　経済局長は出て行ってくれ」

最悪の事態の可能性を説明しただけなのに、無茶な話だった。

そこで私からは「出て行きません。ご説明するのが職責だからです」とのみ応じて、座り続けた。居心地の極めて悪いひとときだった。

ただ、もしあの時言われるままに出て行ったら、その後、次官、官房長を巻き込んで当該議員に「謝罪」し、関係修復を図らなければいけなくなっただろう。それが今の霞が関、永田町の習わしだ。そう頭を巡らすと、役人の仕事がこの上なく報われないものに思えてきたものだ。

## 国会における役人の扱い

こうした言葉の上での一方的な「ハラスメント」やリスペクトに欠ける対応に加えて、さらに苦痛だったのは、国会における役人の扱いだ。一例を挙げよう。

外務委員会などで政府参考人として答弁するために呼ばれている時であっても、委員会室によっては、答弁の順番が来るまで壁際の小さく狭い椅子に役人がずらっと座って待たされる。非常に窮屈で肩が凝ったものである。腰かける椅子しかなくて机がないため、書類も広げられない。自分より一回り、場合によっては二回り近くも若い国会議員が委員会室の大きなテーブルにつき、立派なソファにのけぞるように座っている時にだ。そうした議員の中には、外務省出身で自分の部下だった者もいた。出来が良かったかどうかは、敢えて言わない。

これが、長年変わらない国会の慣行だ。「国権の最高機関」であることを行政府の構成員に肌身で知らしめるための仕掛けなのだろうか？

尊敬する役人の一人に、海上保安官出身の叩き上げで海保庁長官まで勤め上げた方がいる。退任する際に、長官在任中に一番苦労したことは何かと尋ねたところ、国会議員への対応と指摘された。その背景には答弁の内容もさることながら、答弁をする上述の環境があることは間違いないと思っている。国家に奉仕する匠を匠として遇する配慮を求めるのは贅沢なのだろうか。

**「センセイ、センセイ、それはセンセーイ〜♪」**

一方で、役人側の国会議員に対する対応にも問題が多い。

外務省も、公家集団を地で行く輩には事欠かない。

例えば、国会議員から何らかの要望や陳情、さらには苦情が寄せられるたびに、省内で「○○先生がこうおっしゃっています」と言って回って、その意に沿った対応を部内で迫る者たちが好例だ。

経済局長時代、局長室に入って来るたび、「○○先生が、こうおっしゃっています」「○○先生は、ご反対のようです」と声高に繰り返す首席事務官がいた。私は、この首席が「先生」と口に出す途端に、「センセイ、センセイ、それはセンセーイ〜♪」と森昌子のかつての大ヒット曲を小声で口ずさんだものだ。世代が違っても、歌は知っていたようだ。

もちろん、外交は政治と一体で進める必要がある。なにも、お縄をかける対象として政治家を見る性向がある一部の検察官や警察官のように、国会議員の名を呼び捨てにせよと言っているわけではない。議員本人を前にした時に、敬意を表して「先生」と呼ぶのは、儀礼上理解できるし自然でもある。しかし、当の本人がいない部内の会議で言及する際に、なぜ「先生、先生」と崇め奉らなければならないのか。皮肉なことに、こういう連中に限って、天皇陛下は単に「天皇」であり「陛下」と呼ばないことが多いものだ。

いずれにせよ、議員については、「○○委員長」なり「○○部会長」、さらには「○○議員」といった肩書きで呼べば十分である。そもそも行政府の一員としての矜持があれば、自分の上司でもない立法府の一員を「先生」と部内で持ち上げることの「ねじれ」と「おかしさ」を理解できるのではないか。このような風潮は、制度的に不健全とも言えよう。三権分立の基本原理に反しているからである。

だが、この種の米つきバッタ的役人は、外務省に限らない。むしろ、族議員を抱えた国内官庁の方が、状況はもっとひどいようだ。そうした人間の中には、口先のみならず精神構造まで、

「センセイ、センセイ、それはセンセーイ～♪」である者がしばしば見受けられるからだ。

こんな姿を見た若手や学生が役所にいたい、官僚になりたいと思うだろうか？

国会対応で残業を強いられているなどといった次元の問題だけではない。病根はもっと深いのだ。

# 第十章　公正な人事の確立

## 上昇志向の制御

どこの組織でもそうだろうが、外務省にも上昇志向の塊は引きも切らない。「偉くなりたい」、「責任あるポストに就いて大きな仕事をしたい」。

こうした意欲自体は非難されるべきものではない。むしろ、そうした意欲を持った構成員同士が切磋琢磨していくことは、練度を高め、組織を活性化していく上で不可欠だろう。私を含め、霞が関の官庁に入る多くの人間が持ち合わせてきたものでもある。

問題は、上昇志向の強さを適切にコントロールすることと、「上昇」するためにすべきこと、すべきでないことをわきまえる、ということではないだろうか。

かつて次官を務めた杉山晋輔は、内向的な昨今の外務官僚とは異なり、その外向的な性格もあって積極的に外に打って出るタイプだった。同時に、能力についてもさることながら、特に人格、識見、酒席での立ち居振る舞いを巡って毀誉褒貶が尽きない人物でもあった。私大卒で初めて次官に抜擢されたために、マスコミから注目されていた面もある。

同人が宴席で臀部をはだけて披露したとされる品のない「芸」は、何度となく週刊誌で報じられてきたが、霞が関でも「レジェンド」のように語り継がれている。

次官室での会議の際、前夜の深酒がたたったのか、呂律が回らない、部下の話を聞く集中力が続かないといった場面には何度も遭遇した。

何よりも同人に際立っていたのは、政界へのアンテナの高さだった。

その昔に在外公館で同人の上司であった大先輩によれば、在外勤務の際にも、常に来訪する有力者、特に東京の要路にいる政治家から認められたいという気持ちが人一倍強く、国会議員の接遇になると遠路であろうが率先して出向いていったと言われている。

また、政と官の関係について独特の思い込みや拘りがあったのだろう。外務省の部下が居並ぶ前でも、政権要路の政治家を英語で「political master（政界のご主人様）」と呼んで崇める一方、自分たち役人は「civil servant（公僕）」に過ぎないと繰り返した。こんな次官の口癖が省内の士気に如何なる影響をもたらしたかは、論じるまでもなく明らかだ。

そんな杉山の次官時代、局長クラスを集めた酒席での常套文句は、「俺ほど週刊誌に叩かれながら次官になれた者はいない」という、自慢とも卑下ともつかない述懐だった。いずれにせよ、報じられた家庭内でのＤＶ疑惑をはじめとして週刊誌に叩かれるような脇の甘さがあったことは間違いない。

笑えない話が後輩の間で伝えられている。

ある時、杉山次官主催のレセプションが飯倉公館で開催された。ゲストの一人であったOBのT元外務審議官は、招客を迎えるレシービングラインに立っていた後輩の次官に近づくなり、こう言ったと伝えられている。

「キミ、よく次官になれたね」

予期しない一言、しかも、省内の多くの者が思ってはいても決して口にはできなかった一言を聞かされ、同人は怒り心頭に発したらしい。レセプション終了後も収まらず、周囲にいた課長クラスを相手にこう言ったという。

「なぜ、外審止まりのTに言われなきゃいけないんだ！　もう二度とあいつを外務省のレセプションに呼ぶな！」

このエピソードは、一部の外務官僚に根強い過剰なまでの上昇志向を二つの面で良く表している。

もちろん、第一に顕著なのは、次官であった方の反応だ。経緯はどうであれ、他者から何と言われようと次官たる者、泰然自若としていれば良いというのが帝王学だろう。にもかかわらず、若い後輩の前で「痴話喧嘩」の内容を披露し、いわんや、有能な先輩について「外審止まり」と吐き捨てる。肩書きが泣くとはこのことではないだろうか。

第二は、伝えられた元外務審議官の振る舞いだ。入省年次で八年も後輩の次官に対して久しぶりにかけた言葉であったのであれば、品位に欠けると言われても致し方あるまい。それ以上に、当人は次官になりたくて仕方なかったと省内外で見られており、同期のYが次官になった際に、大使を務めることさえなく退官していった経緯がある。

辞めてもなお、次官のポストがそんなに眩しかったのかと問われてしまうのではないだろうか。このような幹部ポストへの拘りにとらわれた人間は、入省年次を越えて連なっている。

杉山の二代後に次官になった森健良の局長時代からの口癖は、「本当に影響力があるポストは次官、駐米大使、国家安全保障局長の三つだけ」というものだった。そして、Iフランス大使やIインドネシア大使など、主要局長を務めながらも政治家との関係構築に淡白でその三つのポストのいずれにも到達しなかった先輩大使たちを反面教師にするよう、後輩に諭したことまであった。

結局、その森も、次官は務めたものの、在外に転じる話を断って退官していった。消息筋からは、国家安全保障局長のポストが空かなかったからだという声も聞こえている。

一体このような外務官僚には、「一隅を照らす」という組織人としての美学は期待できないのだろうか?

## 能力・実績の重視

時の政権が指導力を発揮して強力な外交を展開しようとする中で、官僚組織全体の士気を維持していくことは生易しいことではない。

士気を維持していくためには、人事を司る側の役割として、時の政権の優先事項を念頭に置きつつも、長年の組織での実績、経験、能力を勘案し、極力公平かつ私心なく、適材適所の人事に努めていくほかないだろう。

この観点で改めて想起すべきは、官僚機構には長年の蓄積があることだ。時の政権は通常であれば二〜三年で替わる。他方、役所には、入省後、首席事務官で十年、課長で二十年、審議官・局長級に至っては三十年以上にもわたる積み重ねの歴史と重みがある。当該人物の能力、識見、性格はおろか、政治的志向、交友関係、好き嫌いを含め、情報と評価は省内で集積されている。一緒に汗をかいてきた先輩、同僚、後輩や、仕事上のカウンターパートであった他省庁、民間企業、相手国の評価も、ほぼ一定の幅に収まってきているはずだ。

そうしたものを無視して幹部人事が行われてはならないだろう。時の政権とのコネや受けの良さ、使いやすさ、政治的思惑などが優先されれば、組織の士気を下げるばかりか、パフォーマンスの低下を招く。さらには、霞が関の省庁の門を叩く優秀な学生が減ることは必至だろう。国家的損失である。

特に、昨今の外務省では、審議官以上になると、政治家との関係で局長、外務審議官、次官と進み何年もずっと東京に居続ける傾向が明確かつ濃厚に出てきている。そうなると、在外勤務が軽視され、本省首脳が在外経験を積むことが少なくなり、その結果、在外の事情に疎くなり、ひいては在外が活用されないという悪循環に陥る。前述のように、役所の方で在外勤務をキャリア・パスにもう一度しっかりと組み込んでいく必要がある。

それと同時に、役人を使う政治の側にあっても、慣れ親しんで使いやすい役人だけに頼ることなく、「我慢」をして在外を経験させる、本省にいる人材だけでなく在外にいる人材をも活用していく度量と懐の深さが期待される。

制度的には、内閣人事局が幹部人事を請け負うことになった以上、政治的意向に基づく「情実」人事を排する内閣人事局の役割と責任は重大である。殊に官僚出身者が官房副長官、内閣人事局長を務めていることの最大の理由は、政治の不当な介入を排して実力主義に基づく公正かつ適正な人事を行うことにあるはずだ。

そのことを関係者が今一度かみしめる必要があるのではないだろうか。

## 「置かれた場所で咲きなさい」

翻って人事異動の対象となる役人にあっては、守るべき「吏道」があるはずである。政策の実現ではなく立身出世のために政治にすり寄るようなことがあってはなるまい。

この点に関し、外務省で残念なことは、最近の次官の中には政治に近づき政治の力で次官ポストに就いたと周囲から見られている者が続出していることだ。民主党政権、安倍・菅・岸田政権という違いはあるものの、いずれにあっても、役所の同期や大学・高校の同級生の多くが次官になるなどと予想さえしていなかったような能力と識見の持ち主が、次官になってしまう。そして、いったん人事権を手にすると、好き嫌いに基づいているとしか思えないような異例の人事が横行する。こうした構図がしばしば繰り返されているのだ。

政治と適正な距離を保ちつつ、匠の職業外交官として研鑽を重ねる。この当たり前のことが、言うは易く、行うは難しなのだろうか。

「置かれた場所で咲きなさい」というマザー・テレサの名言がある。

オーナー企業の社長ではない宮仕えの役人としては、自分の人事は意のままにならないのは当然の前提である。であれば、時の政権の下での人事に一喜一憂せず、本省であろうと在外であろうと、与えられたポストで自分ならではの「違い」を出すべく最善を尽くす。本来はこれが辿り着くべき吏道の境地だろう。

ただし、金儲けとは無縁の役人にとっては、長らく人事こそが自分の仕事上の評価を測る一番重要な尺度でもあった。そこにやり甲斐を見出している人間も多い。吏道の境地に辿り着こうと苦心しながらも眠れない夜を過ごす者たちが絶えないわけである。

## 中途採用の拡充と外部人材の活用

大量の離職者が相次いでいることは先述した。しかしながら、これは外務省に限られた話ではなく、財務省、経産省を含め、霞が関共通の問題だ。また、民間企業にあっても大きな収益を上げている大総合商社でさえ同様の問題に直面しているところが多いと聞く。

要は終身雇用の考えが崩れつつあるだけでなく、若者のこらえ性が無くなり、かつてのように若い時は下積みだと割り切り、十〜二十年我慢するという風潮ではなくなっているということなのだろう。

そうであれば、「去る者を追う」ことの甲斐は無いと知り、もっぱら「来る者は拒まず」と発想を全面的に転換していく必要がある。中途採用の大幅な拡充が必要なゆえんである。

外務省も漸く二〇二三年から総合職待遇の人間を中途で採用することとした。遅きに失したが、結構な展開だ。課題は、これを常態化し、従来から在籍している職員と一丸となってチームとして機能するよう取り込んでいく体制を構築することだ。

特に、国家にとって機微な情報を扱う外交・安全保障分野での仕事に必ずしも通暁していない人たちが大量に入ってくることとなれば、まずは入省時のセキュリティ・チェックに万全を期す必要がある。反日勢力にとっては、日本政府の中枢に「もぐら」を送り込む絶好の機会だからだ。

そして入省後は即戦力となれるよう、歴史問題についての対応やロビイング、対外発信のやり方をはじめとして、研修を抜本的に充実させていく必要がある。

次官や局長など、本省の幹部ポストを務めた人間が大使ポストを忌避するようになっている事態の弊害、そして、そうした現状を変えていくべき必要性は繰り返し述べてきたとおりである。

そのような人間が今後も出続けるであろうことを考えれば、総合職や専門職といった職種にとらわれずに省内で優秀な者を大使に抜擢していく、さらには他省庁や民間企業などの外部人材を大使に起用していくといった発想が益々重要となるだろう。

同時に、今までの民間大使が果たしてどれだけ成功しているかという冷徹で醒めた分析も必要となる。

例えば、かつて鳴り物入りで主要国の大使に抜擢された某商社大幹部がいた。ホームグラウンドの貿易・投資セクターでの実務面での見識は別として、就任以来、同業他社が大使館に寄り付かなくなったとの話を聞かされたことがある。何よりも、領土問題や歴史問題への対応は首を傾げざるを得ないものだった。

また、そもそも語学力が覚束なかったとの指摘も絶えない。例えば、友好国の大使連中との英語での懇談を終えて大使館に戻ってきた際、館員の中で大使だけが出席していた懇談の内容を部下に説明することができなかったと伝えられている。外交の世界にあっては驚くべき話だが、キャリアの過程でそのような訓練を受けてこなかった以上、さもありなんとも言える。

そのような教訓も踏まえると、民間企業出身者が大使ポストでいきなり難易度の高い世界を経験するのではなく、若い頃に一度外務省に出向して本省及び在外公館生活を経験し、外交分野での仕事にある程度通じた人間が、長じてから大使に任命されるといったプロセスを確立してはどうか。そうした経験を積み重ねることこそ、効果的であり有用だろう。オール・ジャパンで外交を展開していく気風を醸成するのにも役立つはずだ。

## 情報部門と貿易交渉部門の拡充

過去数十年来の行政改革の嵐の中で、外務省は法務省と並んで省名の変更さえ強いられなかった数少ない役所だ。大蔵省は財務省に、通商産業省は経済産業省に変わった。

もちろん、省名を変えれば現状が改善されるわけでもなければ、省名の維持が現状の肯定を意味するわけでもなかろう。

しかしながら、この拙著で説明してきたような種々の深刻な問題を踏まえれば、果たして今のままで良いのかという問いかけは当然あってしかるべきだろう。

外交、対外関係の処理に当たって情報収集が覚束ないこと、経済外交への対応で外務大臣が中途半端な姿勢でしか対応できていないことは、早急に手当てを要すべき問題の一端である。

例えば、豪州では情報分野の対応については、対外情報庁に相当する秘密情報庁（ＡＳＩＳ）が外務大臣の傘下に置かれる一方、国家情報庁（ＯＮＩ）をトップとする情報コミュニティの主要なプレーヤーとしても重要な役割を果たしてきている。

また、経済外交への対応について言えば、外務省は貿易担当部門を吸収統合して外務貿易省と称し、シニアな大臣が外務大臣を務め、ジュニアな大臣が貿易大臣を務めて分担して国際会議に臨むという棲み分けが確立している。

日本の場合、目の前にある仕事にさえ碌に対応しきれていない今の外務省が、情報部門や貿易交渉部門をしっかりと見ることができるかという指摘はもちろんあるだろう。その一方で、外務省その他の日本の官庁における国際感覚・経験の絶対的不足、プレゼンテーション能力の嘆かわしいほどの欠如、国際部門の体制の脆弱さと組織内での比重の低さに照らせば、各省の国際畑で活躍する意欲と能力を有している貴重な人材を外交当局に結集させて鍛え、日本国としての外交力を倍加させるとの発想があっても良いだろう。

「機構いじり」は厳に戒めるべきだが、これ以上の日本外交の劣化に歯止めをかけるためには、日本全土そして海外の在留邦人社会から人材をこぞって集めるような意欲と決意が無ければ立ちいかない。そうした認識から出発すべきだと痛感している。

# 終わりに

本書は、外交官としての私の遺言である。

遺言である以上、かつての先輩、同僚、後輩との人間関係に遠慮して行儀よく丸く収めることは、とうにあきらめた。むしろ、今後の日本外交のために、歯に衣着せずに、敬称を略して語ることとした。劣化の深刻さは、待ったなしだからだ。時に辛辣で辛口に聞こえる箇所があれば、それは問題が重大であるからなのであり、平にご寛恕いただきたい。

今のように外務省を劣化させてきたのは、本書で触れた無責任体質とともに、組織内における自省、自己批判の欠如だと私は確信している。野球であれば打ち込まれた投手、サッカーであれば決定機を逃したストライカーは、試合後はおろか、場合によっては現役引退後も厳しい批評にさらされるのは世の常である。しかし、そのような厳しさは外務省にはほぼ無縁だった。田中真紀子騒動の際には、有為の大先輩たちが不当な不遇にさらされたが、これは「批判」に基づくというようなものではなく、特異な政治家の気まぐれによるところが大であったと受け止めている。

現在直面している外務省の問題は、外交上の失態や政策判断のミスに加え、それ以前の士気の低下や規律の弛緩にある。そして、そうした問題に対してきちんと責任が問われ、改善に向けた措置がとられることがないまま放置されてきたことだ。

五年前、十年前の次官の功績が記憶されることなどない一方で、金太郎飴のように切っても切っても似たような顔が出てきては去っていく。そして、誰も責任は負わない。

このような状態には、もはや終止符を打たなければならない。だから本書では、次官、大使といった組織の長の立場にある人間については、敢えて実名入りで問題提起し、解決策の追求を試みた。むろん、批判一辺倒ではなく、事案ごとに是々非々で極力客観的に論じることを心がけた。美談やグッドプラクティスにまで言及したのは、まさにそうした姿勢の一環であり、よくある身内の外務省擁護論などでは決してない点は理解していただけよう。

組織改革のための建設的批判の矛先は全方位でなければならない。「フクシマ」後の韓国の禁輸措置に係るＷＴＯ訴訟、米国に対する物言いの弱さなど、自らが責任と心の傷を負う苦い経験を敢えて開陳したのも、そうした自己反省に基づくものだ。四十年間籍を置いて禄を食んできた以上、自分だけは「劣化」の責任を負わないなどと到底言えないからだ。

振り返ってみれば、日本の外交界にあっては、野球界の野村克也、サッカー界のセルジオ越後のような辛口の批評家は出てきていない。彼ら並みとは到底いかないものの、自分を含めた日本の外務官僚、外交官の仕事ぶりをできるだけ厳しく冷徹に精査していくことこそ、今後の日本外交を立て直す上で不可欠だと信じている。そうした問題意識を基に拙著をまとめてみた次第である。

公器である外務省の組織文化、体質を改善することに資し、日本の外交官が一対一の闘いに強くなれるよう、そして日本国が精強な外交を展開していけるよう、何らかの刺激とインスピレーションを提供することができたのであれば幸いである。

最後に、本書が日の目を見ることができたのも、ひとえに文藝春秋の新谷学氏や大松芳男氏のご尽力のお蔭である。殊に、拙文と辛抱強く取り組み、実に適切な助言と編集をいただいた大松氏に深甚なる感謝の意を表したい。

二〇二四年春　噴煙たなびく浅間山を臨む信州の山里にて

山上信吾（やまがみ しんご）
前駐オーストラリア特命全権大使。アボット元豪首相をして、「豪州人の心に永遠の印象を残した桁外れの大使」と言わしめた。1961年東京都生まれ。東京大学法学部卒業後、1984年外務省入省。コロンビア大学大学院留学を経て、2000年在ジュネーブ国際機関日本政府代表部一等書記官、その後同参事官。北米二課長、条約課長を務めた後、07年茨城県警本部警務部長という異色の経歴を経て、09年には在英国日本国大使館政務担当公使。国際法局審議官、総合外交政策局審議官（政策企画・国際安全保障担当大使）、日本国際問題研究所所長代行を歴任。その後、17年国際情報統括官、18年経済局長、20年駐オーストラリア日本国特命全権大使に就任。23年末に退官し、現在はTMI総合法律事務所特別顧問等を務めつつ、外交評論活動を展開中。著書に、駐豪大使時代の見聞をまとめた『南半球便り』（文藝春秋企画出版部）、『中国「戦狼外交」と闘う』（文春新書）がある。

**日本外交《にほんがいこう》の劣化《れっか》**
**再生《さいせい》への道《みち》**

2024年５月10日　第１刷発行
2024年10月25日　第４刷発行

著　者　山上信吾《やまがみしんご》
発行者　大松芳男
発行所　株式会社　文藝春秋
〒102-8008 東京都千代田区紀尾井町3-23
電話 03-3265-1211
印刷所　精興社
製本所　加藤製本


ISBN978-4-16-391842-6　Printed in Japan